U0522378

BNU Philosophy

分析哲学与诠释学的融合

阿佩尔先验语用学研究

李红 著

中国社会科学出版社

图书在版编目(CIP)数据

分析哲学与诠释学的融合：阿佩尔先验语用学研究／李红著．—北京：中国社会科学出版社，2021.10
ISBN 978-7-5203-8401-8

Ⅰ.①分… Ⅱ.①李… Ⅲ.①分析哲学—研究②解释学—研究 Ⅳ.①B089

中国版本图书馆 CIP 数据核字（2021）第 082795 号

出 版 人	赵剑英	
责任编辑	冯春凤	
责任校对	张爱华	
责任印制	张雪娇	
出　　版	中国社会科学出版社	
社　　址	北京鼓楼西大街甲 158 号	
邮　　编	100720	
网　　址	http://www.csspw.cn	
发 行 部	010-84083685	
门 市 部	010-84029450	
经　　销	新华书店及其他书店	
印　　刷	北京君升印刷有限公司	
装　　订	廊坊市广阳区广增装订厂	
版　　次	2021 年 10 月第 1 版	
印　　次	2021 年 10 月第 1 次印刷	
开　　本	710×1000　1/16	
印　　张	19	
插　　页	2	
字　　数	308 千字	
定　　价	118.00 元	

凡购买中国社会科学出版社图书，如有质量问题请与本社营销中心联系调换
电话：010-84083683
版权所有　侵权必究

编委会

主　　编： 吴向东
编委会成员：（按笔画排序）
　　　　　　田海平　兰久富　刘成纪　刘孝廷
　　　　　　杨　耕　李　红　李建会　李祥俊
　　　　　　李景林　吴玉军　张百春　张曙光
　　　　　　郭佳宏　韩　震

总序：面向变化着的世界的当代哲学

吴向东

真正的哲学总是时代精神的精华。进入21世纪20年代，世界的变化更加深刻，时代的挑战更加多元。全球化的深度发展使得各个国家、民族、个人从来没有像今天这样紧密地联系在一起。以理性和资本为核心的现代性，在创造和取得巨大物质财富与精神成就的同时，也日益显露着其紧张的内在矛盾、冲突及困境。现代科技的迅猛发展，特别是以人工智能为牵引的信息技术的颠覆性革命，带来了深刻的人类学改变。它不仅改变着人们的生产方式、交往方式，而且改变着人们的生活方式和价值观念。在世界历史背景下展开的中国特色社会主义的伟大实践，形成了中国特色社会主义道路、理论、制度、文化，意味着一种新型文明形态的可能性。变化着的世界与时代，以问题和文本的方式召唤着当代哲学家们，去理解这种深刻的变化，回应其内在的挑战，反思人的本性，重构文明秩序根基，塑造美好生活理念。为此，价值哲学、政治哲学、认知哲学、古典哲学，作为当代哲学重要的研究领域和方向，被时代和实践凸显出来。

价值哲学，是研究价值问题的哲学分支学科。尽管哲学史上一直有着强大的道德哲学和政治哲学的传统，但直到19世纪中后期，自洛采、尼采开始，价值哲学才因为价值和意义的现实问题所需作为一门学科兴起。经过新康德主义的张扬，现当代西方哲学的重大转向都在一定程度上蕴涵着价值哲学的旨趣。20世纪上半叶，价值哲学在西方达到一个高峰，并逐渐形成先验主义、经验主义、心灵主义、语言分析等研究路向。其中胡塞尔的现象学开辟了新的理解价值的进路；杜威建构了以评价判断为核心的实验经验主义价值哲学；舍勒和哈特曼形成系统的价值伦理学，建构了相对于康德的形式主义伦理学的质料伦理学，还有一些哲学家利用分析哲学进路，试图在元伦理学的基础上对有关价值的表述进行分析。当代哲学家诺奇克、内格儿和泰勒等，一定程度上重新复兴了奥地利价值哲学学派，创造了在当代有关价值哲学的讨论语境。20世纪70年代以后，西方价值理论的研究重心从价值的元问题转向具体的道德和政治规范问题，其理论直接与公共的政治生活和个人的伦理生活相融合。

中国价值哲学研究兴起于20世纪80年代，缘于"文化大革命"的反思、改革开放实践的内在需要，并由真理标准的大讨论直接引发。四十年来，价值哲学经历了从分析价值概念到探究评价理论，再到聚焦价值观和社会主义核心价值观研究的发展历程，贯穿其中的主要特点是理论逻辑和实践逻辑的统一。在改革开放的实践中，我们首先通过内涵价值的科学真理观解决对与错的问题，其次通过"三个有利于"评价标准解决好与坏的问题，最后通过社会主义核心价值观，解决"什么是社会主义，如何建设社会主义"的问题。同时，与马克思主义哲学研究的相互交融促进，以及与国际价值哲学的交流和对话，也是价值哲学研究发展历程中的显著特点。中国价值哲学在价值本质、评价的合理性、价值观的结构、社会主义核心价值观的内涵与逻辑等一系列问题上形成了广泛学术争论，取得了诸多的理论进展。就其核心而言，我认为主要成就可归结为实践论基础上的主体性范式和社会主义核心价值观的理论建构这两个方面。中国价值哲学取得的成就具有强烈的时代性特征和阶段性特点。随着世界历史的充分展开和中国改革开放的不断深入，无论是回应、解答当代中国社会和人类发展的新矛盾与重大价值问题，还是价值哲学内部的广泛争论形成的理论空间，都预示着价值哲学未来的发展趋向：完善实践论基础上的主体性解释模式，实现价值基础理论的突破；深入探究新文明形态的价值理念与价值原则，不仅要深度建构和全幅拓展以社会主义核心价值观为主导的中国价值，还要探求人类命运共同体的价值基础，同时对人工智能为代表的当代科学技术进行价值反思和价值立法，以避免机器控制世界的技术冒险；多学科研究的交叉与融合，并上升为一种方法论自觉。

政治哲学是在哲学层面上对人类政治生活的探究，具有规范性和实践性。其核心主题是应该用什么规则或原则来确定我们如何在一起生活，包括政治制度的根本准则或理想标准，未来理想政治的设想，财产、权力、权利与自由的如何分配等。尽管东西方都具有丰富的政治哲学的传统，但20世纪70年代以降，随着罗尔斯《正义论》发表才带来了规范性政治哲学在西方的复兴。其中，自由主义、共和主义、社群主义竞相在场，围绕正义、自由、平等、民主、所有权等一系列具体价值、价值原则及其理论基础相互论争，此起彼伏。与此同时，由"塔克—伍德"命题引发的马克思与正义问题的持续讨论，使得马克思的政治哲学思想在西方学界得到关注。新世纪以来，随着改革开放进入新的历史阶段，国内政治哲学研究开始兴起，并逐渐成为显学。这不仅表现在对西方政治哲学家的文本的大量译介和深入研究；更表现在马克思主义政治哲学研究的崛起，包括对马克思主义政治哲学的特征、基本内容等阐释以及对一些重大现实问题的理论回应等；同时也表现在对中国传统政治哲学的理论重构和现代阐释，以及从一般性视角对政治哲学的学科定位和方法论予以澄清和反思等。

无论是西方政治哲学的复兴，还是国内政治哲学研究的兴起，背后都能发现强烈的实践的逻辑，以及现实问题的理论诉求。面对当代实践和世界文明的裂变，政治哲学任重道远。一方面，马克思主义政治哲学本身并不是现成的，而是需要被不断建构的。马克思主义政治哲学有着自己的传统，其中人类解放，是马克思主义，也是马克思主义政治哲学的主题。在这一传统中，人的解放首要的取决于制度革命，制度革命其实包含着价值观的变革。所以，在当代理论和实践背景下讨论人的解放，不能离开正义、自由、平等、尊严等规范性价值，这些规范性价值在马克思主义政治哲学中需要被不断阐明。而在中国特色社会主义实践背景下建构当代中国马克思主义政治哲学，更应该是政治哲学研究的理论旨趣。另一方面，当代人类政治实践中的重大问题需要创新性研究。中国学界需要以马克思主义政治哲学为基本框架，综合各种思想资源，真正面对和回应当代人类政治实践中的矛盾和问题，诸如民粹主义、种族主义、环境政治、女性主义、全球正义、世界和平等等，做出具有人类视野、原则高度的时代性回答。

认知哲学是在关于认知的各种科学理论的基础上反思认知本质的哲学学科。哲学史上一直存在着关于认知的思辨的传统，但是直到20世纪中叶开始，随着具有跨学科性质的认知科学的诞生，认知哲学作为哲学的分支学科才真正确立起来，并以认知科学哲学为主要形态，涉及心理学哲学、人工智能哲学、心灵哲学、认知逻辑哲学和认知语言哲学等。它不仅处理认知科学领域内带有哲学性质的问题，包括心理表征、心理计算、意识、行动、感知等等，同时也处理认知科学本身的哲学问题，对认知神经科学、语言学、人工智能等研究中的方法、前提、范式进行哲学反思。随着认知诸科学，如计算机科学、认知心理学、认知语言学、人类学、认知神经科学等学科的发展，认知哲学的研究在西方学界不断推进。从图灵到西蒙、从普特南到福多，从德雷福斯到塞尔等等，科学家和哲学家们提出了他们自己各不相同的认知理论，共同推动了认知科学的范式转变。在认知本质问题上，当代的认知科学家和哲学家们先后提出了表征—计算主义、联结主义、涉身主义以及"4E＋S"认知等多种理论，不仅深化了对认知的理解，也为认知科学发展清理障碍，提供重要的理论支持。国内的认知哲学研究与西方相比虽然有一定的滞后，但近些年来，与国际学界保持着紧密的联系与高度的合作，在计算主义、"4E＋S"认知、知觉哲学、意向性、自由意志等领域和方向的研究，取得了积极进展。

认知哲学与认知科学的内在关系，以及其学科交叉性，决定了认知哲学依然是一个全新的学科领域，保持着充分的开放性和成长性。在新的时代背景下，随着认知诸科学的发展和突破，研究领域中新问题、新对象的不断涌现，认知哲学会朝着多元化方向行进。首先，认知哲学对已经拉开序幕的诸多认知科学领域中的重要问题要进行深入探索，包括心智双系统加工理论、自由意志、预测心智、知觉—认知—行动模型、人工智能伦理、道德决策、原始智能的涌现机制等等。其次，认知哲学会继续对认知科学本身的哲学前沿问题进行反思和批判，包括心理因果的本质、省略推理法的效力、意识的还原策略、涉身性的限度、情境要素的作用、交叉学科的动态发展结构、实验哲学方法等等，以期在认知科学新进展的基础上取得基础理论问题研究的突破。再次，认知哲学必然要向其他诸般研究人的活动的学科进行交叉。由于认知在人的活动中的基础性，关于认知本身的认识必然为与人的活动相关的一切问题研究提供基础。因此，认知哲学不仅本身是在学科交叉的基础上产生的，它也应该与经济学、社会学、政治学、法学等其他学科相结合，将其研究成果运用于诸学科领域中的相关问题的探讨。在哲学内部，认知哲学也必然会与其他领域哲学相结合，将其研究成果应用到形而上学、知识论、伦理学、美学诸领域。通过这种交叉、运用和结合，不仅相关学科和问题研究会得到推进，同时认知哲学自身也会获得新的发展。

古典哲学，是指东西传统哲学中的典型形态。西方古典哲学通常是指古希腊哲学和建立在古希腊哲学传统之上的中世纪哲学，同时也包括18世纪末到19世纪上半叶以康德和黑格尔为主的德国古典哲学，在某种意义上来说，康德和黑格尔就是古希腊的柏拉图和亚里士多德。无论是作为西方哲学源头的古希腊哲学，还是德国古典哲学，西方学界对它的研究各方面都相对比较成熟，十分注重文本和历史传承，讲究以原文为基础，在历史语境中专题化讨论问题。近年来一系列草纸卷轴的发现及文本的重新编译推动着古希腊哲学研究范式的转换，学者在更广阔的视野中理解古希腊哲学，或是采用分析的方法加以研究。德国古典哲学既达到了传统形而上学的最高峰，亦开启了现代西方哲学。20世纪德国现象学，法国存在主义、后现代主义等思想潮流从德国古典哲学中汲取了理论资源。特别是二战之后，通过与当代各种哲学思潮的互动、融合，参与当代问题的讨论，德国古典哲学的诸多理论话题、视阈和思想资源得到挖掘和彰显，其自身形象也得到了重塑。如现象学从自我意识、辩证法、社会正义等不同维度推动对古典哲学误解的消除工作，促成了对古典哲学大范围的科学研究、文本研究、问题研究。以法兰克福学派为首的西方马克思主义，从阐释黑格尔总体性、到探究否定辩证法，再到发展黑格尔承认理论，深刻继承并发挥了德国古典哲学的精神内核。在分析哲学潮流下，诸多学者开始用现代逻辑对德国古典哲学进行文本解读；采用实在论或实用主义进路，讨论德国观念论的现实性或现代性。此外，德国古典哲学研究也不乏与古代哲学的积极对话。在国内学界，古希腊哲学，特别是德国古典哲学，由于其与马克思主义哲学的密切关系，受到瞩目和重视。在过去的几十年中，古典哲学家的著作翻译工作得到了加强，出版了不同形式的全集或选集。研究的领域、主题和视阈得到扩展，如柏拉图和亚里士多德的伦理学、政治哲学，康德的理论哲学、美学与目的论、实践哲学、宗教哲学、人类学，黑格尔的辩证法、法哲学和伦理学的研究可谓方兴未艾。中国马克思主义学者从马克思主义哲学与德国古典哲学关系的视阈对古典哲学研究也是独具特色。

中国古典哲学，包括先秦子学、两汉经学、魏晋玄学、隋唐佛学、宋明理学等，是传统中国人对宇宙人生、家国天下的普遍性思考，具有自身独特的问题意识、研究方式、理论形态，构成中国传统文化的核心，深刻影响了中国人的生活方式、思维方式和价值世界。在近现代社会转型中，随着西学东渐，中国传统哲学学术思想得到重新建构，逐渐形成分别基于马克思主义、自由主义、保守主义的不同的中国古典哲学研究范式，表现为多元一体的研究态势与理论倾向。其中胡适、冯友兰等借鉴西方哲学传统，确立中国哲学学科范式。以侯外庐、张岱年、任继愈、冯契为代表，形成了马克思主义思想指导下的研究学派。从熊十力、梁漱溟到唐君毅、牟宗三为代表的现代新儒学，力图吸纳、融合、会通西学，实现理论创造。改革开放以来，很多研究者尝试用西方现代哲学诸流派以至后现代哲学的理论来整理中国传统学术思想材料，但总体上多元一体的研究态势和理论倾向并未改变。在新的时代背景下，随着中国现代化进程进入崭新阶段，面对变化世界中的矛盾和冲突，中国古典哲学研究无疑具有新的语境，有着新的使命。一方面，要彰显中国古典哲学自身的主体性。扬弃用西方哲学基本问题预设与义理体系简单移植的研究范式，对中国传统哲学自身基本问题义理体系进行反思探索和总体性的自觉建构，从而理解中国古典哲学的本真，挖掘和阐发其优秀传统，使中华民族最基本的文化基因与当代文化相适应、与现代社会相协调。另一方面，要回到当代生活世界，推动中国古典哲学的创造性转化、创新性发展。以当代人类实践中的重大问题为切入点，回溯和重释传统哲学，通过与马克思主义哲学、西方（古典和当代）哲学的深入对话，实现理论视阈的交融、理论内容的创新，着力提出能够体现中国立场、中国智慧、中国价值的理念、主张、方案，从而激活中国古典哲学的生命力，实现其内源性发展。

价值哲学、政治哲学、认知哲学、古典哲学，虽然是四个相对独立的领域与方向，然而它们又有着紧密的内在联系，相互影响、相互交融。政治哲学属于规范性哲学和实践哲学，它讨论的问题无论是政治价值、还是政治制度的准则，或者是政治理想，都属于价值问题，研究一般价值问题的价值哲学无疑为政治哲学提供了理论基础。认知哲学属于交叉学科，研究认知的本质，而无论是价值活动，还是政治活动，都不能离开认知，因而价值哲学和政治哲学，并不能离开认知哲学，反之亦然。古典哲学作为一种传统，是不可能也不应该为思想研究所割裂的。事实上，它为价值哲学、政治哲学、认知哲学的研究与发展提供了丰富的思想资源。无论是当代问题的解答，还是新的哲学思潮和流派的发展，往往都需要通过向古典哲学的回溯而获得思想资源和理论生长点，古典哲学也通过与新的哲学领域和方向的结合获得新的生命力。总之，为时代和实践所凸显的价值哲学、政治哲学、认知哲学、古典哲学，正是在它们相互联系相互交融中，共同把握时代的脉搏，解答时代课题，将人民最精致、最珍贵和看不见的精髓集中在自己的哲学思想里，实现哲学的当代发展。

北京师范大学哲学学科历史悠久、底蕴深厚，始终与时代共命运，为民族启慧思。1902年建校伊始，梁启超等一批国学名家在此弘文励教，为哲学学科的建设奠定了基础。1919年设立哲学教育系。1953年，在全国师范院校率先创办政治教育系。1979年改革开放之初，在原政治教育系的基础上，成立哲学系。2015年更名为哲学学院。经过几代学人的辛勤耕耘，不懈努力，哲学学科蓬勃发展。目前，哲学学科形成了从本科到博士后系统、完整的人才培养体系，拥有马克思主义哲学、外国哲学等国家重点学科、北京市重点学科，教育部人文社会科学重点研究基地价值与文化中心，国家教材建设重点研究基地"大中小学德育一体化教材研究基地"，Frontiers of Philosophy in China、《当代中国价值观研究》《思想政治课教学》三种学术期刊，等等，成为我国哲学教学与研究的重镇。

北京师范大学哲学学科始终坚持理论联系实际，不断凝聚研究方向，拓展研究领域。长期以来，我们在价值哲学、人的哲学、马克思主义哲学基础理论、儒家哲学、道家道教哲学、西方历史哲学、科学哲学、分析哲学、古希腊伦理学、形式逻辑、中国传统美学、俄罗斯哲学与宗教等一系列方向和领域，承担了一批国家重大重点研究项目，取得了有影响力的成果，形成了具有鲜明京师特色的学术传统和学科优势。面对当今时代的挑战，实践的召唤，我们立足于自己的学术传统，依循当代哲学发展的逻辑，进一步凝练学科方向，聚焦学术前沿，积极探索价值哲学、政治哲学、认知哲学、古典哲学的重大前沿问题。为此，北京师范大学哲学学院、教育部人文社会科学重点研究基地价值与文化研究中心和中国社会科学出版社合作，组织出版价值哲学、政治哲学、认知哲学、古典哲学之京师哲学丛书，以期反映学科最新研究成果，推动学术交流，促进学术发展。

世界历史正在进入新阶段，中国特色社会主义已经进入新时代。这是一个社会大变革的时代，也一定是哲学大发展的时代。世界的深刻变化和前无古人的伟大实践，必将给理论创造、学术繁荣提供强大动力和广阔空间。习近平指出："这是一个需要理论而且一定能够产生理论的时代，这是一个需要思想而且一定能够产生思想的时代。我们不能辜负了这个时代。"北京师范大学哲学学科将和学界同道一起，共同努力，担负起应有的责任和使命，关注人类命运，研究中国问题，总结中国经验，创建中国理论，着力构建充分体现中国特色、中国风格、中国气派的哲学学科体系、学术体系、话语体系，为中华文明的伟大复兴贡献力量。

目 录

引言　分析哲学与欧陆哲学的对话 …………………………………（ 1 ）
第一章　英美分析哲学和欧陆哲学的对话趋势 ……………………（ 5 ）
　　第一节　英美分析哲学和欧陆哲学的纠葛 ………………………（ 5 ）
　　第二节　英美分析哲学的现状与趋势 ……………………………（ 10 ）
　　第三节　英美分析哲学与欧陆哲学的对话 ………………………（ 21 ）
第二章　分析哲学与诠释学的融合 …………………………………（ 28 ）
　　第一节　分析哲学与诠释学的融合趋向 …………………………（ 28 ）
　　第二节　分析哲学与诠释学的融合：方法论维度 ………………（ 36 ）
　　第三节　分析哲学和诠释学的融合：罗蒂和阿佩尔的
　　　　　　哲学融合模式 ……………………………………………（ 45 ）
第三章　先验语用学的涵义 …………………………………………（ 53 ）
　　第一节　阿佩尔的学术生涯和思想述要 …………………………（ 53 ）
　　第二节　先验语用学的涵义 ………………………………………（ 58 ）
第四章　先验语用学的理论渊源 ……………………………………（ 71 ）
　　第一节　海德格尔和维特根斯坦的影响 …………………………（ 71 ）
　　第二节　皮尔士的影响：继承和"改造" …………………………（ 82 ）
第五章　先验语用学的主题：语用学转向 …………………………（ 97 ）
　　第一节　语用学转向的背景和内涵 ………………………………（ 97 ）
　　第二节　语用学转向的实质：先验语用学的构想 ………………（126）
第六章　先验语用学的"阿基米德点"：交往共同体 ………………（141）
　　第一节　交往共同体的必要性：论证的规范前提 ………………（141）
　　第二节　语言交往共同体：先验性的保障 ………………………（160）
　　第三节　交往的先天性与人文主义的基础 ………………………（176）

第七章　先验语用学的融合实质 …………………………（184）
　第一节　批判的诠释学 ……………………………………（184）
　第二节　先验语用学的中介性 ……………………………（194）
第八章　哲学语用学与对话伦理学 …………………………（206）
　第一节　先验论与普遍论之争 ……………………………（206）
　第二节　对话伦理学：纯粹理性和实践理性的统一 ……（217）
第九章　语言哲学中的"哥白尼式革命" …………………（231）
　第一节　布兰顿的推理主义语义学 ………………………（231）
　第二节　推理优先于表征 …………………………………（237）
　第三节　分析哲学中的"黑格尔转向" …………………（249）
附录　分析哲学与欧陆哲学的对话：
　　　迈克尔·达米特、约翰·希尔访谈录 ………………（259）
　一　从分析哲学到后分析哲学 ……………………………（259）
　二　分析哲学与欧陆哲学的对话 …………………………（264）
参考文献 ………………………………………………………（268）
　A 阿佩尔的作品 …………………………………………（268）
　B 研究及评论文献 ………………………………………（272）
　C 相关研究文献 …………………………………………（273）
后记 ……………………………………………………………（286）
修订版说明 ……………………………………………………（287）

引言　分析哲学与欧陆哲学的对话

在哲学界，有一种极为流行的观点认为，20世纪的西方哲学可以划分为英美分析哲学和欧陆哲学两大阵营，前者是以罗素、维特根斯坦、赖尔、奥斯汀、斯特劳森、蒯因、戴维森等人为代表的英美分析哲学，后者是以胡塞尔、海德格尔、梅洛—庞蒂、德里达等人为代表的德法哲学。20世纪上半叶这两大哲学阵营处于相互对峙的状态，其间的分野似乎是根本性的、难以超越的。然而，最近几十年来，这两个通常被认为是分歧很大的哲学传统在整体上呈现出了沟通和对话的趋向，越来越多的西方哲学家开始既关注海德格尔也研究维特根斯坦，他们可以将戴维森和德里达、布兰顿（Robert Brandom）和黑格尔联系起来。在哲学研究方面，一些西方哲学家不愿意将自己的研究方向称为"分析的"或"欧陆的"，宁愿只承认自己在做"哲学"研究，因为他们认为这二者之间的区分已经失去了意义。在哲学教育方面，即使在分析哲学的大本营牛津大学也开设了海德格尔的《存在与时间》等大量欧陆哲学课程，剑桥大学也于1992年授予德里达荣誉博士学位（虽然引起了分析哲学界的轩然大波）。在这样的背景下，更有一些当代西方的重要思想家试图以自己的理论建构一座沟通分析和欧陆哲学的"桥梁"，如德国哲学中以哈贝马斯和阿佩尔为代表的普遍语用学和先验语用学，在英美哲学中以罗蒂、法因、戴维森和布兰顿为代表的新实用主义理论也典型地体现了这一趋向。

本书以德国哲学家阿佩尔的先验语用学思想为个案研究分析哲学与诠释学的融合。卡尔—奥托·阿佩尔（Karl‑Otto Apel）是当代德国著名哲学家，第二代法兰克福学派的代表人物之一，在语言哲学、伦理学等人文科学领域均有杰出贡献。他一生致力于在欧洲大陆哲学和英美分析哲学传统间牵线搭桥，融理性主义和实用主义为一体，建构后形而上学时代的

"第一哲学"新范式。20世纪70—90年代，阿佩尔哲学的影响力逐渐达到全盛期，在诠释学史、皮尔士研究、先验语用学、对话伦理学等领域的研究得到广泛关注，70年代出版的《哲学的改造》两卷本便是其早期代表作。阿佩尔著作等身，德文和英文的著作及论文集20余部，2017年还出版了论文集《先验反思与历史》（*Transzendentale Reflexion und Geschichte*）。阿佩尔学识渊博，涉猎广泛，从各家各派哲学家那里获得诸多灵感，尤其受益于康德、皮尔士、海德格尔和维特根斯坦。他的哲学思想虽丰富而庞杂，但在当时却是德国哲学传统中的一股清流，为德国哲学界带来了新鲜的气息。尽管其哲学著作不无晦涩难懂之处，却以其魅力引导读者在思想的丛林和布满荆棘的迷宫中穿行。当然，就成果发表的数量和出镜率而言，阿佩尔不如其同事及朋友哈贝马斯，但他毫无疑问是哈贝马斯的关键对话者之一。

尤其重要的是，这一时期也是德国哲学恢复了与战前哲学传统的联系之后，一方面继续加强对德国古典哲学家的研究，另一方面进入了传统哲学与分析哲学、实证主义哲学、批判理论交锋融合的关键期，阿佩尔在这一时期的作用可谓举足轻重。他致力于在当代哲学语境中以先验语用学的进路改造康德式的先验哲学，探讨知识的可能性条件，并为有效性论断寻求规范化辩护和先验基础，从而建构一种能够融汇诠释学、符号学和语用学，并沟通分析哲学和诠释学的先验语用学。他的哲学目标是在先验哲学的传统中建构一种不局限于科学逻辑的科学理论，力图将诠释学、意识形态批判和科学理论结合起来，从而拓宽传统认识论的领域，恢复形而上学的权威。阿佩尔的工作体现了挽救与改造传统的双重特性，开启了德国传统与其他哲学流派之间的富有成效的交流。然而他的哲学并不仅限于解释性的或历史性的考察，而是力图建构体系性的哲学，在其哲学中体现出20世纪西方哲学的三大转向特征，即语言学转向、诠释学转向和语用学转向。

自康德至胡塞尔，先验哲学的主要问题之一是探究知识的可能性条件，最重要的研究进路是探究先验意识的奥秘。阿佩尔则不然，他通过追问有效理解的可能性条件，深刻改造了笛卡尔以来在西方哲学中占主流的主体性意识哲学。他不再通过先于语言的范畴（如主体、意识、精神等），而是从语言出发追问"普遍有效的知识如何可能"的问题，从语言的维度为知识寻求规范性基础，其规范性原则奠基于参与批判性讨论的每一个人所构成的交往共同体。于是，阿佩尔将诠释学、语言哲学、知识人类学和社会理论结合起来，通过语言分析建构了以批判性和规范性为特征的先验语用学，使哲学的主题从理性批判转向作为第一哲学的语言批判。阿佩尔强调语言的优先性，将其看作知识建制中的元建制。语言不仅是世界及其意义的先天且先验的前提，而且也是人自身与世界之间的诠释性中介的前提，由于语言成为不可动摇的根基，哲学的领域也开始变为语言分析。

在阿佩尔看来，语言的先验性是来自语言交往共同体的、能够保障知识有效性的先验性。我们可以基于生活形式经验性地描述和解释语言交往共同体，但其不可辩驳性只能通过践言冲突（performative contradiction）方法来辩护，于是语言共同体因其非经验性、非推理性而具有先验性，因其先验性而具有普遍性，因其理想性而具有反事实的特性，从而能够成为真正哲学意义上的基础。一旦这个基础得以确立，哲学本身也就像黑格尔对笛卡尔式"我思"的称颂那样，经过长期的海上漂泊，终于看到了陆地：由社会性—语言性的主体形成的交往共同体而非仅具自我意识的个体，主体间的对话伦理而非个体伦理；语言交往（先验地）先于演绎推理，主体间性先于自我意识，言语行为先于孤独沉思。

由此可见，阿佩尔是一位具有先驱意义的思想家，他严格而一贯地关注欧陆哲学和英美哲学这两个被误解的哲学传统的交汇。先验语用学便是力求沟通诠释学和分析哲学富有启发性的哲学范式，因为它一方面通过符号学使康德式的先验哲学与20世纪的哲学发展结合起来，另一方面通过赋予语用学以先验性而使语言哲学拓宽了研究视野，使先验语用学成为一种独具特色的哲学形态。阿佩尔将先验语用学看作20世纪语言学—诠释转向之后的第一哲学。与20世纪后半叶流行的怀疑主义和相对主义的哲学姿态不同，他坚持先验哲学和第一哲学的进路，遵循皮尔士以"实用主义"对康德哲学的改造，通过对论证前提的先验语用学反思，使一种新型的第一哲学成为可能。这种第一哲学的核心并不是要排除任何可错的假设，而是包含了可错假设的不可反驳的条件。先验语用学将语言作为人类经验和知识的必要条件，展示了规范性如何内在于语言当中，如何映射在与世界各个维度相关的有效的言语行为当中。披着语言外衣的纯粹理性是不存在的，理性本质上总是体现在交往行为的语境和生活世界的背景当中。在这个意义上，先验语用学展现出一种开启新的哲学范式的诸可能性：终极的哲学基础，强实在论，语言先验论，以及弱基础主义的普遍论。

20世纪以来哲学发展的一个令人注目的特征是对于传统哲学形态的转变、消解、解构和重构，语言转向以不同表现形态促进了对意识哲学的批判，确立了语言在哲学研究中的地位。为了避免传统主体中心论的基础主义以及语言决定论所带来的相对主义困境，阿佩尔力图在语言哲学框架内建构作为论证前提的哲学语用学，这既不是向传统基础主义的回归，也不是对相对主义的妥协，而是一种中介性的路径。在阿佩尔看来，论证话语中的语言游戏是根本性的和不可超越的，否则就会导向践言冲突式的自我驳斥，这种根本性的语言游戏是交往共同体取得一致的前提下产生的。因此，哲学论辩存在于哲学家们构成的"交往共同体"当中，显现在思想家们"论证性的话语"之中，哲学绝不是单个思想家对真理的孤立追求，哲学存在于哲学家们争论不休的交谈中。只有通过这样一种"哲学的转变"，哲学才能获得其适当的形式。哲学家共同体践行着哲学的本义，在这个意义上，真正的哲学仍可充当政治和科学话语的典范。

本书第一章阐明英美分析哲学和欧陆哲学的对话趋势，勾勒了20世纪后半期以来西方哲学发展的一副整体图景。第二章展现分析哲学与诠释学的融合趋向，从方法论的维度讨论分析哲学和诠释学之间相互沟通和对话的可能性和必要性，分析了罗蒂和阿佩尔两种不同的哲学融合模式。第三章至第六章分别论述了阿佩尔先验语用学的理论背景、理论主旨和哲学本质。第七章将阿佩尔的先验语用学置于20世纪德国诠释学的语境中加以分析和反思。第八章从20世纪欧陆哲学中的语用学转向背景下，分析了阿佩尔和哈贝马斯的理论差异，展示了二者共同主张的对话伦理学。第九章介绍了当代美国哲学家布兰顿的推理主义语义学思想，以此展现阿佩尔和布兰顿两位哲学家共同的理论旨趣，即在语言的视域中以语言的规范性为旨归从不同维度建构当代哲学新范式的宏图大略。本书的附录是对英国著名哲学家达米特和希尔（Jane Heal）的访谈，从而透视晚近分析哲学的基本特征，以及分析哲学与欧陆哲学的对话与沟通。

第一章 英美分析哲学和欧陆哲学的对话趋势

第一节 英美分析哲学和欧陆哲学的纠葛

从历史上看，分析哲学发轫于19世纪与20世纪之交的欧洲，继承了欧洲哲学重逻辑、重知识、重分析、重论证的总体特征。与此同时，由于历史的、政治的、文化的多种原因，分析哲学在20世纪特别是"二战"以后，长期在英美哲学界流行甚至可以说占主流，而在欧洲大陆则难现当年逻辑经验主义的辉煌。尽管近年来随着分析哲学创立之初的一些重要原则被弱化或取消，把分析哲学理解为立场明确、方法严格的流派比较困难，但用一些英美哲学界广泛接受的普遍论断来界定它也还是可能的。我们可以来看达米特对分析哲学的论述，他认为分析哲学的前提是：（1）哲学的目标在于分析和描述思想的结构；（2）这种分析不是通过基于内省的心理研究进行的；（3）相反，进行研究的适当方法是通过语言分析进行的。① 就第一个前提而言，近代的笛卡尔和洛克正是以此与经院传统划界的，而第二个和第三个前提构成了现代哲学的突变，赋予分析哲学或语言哲学以与众不同的特征。

就欧洲大陆哲学而言，通常认为欧陆哲学是带有民族优越感的说法，意指不列颠诸岛以外、欧洲大陆之内的哲学发展。从历史的角度来说，它只是西方哲学发展的一个支脉，因为西方哲学的不同流派都继承了同一个哲学传统，即从前苏格拉底、柏拉图和亚里士多德的希腊哲学，经过基督教、犹太教和伊斯兰教的传播直到近代欧洲哲学的笛卡尔、洛克、休谟、

---

① D. S. Clarke, "The Origin and the Development of the Analytic Philosophy", in *Philosophy's Second Revolution: Early and Recent Analytic Philosophy*, Open Court, 1997, p. 1.

莱布尼茨和康德的传统。因此欧陆哲学只是当代哲学界的说法，它指的是与分析哲学相对立的一些思想家及其哲学路径。在这个意义上欧陆哲学包括黑格尔、马克思、克尔凯郭尔、尼采、胡塞尔、海德格尔、萨特、伽达默尔、哈贝马斯、阿佩尔等哲学家，以及黑格尔的唯心主义、马克思主义、法兰克福的批判理论、存在主义、诠释学、现象学、结构主义、后结构主义和后现代主义等思想流派。这些流派之间没有可遵循的统一纲领，它们之间只是存在或多或少的关联性。但是，毕竟欧陆哲学代表着具有某种家族相似性的一个思想共同体，包括了一些具有明显谱系关系的哲学流派。

广义的欧陆哲学包括康德以后的哲学，即德国的新康德主义、英国的新黑格尔主义。后来，当德国的新康德主义为胡塞尔的现象学所取代，尤其是为各种存在主义的现象学如舍勒或海德格尔的哲学所取代时，欧陆哲学的发展体现了这些流派和生命哲学的结合。法国和意大利直到20世纪30年代才吸收这些思想，而且现象学和黑格尔主义的影响还不大。从这个意义上来说，欧陆哲学家的共同之处并不在于研究具体哲学问题的具体学说，而在于他们都具有历史主义的风格：很少从论题本身来考察和讨论哲学命题，而是根据这些论题在以前著名哲学家的文本中出现的涵义来研究它。如果询问一个欧陆哲学家正在做的工作，他会提到许多以前哲学家的名字。这种方法可追溯到黑格尔的思想，即哲学是包罗万象的，它要涉及所有的存在，这样看来，重复过去的学说，或对这些学说进行无穷尽的评论似乎是理所当然的。当然还有研究哲学史的其他方法，但这种"历史的态度"是欧陆哲学家与分析哲学家相对立的根源，在欧陆哲学家看来后者研究哲学问题的方法是幼稚的。

狭义的欧陆哲学是指极端化现象学的和诠释学理论的各种形式，其思想渊源是尼采和海德格尔。它的主要特征之一在于通过抨击科学、理性和形而上学是建构在不同的幻想以及权力与控制的欲望之上的，从而表现它对整个西方哲学传统的反叛。尽管具有哲学的特性，他们的话语带有明显的意识形态和类似于政治话语的特点：它们以反各种殖民形式的解放者形象自居，强调被"在场、逻各斯、同一性"的专制所压抑的诗学、差异或创造性的力量。因此它强调文化中的差异，与多数相对的少数，以及总体上的文化相对主义。狭义的欧陆哲学的特征之一在于它不仅代表哲学的发展，而且适合于文学批判、精神分析学、艺术和考古学。如后结构主义，后现代主义代表着对旧时代的否定，暗示了新时代的到来。

值得注意的是，在很大程度上，欧陆哲学这个标签是分析哲学家发明出来的，而在欧洲大陆从事哲学的哲学家极少这样来看待自己，他们认为自己只是在研究不带任何"形容词"的哲学。只有在英语国家的分析哲学系工作但不愿接受分析哲学的哲学家才欣然接受这个"绰号"。然而，如上所述，欧陆哲学的标签确实适合指代一种哲学，它们具有一些共同的特征，与分析哲学相对立。当然，如果仅仅从哲学家的阵营、研究的主题和地理位置来界定欧陆哲学显然是有失偏颇的。因为，尽管一提到欧陆哲学就会想到黑格尔、弗洛伊德、马克思、舍勒、德里达等等，但有一些哲学家对欧陆哲学和分析哲学的影响都是深远的，如康德、胡塞尔、维特根斯坦、詹姆士、桑塔亚那等。因此，仅从哲学家所属的派别来区分欧陆哲学和分析哲学是不够的。其次，众所周知，欧陆哲学以现象学、存在主义、批判理论、女性主义、文学批评、解构和精神分析而闻名，但它的主题与分析哲学也有交叉。如果我们从达米特的意义上来理解分析哲学，即分析哲学的特色在于通过语言分析来分析思想结构，从这个角度来说海德格尔的后期哲学以及德里达的哲学也不应排除在外。最后从地理位置来界定欧陆哲学似乎更不合理。其实最初欧陆哲学用来指发生在北美的哲学运动，它由现象学和存在主义这些哲学派别，以及胡塞尔、海德格尔、舍勒、萨特等哲学家的启发而引起的。也就是北美从完全拒斥德、法哲学到接受这些哲学思想的过程被称之为欧陆哲学的运动。从此欧陆哲学成为有特定指称的哲学派别。因此，欧陆哲学的独特之处并不在于它研究什么以及研究谁，而在于代表一种哲学风格。

在分析哲学家看来，欧陆哲学一开始就具有一种孤僻的特性，而分析哲学也是直到最近才开始注意欧陆哲学的意义。20世纪前半叶，分析哲学和诠释学处于相互对抗的状态。一方面诠释学家将"实证主义"看作威胁学生的"怪物"；另一方面英美哲学界一提到"诠释学"就笑容僵化。即使在70年代，美国的哲学课上不提黑格尔、尼采、胡塞尔、海德格尔和萨特也完全正常。尽管在这个方面，对于分析和欧陆传统都很重要的康德代表着一个关键的转折点。因为从某种意义上来说，康德哲学是对休谟彻底怀疑论的回应，而后者是苏格兰启蒙运动的关键人物，对分析哲学有很大的影响。因此，20世纪70年代以前分析哲学家比较重视康德，但对黑格尔却不感兴趣，其实，黑格尔的主要思想源于对康德的批判。而且正是在黑格尔之后，欧陆哲学和分析哲学的区分才有意义，不仅仅是欧洲哲学和西方哲学的划分了，黑格尔之后的 19 世纪和 20 世纪的大陆思想家，他们大多直接或间接地受到了黑格尔及其思想的影响，他们的哲学思想也被分析哲学家所忽视了，只是其文学作品得到了重视。

分析哲学以"语言转向"和"逻辑分析"为核心，其方法论的合理性因素包含在对科学理论语言的分析之中，因此这是哲学论证、反驳、描述、举例和提出反证的传统。分析传统相信通过批判可以达到进步，只要公式明确，通过论证的普遍逻辑标准就能达到一致。分析哲学的目标在于解决具体问题、难题和悖论，在回答这些问题中建构理论。分析哲学关注细节和具体分析，而不是进行普遍的综合。为此，它轻视不必要的抽象，而接近常识，其风格可以被称为"启蒙的"或"批判的"常识。

相反，欧陆哲学极少讨论具体问题或孤立的哲学论证。所讨论的问题是关于文本、话语、文本体系和对话中的问题。欧陆哲学采取一种注释和注解的形式，如果它也有论证，其风格也是通过寻求概念和语词之间的相似性而得出结论，其过程是从引证到引证，这不同于从具体概念的涵义出发的推演。欧陆哲学中的论证让人很难区分前提和结论。分析哲学采取直线的模式，欧陆哲学则采取循环的模式，即不能通过某种连续的进步从一个立场到另一个立场，而通常会回到已知的那个立场。这与欧陆哲学的诠释学和历史的风格有关。这样欧陆哲学就会给人两种印象：一是太阳底下无新事，哲学是一种不断重复的形式；二是只有通过某种"犯规"才能摆脱这种循环，通过某种激进的运动去开辟新的思想空间和时代，即"积小以明大，而又举大以贯小；推本以至末，而又探本以穷末；交互往复，庶几乎义解圆足而免于偏枯"。①

另外，二者体现了不同的哲学精神。分析哲学借助于逻辑和数学的发展复兴了启蒙时期的怀疑和科学精神。分析哲学家以极大的热情展开了分析的原则和技巧，以此来反对通常的怀疑主义及其直接后裔：欧陆形而上学的唯心主义论断、传统的宗教和独断的道德。在其最严格的意义上，分

---

① 钱锺书：《管锥编》，中华书局 1986 年版，第 171 页。

析哲学应用了休谟的工具。休谟认为，人类理性及其探究的全部对象自然可被分成两类：观念的关联和实际的事实。前者在原则上包括数学和逻辑真理，它可以不依赖世界中的存在而在思想的过程中得以显现。后者是关于世界的偶然真理，可以在因果关系中被发现。当然，休谟更多思考的是在当时的自然科学中经过系统表述的真理。尽管分析哲学家在实践中会稍微放松这个原则，但也会继续坚持分析的精神。由于哲学既不是逻辑或数学的分支，也不是自然科学的分支，它必须将自身严格限定为对概念的认真分析。从科学的角度唯一值得推崇的哲学就是分析。根据20世纪的语言转向，这种分析首先和主要的是语言的逻辑分析。

欧陆哲学家则被认为是形而上学家、道德学家及其信徒的"远亲"，这正是休谟所严厉拒斥的。欧陆哲学家们不愿意放弃那些经验模式所关注的存在，他们继续提出一些可以作为哲学家的重要任务的问题。首先是一些存在主义、道德或伦理和美学的问题：关于存在的本质和生活的意义的问题，正确和错误或艺术和美的意义的问题。而从分析哲学的角度来看，欧陆哲学家继续在使用不确定的形而上学的方法，它们已经为分析哲学的精确的、严格的和科学的概念分析工具所代替了。因此，欧陆哲学的路径是一种批判精神，而欧陆哲学中的诠释学则代表了一种人文科学的方法，狄尔泰将诠释学看作整个人文科学的方法论基础，他区分了自然科学和人文科学的不同方法，自然科学关注的是物体原因方面的知识，而人文科学则要求理解生活的"意义"。"自然需要说明，而人则必须理解"。[①] 在理解和解释历史、文化、作品乃至整个生活时不能采用与自然科学相同的因果性的解释说明方法，而要用理解。因此，诠释学中的理解不再是理性运用的形式和结果，不再是帮助理性分析抽象历史和文化现象的工具，理解是生活自身的形式，是人进行自我认识的方式。

时至今日，哲学家们越来越意识到，直接以地理位置来把西方哲学划分为两大阵营既不可能也无意义。欧陆哲学和分析哲学的区分更多的是宣扬不同哲学主张的哲学阵营之间对立的结果，所以很难确定明确而具体的学说差异，或者很难根据不同的论题来划分两种路径。与意识形态间的差异一样，分析哲学和欧陆哲学之间的区分不应该被

---

① 转引自殷鼎《理解的命运》，生活·读书·新知三联书店1988年版，第11页。

看作类似于交战的关系。知识传统除了代表学术倾向还反映了社会和历史层面的问题，因此，学术界应该是丰富的，对欧陆哲学和分析哲学也应如此对待。

在本章第二节中，我们将进一步从分析哲学的视角出发讨论分析哲学如何走向"后分析哲学"，分析哲学与欧陆哲学的对话为什么越来越具有重要意义。

第二节 英美分析哲学的现状与趋势

"当代英美哲学"这个概念之所以成立，一方面是因为英美都是英语国家，另一方面是因为"分析哲学运动"在相当长的时间里在英语国家的哲学界占有主导地位，虽然作为运动，分析哲学已经衰退，但它对哲学的概念、论题、方法、风格的影响依然十分深远。因此在很多人那里，当代英美哲学与分析哲学几乎就是同义词。而在欧陆哲学界，分析哲学从未取得主导地位，从胡塞尔、海德格尔到梅洛—庞蒂、伽达默尔的现象学—诠释学传统，从列维—施特劳斯到福柯、德里达等人的结构主义—解构主义传统在欧洲大陆的地位无疑要超过分析哲学。于是，我们可以从两个方面去透视当代英美哲学：（1）分析哲学在当代英美哲学中地位、影响等方面的演变；（2）英美哲学的分析哲学传统与欧陆哲学诸传统之间的关系的演变。当然，这两个方面是紧密相连的，甚至可以说是从不同的视角对同一个事情的观察。接下来，我们主要以美国为代表，透视这两个方面。

一 瑞彻关于美国哲学现状的考察

1993年，瑞彻（Nicholas Rescher）发表了一篇颇有影响的报告《今日美国哲学》，后收入一部同名著作中。[①] 在这篇文章里，瑞彻主要从哲学社会学角度深入剖析了1992年之前美国哲学的状况。他反复强调，当代美国哲学的特征是多样性（diversity）和多元化（pluralism），甚至是四

---

① Nicholas Rescher, *American Philosophy Today and Other Philosophical Studies*, Rowman and Littlefield Pub Inc, 1994.

分五裂（fragmentation）、群雄割据（Balkanization）和大杂烩（pastiche），或者用更好听的措辞——百花齐放（one hundred flowers bloom）。就在瑞彻的文章发表十年之前，罗蒂在同名文章中①谈到美国哲学的时候，描绘了"二战"后美国哲学从哲学活动的科学模式向政治模式的迈进，其中文学性的文化（literary culture）起到了举足轻重的作用，历史进路取代科学模式则成为竞相追逐的目标。但十年后，在瑞彻看来，像18、19世纪德国哲学那样由康德、费希特、谢林、黑格尔、叔本华等"大鱼"构成的英雄时代，在北美哲学界已成为明日黄花，单个的哲学家顶多是有代表性的，不是决定性的，甚至也无法用几个主要的潮流来描绘哲学的全景，因为这幅图景已成为由许多相互竞争的不同哲学进路组成的错综复杂的马赛克。如果说德里达、福柯、哈贝马斯、利科在欧洲大陆是毋庸置疑的领军人物，而在美国虽然也有像蒯因、戴维森、罗蒂、克里普克、普特南这样名重一时的人物，但没有谁能够达到比如说像哈贝马斯在德国的权威地位。于是，到了这个时候，谁也不能说美国就是分析哲学的天下了，分析哲学、新实证主义、维特根斯坦哲学、诠释学、海德格尔哲学、实用主义都有广泛影响力的意识形态潮流。而除了实用主义之外，其他皆来自欧洲。毕竟欧洲是意识形态的老窝。

与上述第一个特征相应的，是美国哲学界庞大的规模和研究领域。美国哲学协会（The American Philosophical Association）的美国成员超过8000人，而美国哲学界名录（Directory of American Philosophers, 1992—1993）列出的北美哲学家名单超过1万人。这个庞大的职业人群既有离心倾向，也有向心倾向，前者表现为碎片化状态，每个哲学家都在"作自己的事情"，而后者则体现为北美120多个各种哲学协会，构成了巨大的网络，为哲学家之间的相互接触、合作提供了活力源泉。

与之相关联的美国哲学的第三个特征是学院化、专业化、技术化和工业化。这一点无须多说，因为它是当前几乎所有知识生产领域的通常形态，但与20世纪之前的哲学界相比，则是大相异趣了。日益增长的职业化基于严格而正式的学术训练，相互竞争的学院风气造成了"不发表就

---

① Richard Rorty, "Philosophy in America Today", in Richard Rorty, *Consequences of Pragmatism*, University of Minnesota Press, 1982, pp. 211–230.

完蛋"（publish or perish）的局面，这两个方面使美国大学的哲学教师成为多产的哲学家，每年要出版200多部著作，填满175种杂志，书和论文接近4000部，而会议论文也大致接近此数。顺便说一句，瑞彻本人就已经出版了120多部书![1] 不过相对来说，哲学界的出版量仍然较少。仅在1987年，研究英国文学的美国学者就发表了544篇关于莎士比亚的论文、215篇关于密尔顿的论文！

美国哲学的第四个特征是"应用哲学"（applied philosophy）的快速增长。应用哲学致力于科学、法律、商业、社会事务、计算机网络等领域中的细节性问题的哲学反思，特别是对经济正义、社会福利、生态学、堕胎、人口政策、国防等特殊问题的哲学考察。因此，可以说，美国哲学最明显的特征是：强调对特殊问题和主题的细节探究与个案研究方法，趋于远离昔日综合性的广泛领域中的抽象问题。哲学家们最近热衷的领域有应用伦理学（医学、商业、法律等职业中的伦理问题）、计算机相关问题（人工智能、信息处理的认识论）、医学技术的社会影响（堕胎、安乐死、生命权利、知情同意）、女性主义问题、社会与经济正义（分配政策、机会平等、人权）、数学和形式语言中的真理与意义、与知识和道德相关的怀疑论与相对主义的优缺点、人格的本性与人的权利和义务，等等。

在瑞彻看来，美国哲学的第五个特征是美国哲学对社会的影响微乎其微，美国哲学家也不像欧洲大陆哲学家那样对公共事务兴致盎然，也无心通过演讲等手段影响更大范围的公共读者（也许只有乔姆斯基是个例外），保持"政治上的正确"（political correctness）在大学校园里是非常重要的。当然，普通公众对本质上错综复杂的哲学问题也无甚兴趣，他们需要的是直截了当的答案或是安抚心灵的宗教。今日美国社会并没有反映哲学家的关切，但相反的情形恰恰是：只要有可能发生关联，哲学家的著作总是关心着社会。美国哲学在整个教育和学术建制当中仍然是稳固的，虽然在美国大学中只有0.5%的学生主修哲学（接近3%的学生主修英语，超过15%的学生主修商业和管理），但哲学在整个课程中的地位还是突出的。而且，哲学对其他学术领域也很有影响，这是哲学发生影响的主要

---

[1] 参见他本人的主页：http://www.pitt.edu/~rescher。

对象。

总之，美国哲学仍然活着，而且充满活力。不过，瑞彻也提出了这样的问题：这种活力是不是健康的？哲学家要不要走出为其他哲学家写作的模式，而走向大众呢？他的回答也许是乐观的：美国哲学的多元化特征体现出了这样一种现实主义的、有效的适应环境的能力，而这就是健康。

如今距离瑞彻报告的发表也近三十年了，其间虽然发生了像"9·11"事件、美国保守主义回潮、逆全球化趋势等重要变化，但美国哲学界的基本面貌仍然符合瑞彻的考察。

二 分析哲学的终结与后分析哲学时代的来临

美国哲学在某种程度上已经进入了"后分析哲学时代"，而分析传统在英国则要更牢固一些，但总体上也已衰落。从瑞彻的报告中可以看出，美国哲学从研究的兴趣和主题，到研究的方法和进路，都极其宽广、多样，很难一言以蔽之。不过粗略地说，到20世纪80年代中期之前，美国哲学主要处在分析时代，被视为大人物的哲学家是克里普克、蒯因、戴维森、罗尔斯、库恩、波普尔等人，不但这些人相当活跃，而且也得到了深入的研究。在80年代后期和90年代早期，欧陆思想风靡一时，查尔斯·泰勒、哈贝马斯、福柯、德里达名重一时，后现代主义甚嚣尘上。此后，在后分析哲学的90年代，被谈论较多的是诸如提倡后哲学文化的罗蒂、女性主义哲学家努斯鲍姆这样的哲学家。后分析时代一方面意味着对曾经占据支配地位的分析哲学的批判和反思，例如，对概念分析（至少是对概念分析在20世纪的过分运用）的普遍怀疑；另一方面也意味着研究领域的多元化，甚至在本来就松散的分析哲学"内部"，也产生了分裂，某些子领域已经无法彼此对话了。

瑞彻曾指出分析哲学的五个特征：(1)语言的困惑；(2)语言分析作为哲学的止痛剂；(3)将语言分析未曾清除的哲学问题归约为科学的剩余物；(4)科学的优先性；(5)哲学理论建构的终结。[①]

[①] 瑞彻：《分析哲学的兴起与衰落》，载陈波主编《分析哲学：回顾与反省》，四川教育出版社2001年版，第117页。

荷兰格罗宁根大学教授佩能伯格（Jeanne Peijnenburg）在 2000 年撰文①，分析了分析哲学的百年历程。在他看来，分析哲学源于对语言、科学、逻辑和分析的兴趣，对哲学问题热衷于系统性的进路，而不是历史性的脉络。早期分析哲学家往往以澄清概念的区分、用清晰流畅的语句表达这些区分而闻名，但现在这一情形发生了变化，分析哲学转向了它镜子里的反像，开始越来越像它曾经反对的那种哲学了。佩能伯格系统整理了区分分析哲学的八个标准。

（1）分析哲学与非分析哲学的区别在于前者对语言和意义问题表现出特殊的兴趣。我们可以为此举出两个典范性的论据。早在 20 世纪中期，赖尔就做过这样的评论："可以把全神贯注于意义理论描述为 20 世纪盎格鲁—萨克森哲学和奥地利哲学的职业病。"② 而达米特在 1993 年出版的名著《分析哲学的起源》详细阐述了这个问题，提出了分析哲学的两个主要特征：一是能够通过对语言的哲学阐释获得对思想的哲学阐释；二是综合性的阐释只能够通过这种方式获得。③

（2）牛津大学的哈克提出，分析哲学家比他们的欧陆同事更偏爱字面意义上的"分析"，即"把某物分解为其构成成分"④，至少也是"概念的阐释"。

（3）分析哲学时常自诩具有清晰明快的风格，而常常与某些欧陆哲学著作阴郁晦涩、故弄玄虚的特征形成对比。追求概念、推理、表述的清晰性，力求区分意义与无意义，确实是分析哲学的特点；但"清晰是不够的"，还有许多另外的事情要做。⑤

（4）第四个标准与第三个关系密切，就清晰性而言，分析哲学家热衷于精细地定义他们使用的术语，区分术语的应用领域，阐明在何种意义

---

① Jeanne Peijnenburg, "Identity and Difference: A Hundred Years of Analytic Philosophy", *Metaphilosophy*, vol. 31 (4): 366 – 381, 2000.

② Gilbert Ryle, "Theory of Meaning", in Caton, Charles E. ed., *Philosophy and Ordinary Language*, University of Illinois Press, 1963.

③ Michael Dummett, *Origins of Analytical Philosophy*, London: Duckworth, 1993, Chapter 2, p. 4.

④ Peter M. S. Hacker, *Wittgenstein's Place in 20th Century Analytic Philosophy*, Oxford: Blackwell, 1996, p. 4.

⑤ H. D. Lewis ed., *Clarity is not Enough*, London: George Allen & Unwin LTD, 1963, p. 9.

上能够做出清楚的区分，如分析与综合，观察与理论，认知与非认知，科学与伪科学，元层次与对象层次等等。

（5）第五个标准亦与此相关，即为了追求清晰性，分析哲学家常常使用逻辑符号和公式，而欧陆哲学家似乎对此兴趣不大，他们更关心概念的可变性和流动性特征，许多人发现，如果把他们的思想转换成命题逻辑或谓词逻辑的形式，会使之成为微不足道的工作，甚至导致想象的贫乏和思想的枯萎。

（6）第六个标准是分析哲学对经验科学的高度评价，他们热衷于夸耀与实验科学家的密切关系，感到科学方法为他们提供了合格证，使他们的发现能够得到客观的验证，而不是空虚的思辨的产物。这在一定意义上被称为科学主义。

（7）第七个特征是在内容和主题上，他们要求有所选择，或者说避开某些主题，例如，形而上学的、社会政治的和宗教的。

（8）第八个特征是分析哲学家对哲学史、历史问题不感兴趣，这一点被称为非历史特性、无历史感。

然而，无论是瑞彻还是佩能伯格都已注意到，至少从20世纪80年代后期开始，英美哲学界的情形，甚至是分析哲学的情形已经完全与上述标准不同了，甚至走向了反面。例如，佩能伯格认为，首先，许多当代分析哲学家感兴趣的不再是语言，而是认知，"语言转向"似乎要被"认知转向"（cognitive turn）所取代了，现在的意义理论很少像往日的逻辑或语言研究了，常常更接近于对心理表象和认知的心理学考察。其次，现在许多哲学家不再把分析理解为分解，而是采取了语境论的进路（the contextual approach），流行的口号也从"分析"和"原子主义"，变成了"综合"和"整体论"，诸如意义整体论、确证整体论、解释整体论、认识论的整体论、实用主义的整体论、功能性质的整体论大行其道。再次，清晰易懂也不再是分析哲学家的专利，许多非分析哲学的著作照样清晰流畅，而近来许多分析哲学著作的风格却不易理解。巴斯摩尔在《哲学百年》的补编《新近哲学家》中，就对"难以捉摸的"戴维森和"令人生畏"的达米特发出了抱怨。[①] 更重要的是，分析哲学自

---

① 参见约翰·巴斯摩尔《哲学百年·新近哲学家》，商务印书馆1996年版，第674—675页。

身的基本概念也具有模糊性，或者用维特根斯坦的方法说是具有家族相似性的概念，使哲学家的分析工作消失为稀薄的空气。最后，哲学与逻辑的关联越来越弱，逻辑已经从它的发源地哲学迁移出来，而向数学和信息学扩散。至于分析哲学与哲学史的关系，我们在前面已做了详细的澄清。

如果说分析哲学的五个或八个特征、标准都寿终正寝了，那么分析哲学本身当然也难逃此劫。瑞彻明确指出，分析哲学已从英美哲学的学术舞台上退出，但分析哲学已经造成了重大的变化，留下了巨大的遗产。因为分析哲学实际上可以分离为两个方面：一是它的立场和意识形态，就是通过语言分析消解哲学问题，或将其归约为经验科学问题；二是它的方法、技术和步骤，在这一方面，要求竭力将精确和明晰注入到哲学研究中去，而不要满足于模糊的观念和未经检验的假定，要努力使你的哲学承诺尽可能清晰明确，将用于逻辑—语言分析的手段不断发展和革新，然后最大限度地利用它们，以激活你的观点并使之具有实质内容和环境所能容许的说服力和明晰度。因此，作为一种学说纲领，分析哲学已经证明是一条死胡同，是一次失败，而作为一种方法论资源，它已证明是无限丰富和多产的，并且在哲学的每一个领域内部都可以感受到它的有益影响。①

在这个意义上，普特南说得很好："我们可以从康德那里学到很多，而无需称自己为康德信徒；我们也可以从詹姆士和杜威那里学到很多，而无须称自己为实用主义者；我们还可以学习维特根斯坦，而无须称自己为维特根斯坦信徒。同样，我也可以从弗雷格、罗素、卡尔纳普、蒯因以及戴维森那里学到很多，而无须称自己为'分析哲学家'。为什么我们不能只做'哲学家'，而去掉那个形容词呢？"②

三 "后分析哲学时代"的基本趋向

早在1985年，拉基克曼（John Rajchman）等人就编了一部名为《后

---

① 瑞彻：《分析哲学的兴起与衰落》，第123页。
② 希拉里·普特南：《从内部看分析哲学的半个世纪》，载陈波主编《分析哲学：回顾与反省》，第112—113页。

分析哲学》的文集①，其中收录了当时美国主要哲学家的13篇论文，如罗蒂、普特南、戴维森、伯恩施坦、罗尔斯等。实际上，这部文集体现出美国分析哲学界内部的一些哲学家对分析哲学自身的反思和质疑，它要通过这些文章所代表的倾向，回答这样几个问题：这些哲学家的工作是某种新的开端，还是一脉相承，抑或只是一时的破裂和转折？这意味着美国出现了新的哲学吗？这对其他学科和登上舞台的一代哲学家来说意味着什么？其文化的、历史的、政治的后果是什么？当然，20年后，形势逐渐明了。"后分析哲学时代"这个称谓意味着作为运动、学说和意识形态的分析哲学已走向终结，新的哲学地图正在形成；与此同时，这也意味着并没有另一种主导性的替代物引领英美哲学的潮流，而是进入了百花齐放的战国时代，分析哲学作为方法、技巧和风格仍然发挥着不可替代的作用。

（1）更为严肃、深入的哲学史研究成为当代英美哲学家的亮点，既吸取了分析哲学的丰富成果，也为今后的哲学发展挖掘出丰富的思想资源。在这方面特别突出的是对康德哲学的研究。几乎在所有领域，哲学家对康德著作的兴趣以及在康德启发下的研究方案都与日俱增。

（2）形而上学研究的回归和繁荣。早期分析哲学是反形而上学的，摩尔、罗素、早期维特根斯坦以及维也纳学派都坚持"拒斥形而上学"的原则。但事实上，无论是地地道道的实证主义者还是日常语言哲学家，都在宣称传统形而上学是成问题的、无意义的、混淆的同时，继续处理着传统形而上学所遭遇的问题，并隐含了另外的形而上学。到了20世纪60年代早期，反形而上学的态度普遍弱化，这得益于普赖尔（Arthur Prior）、齐硕姆（Roderick Chisholm）、塞拉斯（Wilfrid Sellars）等人的工作，但主要还是美国哲学家蒯因和英国哲学家斯特劳森的努力和影响所致，前者对存在论承诺的研究，后者对描述的形而上学的构造，使形而上学开始复兴，使哲学家不必再隐藏自己对形而上学问题的兴趣。

在英国，形而上学的复兴带有独特的康德风格，哲学家讨论这个或

---

① John Rajchman and Cornel West eds., *Post-Analytic Philosophy*, New York: Columbia University Press, 1985.

那个概念性实践的预设,提出关于特殊事物的辨明和重新辨明、时空位置归属、范畴性概念的使用、概念构造的客观性等形而上学问题。在美国,形而上学兴趣的复兴是以更为自觉的存在论范畴来表达的,对各种问题的讨论差不多都是从追溯蒯因开始的,先验的形而上学则随着克里普克的《命名与必然性》得到深入的研究。这种复兴是渐进的,直到1980年代中期,一批新一代哲学家出现,开始尝试建构全面的、系统性形而上学理论,如齐硕姆、阿姆斯特朗(David Armstrong)和刘易斯(David Lewis)。①

新兴的形而上学理论既回应传统的问题,也开辟了新的领域,但其核心是一贯的:形而上学是范畴理论。共相和殊相、普遍与特殊是传统形而上学的典型问题,除了继续探讨柏拉图式的共相理论和唯名论之外,对殊相和个体化的研究也十分热烈,阿姆斯特朗的两卷本《共相理论》产生了广泛的影响。围绕存在问题展开了对同一性、存在论承诺、虚构实存物的讨论,蒯因的著作和威廉姆斯(C. J. F. Williams)的《何谓存在?》《何谓同一性?》成为讨论的焦点。围绕模态概念,可能世界理论取得了长足的发展,齐硕姆、刘易斯和普兰廷加(A. Plantinga)乃是其中的重要人物,他们的工作使关于事实的模态理论从需要辩护的地位,走向了几乎毋庸置疑的合法地位,也使对许多哲学概念(如因果性、自由意志、倾向、知识)的模态或反事实的分析大量出现。在近20年中,大量著作致力于评价这种分析的成功。时空理论仍然是讨论的中心论题,事件、因果性等问题也深入到物理学尤其是量子力学当中。人格与心灵、自由意志等问题也在新的维度上展开,甚至模糊性(vagueness)问题也随着威廉姆森(Timothy Williamson)和基菲(Rosanna Keefe)的相关著作而成为讨论的热点问题。② 不过,当代英美形而上学的研究大多数非常抽象、晦涩,所使用的许多概念相当生僻,不少还是生造的,因

---

① M. J. Loux and D. W. Zimmerman ed., *The Oxford Handbook of Metaphysics*, Oxford University Press, 2003, p. 4.
② Timothy Williamson, *Vagueness*, Routledge, 1994, Delia Graff & Timothy Williamson eds. *Vagueness*, Dartmouth, 2002; Rosanna Keefe & Peter Smith eds., *Vagueness: A Reader*, The MIT Press, 1996; Rosanna Keefe, *Theories of Vagueness*, Cambridge University Press, 2000.

此国内的研究相当稀少。①

（3）交叉学科研究趋势十分强劲。这广泛表现在科学—哲学、社会科学—哲学以及人文科学—哲学等方面。交叉学科的工作把涉及其他学科的"某某哲学"（philosophy of x）的课程和研究从一知半解的状态中拯救出来，同时也有助于重新界定哲学自身的性质。例如，在美国的科学哲学领域，新的博士候选人必须熟悉一门专门科学；在人文科学领域，有些哲学家意识到叙事及其近似概念的重要性，对文学、叙事研究较为关注。在英国，有一个不大却十分兴旺的科学哲学家群体，特别是物理哲学家，如牛津大学的巴特菲尔德（Jeremy Butterfield）、布朗（Harvey Brown）和桑德斯（Simon Saunders），都非常关心当前的自然科学。心灵哲学家如约翰·坎贝尔（John Campbell）努力整合心灵的先验理论与经验心理学的最新进展。语言哲学家威廉姆森（Tim Williamson）解释了形式语义学领域的语言学家的近期工作。达米特推进了哲学逻辑的研究，并为英国哲学家所继承，如怀特（Crispin Wright）和拉姆菲特（Ian Rumfitt），他们解释了形式逻辑中相当前沿的工作。法哲学家哈特（H. Hart）的影响至今仍然强大，使许多法哲学家如杜菲（Antony Duff）努力研究法学家所深入探讨的工作。以语言规范性、认知规范性、道德规范性和法律规范性为中心的规范性问题也成为哲学家关注的跨学科研究主题。

（4）语言哲学的两个主要趋向。语言哲学是20世纪的显学，也是分析哲学的核心，但并不是一个严格的哲学子学科，而是涉及多个方面和层次，得到了非常充分的研究。目前，其一，语言哲学对关于语言的事实越来越有兴趣，越来越重视。20年前，个别的哲学家如希金鲍萨姆（Higginbotham），敦促我们要更关注语言学。而现在，通晓语言学已成为语言哲学的规范。不必担心这会把语言哲学与其他领域孤立起来，相反，这让哲学家得到了更大范围的材料，以得出哲学性的结论。结果是，语言哲学开始从弗雷格对密尔式的争论中挣脱出来，而与各个研究领域发生关联。特别是，当哲学家求助于"我们如何进行日常谈论"，

---

① 关于当代英美形而上学，较简明的英文导论参见 Michael J. Loux, *Metaphysics: A Contemporary Introduction*, Routledge, 1998；较深的导读著作参见上注。

来捍卫其在伦理学或形而上学中的论断时，所获得的方法和材料其实比奥斯汀以及所谓"日常语言学派"所提出的更好，更丰富。其二，将语义学与语用学之间的区分统一起来。语言哲学家曾经花了大量努力去思考语义学在何处结束，语用学在何处开始，许多语言哲学中的争论就在这个节骨眼上结束。在这一方面最为突出的是布兰顿的工作。他在《清晰阐释：推理、表象与推论性承诺》[①] 中尝试提出一种将语义学奠基于语用学的意义理论，这种理论不是纲领性的、提纲式的，其中包含了体系的构造和理论细节的分析。他提出的关于推论实践的推理主义观点被誉为当代语言哲学中的哥白尼式革命。[②] 哈贝马斯称布兰顿的这部著作是"理论哲学中的里程碑，正如《正义论》在19世纪70年代成为实践哲学的里程碑一样"。[③]

（5）心灵哲学的飞速发展。虽然广义的心灵哲学与哲学本身的历史一样悠久，但作为哲学门下的子学科，则要到20世纪50年代才确立起来。而此后心灵哲学的发展可以视为意义理论中的一种焦点转换：从日常语言到思想和心灵。蒯因、戴维森、早期的普特南、克里普克都在谈论语言；福多（Jerry Fodor）、丹内特（Daniel Dennett）、丘奇兰德（Churchland）夫妇、米利肯（Ruth Millikan）等，都在谈论心智。在这个意义上，语言哲学把头把交椅让给心灵哲学，退居次席。当代心灵哲学的飞速发展一方面源自对笛卡尔身心二元论问题的反复深入讨论，另一方面也受到实验心理学、认知科学和人工智能研究的影响。所涉及的内容十分广泛，从身心问题到心理状态、心理内容，从感觉、表象、知觉到思想和语言，从人类理性、人工智能到对行动、意向和意志的研究，还涉及人格同一性、自我知识等。可以说，心灵哲学涉及从形而上学到经验研究的各个理论层次，相关的理论、学说和"主义"层出不穷，不胜枚举。

---

① Brandom, Robert. *Making It Explicit: Reasoning, Representing, and Discursive Commitment*, Harvard University Press, 1994. 此书于2000年译为德文。

② Miroslava Andjelkovi, "Articulating Reasons", *Philosophical Books*, 45 (2), 2004, pp. 140 – 148.

③ Habermas, Jürgen, "From Kant to Hegel: On Robert Brandom's Pragmatic Philosophy of Language", *European Journal of Philosophy*, 8 (3): 322 – 355, 2000.

此外，自20世纪70年代起，经过普兰廷加等人努力，严肃的宗教哲学和哲学神学开始繁荣，基督教哲学家协会的成员超过了1000人，成为美国哲学协会下面最大的子团体。

方法论作为处理跨哲学各领域的大量问题的手段，引起很多注意。虚构理论（Fictionalism）就是明显的例子：首先是关于虚构的虚构论，其次是关于否定性存在的虚构论，然后是关于模态的，现在几乎在每一个领域都出现了发展完善的虚构论立场。语境论（Contextualism）是另一个例子，首先应用于说谎者悖论、知识归属（knowledge‑ascription）、模糊性的语境主义解释等问题，然后又成为更一般化的方法论，用以处理哲学问题。

第三节 英美分析哲学与欧陆哲学的对话

1949年，费格尔和塞拉斯合编的《哲学分析读本》[①] 在某种意义上标志着"分析哲学"这个名称的确立，而罗蒂于1967年编的《语言转向》[②] 则使"linguistic turn"这一口号深入人心，分析哲学运动达到了鼎盛期。在世纪之交，哲学家也在不断地回顾、反思分析哲学的历史，并为之画上了休止符。可以说，前者是在雄心勃勃地提倡、鼓吹着什么，而后者则略带悲壮地回顾、展望着什么。弗罗伊德（Juliet Floyd）等人编的《未来的往事：20世纪分析哲学传统》[③] 和索姆斯（Scott Soames）受到好评的两卷本《20世纪的哲学分析》[④] 便是代表。更有意味的是，1998年，七位当代著名的哲学家汇聚耶鲁大学，讨论一个哲学家一般不会讨论、而人们往往急于知道确切答案的问题：什么是哲学？并于2001年汇集成书。在书中我们看不到太多的分析哲学色彩，反而是布兰顿坚定地说："哲学

---

① H. Feigl and W. Sellers ed., *Readings in Philosophical Analysis*, Appleton Century Crofts, 1949.

② Richard Rorty, *The Linguistic Turn*, The University of Chicago Press, 1967.

③ Juliet Floyd and Sanford Shieh, *Future Pasts: The Analytic Tradition in Twentieth‑Century Philosophy*, Oxtord University Press, 2001.

④ Scott Soames, *Philosophical Analysis in the Twentieth Century*, 2 vols, Princeton University Press, 2003.

就是康德和黑格尔所做的那种工作。"① 同年，在波士顿举行的第 20 届世界哲学大会上，卡尔—奥托·阿佩尔、布兰顿、罗森（Stanley Rosen）、莫兰（Dermot Moran）、威廉姆森（Timothy Williamson）、巴格拉明（Maria Baghramian）等知名哲学家齐聚圆桌会议，讨论"分析哲学与欧陆哲学的关系"。1999 年，特拉维夫大学也召开了相同主题的会议，并在《国际哲学研究杂志》2001 年第 3 期上出版了专号，发表了 10 篇相关论文。1999 年 4 月号《一元论者》（The Monist）杂志的主题研讨也与此相关："欧陆哲学：支持还是反对"（Continental Philosophy: For and Against）。事实上，在当今顶尖的哲学家中，不少人致力于分析哲学与欧陆哲学整体或某个方面的关联性研究，如德国的哈贝马斯、阿佩尔，美国的伯恩施坦、罗蒂、麦克道尔、布兰顿，英国的威廉姆斯（Bernard Williams）、皮科克等等。

人们一般都承认，在 20 世纪的大部分时期，英美哲学和欧陆哲学是在非常不同的，甚至是相互排斥的哲学传统中展开的，前者集中表现为分析哲学，后者主要体现在德国哲学和法国哲学当中。现在人们也注意到这样的事实或趋势：英美哲学和欧陆哲学或分析哲学与欧陆哲学之间的种种根本性分野已然失效了，二者的沟通、交汇、对话则成为主流。梅伊（Todd May）甚至认为，二者的区分完全是肤浅的，那些用于区分的标准没有一个是有效适用的。②里查德·坎贝尔（Richard Campbell）也认为这两种风格的区分是令人误导的，遮蔽了两种哲学之间隐秘的形而上学差异，"欧陆哲学"这个词甚至包含着偏见，是被"分析哲学"想象出来的"他者"。③ 比雷茨基（Anat Biletzki）认为，"分析"是涉及流派的概念，而"欧陆"则是地理学概念，二者是不对等的，分析哲学家并不必然在欧陆之外，如果把"英美哲学"与"欧陆哲学"对照起来，则忽略了德

---

① C. P. Ragland and Sarah Heidt, *What Is Philosophy?*, Yale University Press, 2001, p. 92.
② Todd May, "On the Very Idea of Continental (or for that Matter Anglo – American) Philosophy", *Metaphilosophy*, vol. 33 (4), 2002, pp. 401 – 425.
③ Richard Campbell, "The Covert Metaphysics of the Clash Between 'Analytic' and 'Continental' Philosophy", *British Journal for the History of Philosophy* 9 (2), 2001, pp. 341 – 359. 不过，他的观点遭到了 Stephen Buckle 的反驳，"Analytic Philosophy and Continental Philosophy: The Campbell Thesis Revised", *British Journal for the History of Philosophy*, 12 (1), 2004, pp. 111 – 150。

国、法国、奥地利和斯堪的纳维亚的分析哲学。① 在他看来，这两个哲学阵营的分野肇始于康德。康德之后的 19 世纪和 20 世纪哲学分成了两条道路，一条是黑格尔、马克思、尼采、叔本华、海德格尔、福柯和德里达铺就的，走在另一条道路上的是，从布尔查诺（Bernhard Bolzano）、洛采到弗雷格，然后又到罗素、卡尔纳普、蒯因、戴维森、达米特、普特南。② 这些主角都分别被贴上了两种不同的标签，标签上记录着两种哲学传统，两种哲学风格，两种哲学的意识形态，两种哲学的动机，两组哲学的发问方式和两个答案的家族。至于这两种标签的详细内容，已是人们耳熟能详、人云亦云的了。

作为致力于沟通分析哲学与欧陆哲学的旗手，罗蒂评论说："'欧陆'和'分析'哲学之间的巨大分野主要是由如下事实造成的：历史主义和反表象主义在非英语世界的哲学家中比在英语世界的同行中更受欢迎。可以容易地将戴维森和德里达，或者布兰顿和海德格尔、黑格尔联系起来，但如果要想在一些典型的'欧陆'哲学家和塞尔、克里普克、刘易斯或内格尔之间发现共同之处就比较难了。这决不是'方法'之间的不同，而是实质性的哲学学说之间的差异，由此决定了这两个哲学阵营之间的分野就不太可能弥合。"③

按照惯常的思路，既然"分"已经不是当前的主流，那么就要深入思考"合"的可能性和实施路径。可是，这种思路是不适宜的，天下大势，合久必分，分久必合，但在哲学领域，却不是简单的分分合合。在这里，我们赞同罗蒂的温和主张：以分析哲学—对话哲学的区分代替分析哲

---

① Anat Biletzki, "Bridging the Analytic - Continental Divide", *International Journal of Philosophical Studies*. Vol. 9 (3), 2001, pp. 291 - 294.

② 当然，还可以提到许多其他的名字，其中胡塞尔可以归于欧陆哲学一路，但他与弗雷格的纠葛也相当复杂，他的思想近来也为一些分析哲学家所用。至于维特根斯坦在 20 世纪哲学中的地位就更为复杂，早期哲学可以归于分析哲学，而后期哲学则开辟出一条独特的独创性道路，影响至为深远，以至于有人认为，就"大西洋哲学"与欧陆哲学的分野而言，其中一个非常重要的原因是对维特根斯坦哲学的不同解读，前者更多地强调维特根斯坦哲学中的"概念"，而后者则注重的是这些"概念"背后的东西。参见郭贵春《欧洲大陆和英美哲学传统之间的区别、关联与融合——记与德国哲学家沃尔夫冈·诺义萨教授的谈话》，《哲学动态》2005 年第 1 期，第 43—47 页。

③ 罗蒂：《当代分析哲学中的一种实用主义观点》，《世界哲学》2003 年第 3 期。

学—欧陆哲学的区分,并倾向于对话的哲学。"对话"为我们理解不同哲学传统之间的分野和交汇提供了契机,也为我们走出各种哲学意识形态的壁垒提供了平台,更为我们绘制新版的哲学地图和新型的语言街区提供了可能性。

(1)(假定)既然分野或裂隙是从康德和康德之后开始的,甚至是从柏拉图和亚里士多德之间的区别开始的,我们就需要重返哲学史,并把哲学史至少当作哲学本身去研究。一方面,分析哲学家要走出自然科学模式的窠臼,不能认为法国和德国哲学家所做的大部分工作顶多是"纯粹的"思想史研究,而与哲学家应当解决问题(problem-solving)的分内工作相去甚远;[1] 另一方面,对于欧陆传统的哲学家来说,正如德国哲学家施奈德巴赫(Herbert Schnadelbach)在第15届德国哲学大会的开幕式上所强调的:哲学应超越人文学科的范围,成为人们在思维、认识和行为的基本原理范围内寻找思想定向的一种尝试,这也是哲学在当代的实际功用。[2] 双方都应当克服传统、专业化以及学术训练的隔阂,以宽容的态度展开对话,为多元化的哲学图景增添新的色彩。罗蒂本人的检讨非常值得借鉴:"从理想上说,我们这些哲学家都认为应当不断地质疑我们的预设;但事实上,我们并不比别人好多少。大多数分析哲学家都对欧陆哲学持一种暧昧的轻视态度,同时又没读过多少那方面的著作。许多欧陆哲学家对分析哲学嗤之以鼻,却未曾尝试搞清楚分析哲学家认为自己正在进行的研究。"[3]

(2)既然我们认定分析哲学与欧陆哲学之间存在着分野和裂隙,那么,我们就应当从各个角度出发去描绘这一图景,并尽力解释其成因;只有我们深入理解了"分"的现象和成因,我们才能把对话深入下去、扩展开来。西蒙斯(Peter Simons)在一篇有趣的文章《谁之过?分析——欧陆鸿沟的根源与可避免性》中[4],清晰勾勒了二者鸿沟的来龙去脉,他将其主要根源归结为政治因素。第一期,在1899年,这一鸿沟还未出现,

---

[1] 罗蒂:《分析的哲学与对话的哲学》,《世界哲学》2003年第3期。
[2] 庞学铨:《德国哲学二十年》(上),《哲学动态》2000年第4期。
[3] 罗蒂:《分析的哲学与对话的哲学》,《世界哲学》2003年第3期。
[4] Peter Simons, "Whose Fault? The Origins and Evitability of the Analytic-Continental Rift", *International Journal of Philosophical Studies*, 2001, vol. 9 (3), pp. 295 – 311.

因为这时正是分析哲学的一些苗头在英、法、德、奥等国蓄势待发,新康德主义、新黑格尔主义、柏格森的生命哲学的影响遍及英吉利海峡两岸的时候,总的来说,19世纪和20世纪之交,欧洲哲学呈现出一幅多姿多彩的画面,只不过现在通常把这一时期极度简化罢了。第二期,在1914年第一次世界大战爆发之前,分析—欧陆的鸿沟渐露痕迹,但只不过是一方赋予科学和理性以优先地位,另一方赋予行动与意志以优先地位的差别,并不难以克服。第三期,第一次世界大战对于这一鸿沟来说是一个暧昧的因素,它在欧洲的学术和理智生活中产生了剧变,各种意识形态如爱国主义、民族主义、价值、生命、历史等问题对哲学家产生了广泛而多样的影响。第四期,在1918—1933年,出现了分析—欧陆鸿沟的第一个信号,虽然这鸿沟并不牢固,亦非为地理所限,但已然表现出来:分析哲学一方全神贯注于逻辑、数学、自然科学和语言哲学,而欧陆一方关注哲学人类学、价值和历史。第五期,在1933—1945年则出现了灾难性的巨大裂隙,政治局势左右着哲学的图景。犹太人和社会主义者在欧洲中部面临生命危险,大量德国、波兰等国哲学家流亡到英语国家。在法国则兴起了对欧陆哲学各种主题的热忱,特别是现象学的3H(黑格尔、胡塞尔和海德格尔)。第六期,在战后的1945—1968年,分析—欧陆的鸿沟似乎已经牢不可破:分析哲学家嘲笑缺乏学术训练的、印象派的、非逻辑的、非理性的、附庸风雅的欧陆哲学家,而后者则嘲笑前者是缺乏教养、对逻辑死心塌地、头脑狭隘、不谙世事的分析哲学家。而在1968年之后的第七个时期,鸿沟上的浮桥逐渐搭起,双方开始了沟通和交流。

经过这番叙述,西蒙斯总结出七个教训:第一,分析哲学与欧陆哲学的实际情况几乎没有先天的可能性;第二,我们从各种事件的历史中,甚至在各种观念史中所认识到的,只是实际发生的东西;第三,要从历史的偶然事件中梳理出较为稳定的根本性因素,差不多是天方夜谭;第四,虽然没有单个的人或事件应为分析—欧陆的鸿沟负责任,但大量因素要共同负责;第五,这一鸿沟不是绝对的;第六,要想从地理学上描绘这一鸿沟,就非得歪曲和强暴实际的事实不可;第七,了解和解释这一鸿沟乃是我们的职责,而这也就是继续我们的哲学研究吧。我们不必完全赞同西蒙斯的勾勒和分析,但他的思路却是值得借鉴的:我们一定要弄清楚分析—欧陆的鸿沟到底是怎么回事,是如何一步步形成的,哪些因素左右着实际的进程。当然,这不是说,我们一定要把这个问题归约为事实如何,而放弃思想根源上的追问,但反过来也是不可取的。

(3) 就关键性哲学家进行对话,或就重要论争展开对话。如果一定要推出双方各自的领军人物,而且这两个人物还具有超越派系的历史地位,能够与笛卡尔、康德、黑格尔等最伟大的哲学家比肩的话,则非维特根斯坦和海德格尔莫属了。海德格尔在很大程度上左右了德国哲学的面貌,而他在"二战"中的政治遭遇,也反映出分析—欧陆裂隙的政治背景。维特根斯坦也在很大程度上影响了分析哲学的主要进程,并且还将以崭新的视野和方法继续塑造未来的哲学图景。对他们的研究,以及研究之间的对话,势必继续沟通曾经壁垒森严的对峙局面,为哲学地图的多样性、多元化和平等对话提供条件。

阿佩尔的工作是以康德的先验哲学、皮尔士的符号学和维特根斯坦的语言哲学为基础的,构建了先验语用学体系,在促进英美—欧陆的对话方面颇有贡献。布兰顿作为美国哲学界的后起之秀。他的思想语境相当复杂,康德的批判哲学、黑格尔的历史主义概念论、维特根斯坦的语言游戏理论、塞拉斯的心灵哲学,甚至哈贝马斯的交往行动理论都构成了布兰顿的思想要素和对话者,由于这种综合和包容,有人把他的立场统称为"推理主义—整体论—功能主义—实用主义、理性主义传统(简称"IHF-PR 传统")"。[1]

在 20 世纪,有几次关键性的论争引人注目。例如,1929 年,卡尔纳普、卡西尔和海德格尔在达沃斯大学展开了争论,海德格尔对新康德主义传统展开了彻底的攻击,而卡西尔与这一传统的联系是最密切的。此后不久,卡尔纳普就严肃地研究了海德格尔的哲学,并于 1932 年发出了对海德格尔的著名的论战檄文。[2] 由此引发了一系列问题:卡尔纳普早年对新康德主义的挑战,能否让我们作为焦点去真正理解分析哲学传统的发展呢?同样,我们能否聚焦于海德格尔与新康德主义的关系,去真正理解欧陆传统的发展,以及这两种传统之间的分野呢?我们能否从卡西尔的思想

---

[1] Jaroslav Peregrin. Tales of The Mighty Dead (Book Review), *Erkenntnis*, 59: 421 – 424, 2003.

[2] M. Friedman, *A Parting of the Ways: Carnap, Cassirer, and Heidegger*, Chicago: Open Court, 2000.

中得到不断发展的哲学灵感呢？相反，也许更好的情况，是我们最终离开康德主义和新康德主义，而把我们未来的哲学活动定位在不那么系统化、而是更为多元化的路线中。① 此外，哈贝马斯与罗尔斯、福柯与乔姆斯基、塞尔与德里达之间的争论也都具有各自领域的代表性。通过对这些哲学论战的梳理和剖析，不同传统之间的对话、沟通，甚至融合，都将在更深的层次上进一步展开。

  总之，在21世纪初，英美哲学界和欧陆哲学界都已经走出了昔日的壁垒，对话、沟通、融会取代了哲学意识形态的固步自封、画地为牢。也许我们有希望在这种多元化、多样性的局面中看到西方哲学的新形态、新潮流的出现。

---

① Michael Friedman, "Carnap, Cassirer, and Heidegger: The Davos Disputation and Twentieth Century Philosophy", *European Journal of Philosophy*, 2002, vol. 10: 3, pp. 263–274.

第二章 分析哲学与诠释学的融合

第一节 分析哲学与诠释学的融合趋向

"分析哲学"和"诠释学"分别代表了英美哲学和欧陆哲学的哲学主题的基本面,在一定程度的"对抗"和"排斥"中展现了科学主义和人文主义的不同风格。从20世纪中叶以来,这两个哲学流派从僵持走向了沟通、对话,相互吸取、交叉融合的趋势越来越明显。也就是说,分析哲学与诠释学、现象学、结构主义等其他学派之间的对立在减弱,而更注重相互借鉴和对话。

后经验主义的科学哲学力图把诠释学和维特根斯坦的思想结合起来。例如托马斯·库恩在《科学革命的结构》中谈到了维特根斯坦的语言游戏观和海德格尔(以及伽达默尔)的观念之间的融合。伯恩斯坦在《超越客观主义和相对主义》第二章"科学、合理性和不可通约性"中揭示了存在于后经验主义的科学哲学中的诠释学倾向。"不可通约性"(以及不可翻译性)理论发端于库恩,并为费耶阿本德、温奇等人所追随和发展,这一理论否定了科学哲学中的客观主义,不承认存在一个共同的、中性的认识论构架,在其范围内我们能够理性地评价竞争理论或范式,或者说不存在一套规则,它能够评判理论的合理性与否。当然,这并不意味着他们走向了非理性主义,而是表明他们所发展的是不同于纯粹理性的实践理性,强调逻辑经验之外的社会历史、主体心理在评判理论合理性中的作用,强调科学工作者共同体的价值及其作用,认识到主体间性的作用。①

---

① 伯恩斯坦:《超越客观主义和相对主义》,光明日报出版社1991年版,第90页。

第二章　分析哲学与诠释学的融合

尽管这并不表明后经验主义的科学哲学有意识地将诠释学的维度引入科学哲学，但不可否认的是诠释学的观念和方法已经间接地渗透到科学哲学的研究中，自然和社会科学研究中的科学诠释学维度正在被恢复。正如库恩1977年在《必要的张力》所言："'诠释学'……在五年前还没有进入我的词汇。我越来越觉得，任何相信历史可以具有一种深刻哲学影响的人都将不得不学会在欧陆哲学传统和英语国家哲学传统由来已久的断层之间找到某种连结的途径。"①

此外，英美哲学界的科学哲学在宣扬不同于诠释学的"统一科学"立场的同时，认为自然科学也具有诠释学的特征，因为自然科学的历史表明它们总是依赖于历史中所蕴含的对生活世界的前理解。另外，波普尔学派也开始探讨诠释学和人文社会科学的问题，而此前他们一直在捍卫一种社会科学的科学还原主义的观点。因此可以说，科学哲学中也存在着诠释学的趋向，后经验主义的科学哲学和诠释学之间的融合在某种意义上代表了分析哲学的发展路向。

就诠释学而言，20世纪六七十年代有三种主要诠释学模式，即以施莱尔马赫、狄尔泰、贝蒂为代表的浪漫主义传统的诠释学；以布尔特曼（R. Bultmann）和早期海德格尔为代表的存在主义诠释学；伽达默尔的哲学诠释学。② 其中以伽达默尔的哲学诠释学影响最大，他强调理解的历史性、语言性和实践性，在这个意义上，伽达默尔的哲学诠释学在语言观上引导了一种本体论的转向，理解和解释是通过对话和交往，也就是通过语言实现的，语言是诠释学问题的起源和归宿。伽达默尔的哲学诠释学激发了哲学界对诠释学的关注，促进了英美分析哲学对诠释学的接纳。如果说伽达默尔的诠释学处于一个十字路口的话，那么其后的诠释学从不同维度和角度发展了他的诠释学，自80年代以来，主要朝着三个方向发展。第一个方向是以潘能贝格（Wolfhart Pannenberg）、哈贝马斯和阿佩尔为代表的元批判的诠释学，强调对理论标准和实际操作的元批判性的评价；第二个方向是以费适（Stanley Fish）、罗蒂为代表

---

① 伯恩斯坦：《超越客观主义和相对主义》，第135页。
② Anthony C. Thiselton, *New Horizons in Hermeneutics*, Harper Collins Publishers, 1992, pp. 10–11.

的社会实用主义的诠释学,强调历史传统和语言的社会伦理维度,认为对每一个文本或历史性语言的理解都不同于其前或其后的文本或语言,因此,真理是和语境相关的,知识和真理只存在于不断变动的历史当中,解释者或哲学家总是处于一定的世界当中;第三个方向是以哈贝马斯和阿佩尔为代表的社会批判的诠释学,其任务是通过寻求规范性和解放式的批判来揭示社会旨趣。①

伽达默尔对实践的强调为元批判诠释学提供了一个出发点,历史性使得共同体的实际判断总是处在不断变化的过程中,正是这个过程以语言的方式体现了确定的历史和实践特征,实践的这种历史性形成了偶然的、有限的判断。而启蒙以来的哲学传统则过分地强调"方法"对于把握真理的重要性,突出理论理性的优先性,沿着这个思路,理论总是能够摆脱具体情景的偶然性和生活世界的历史性。而伽达默尔则强调人类生活中具体情景的重要性,我们只能在历史视域的融合中进行理解,因此,理论理性作为一种工具,只是理性的一种方式,理性应该具有更广阔的基础。伽达默尔、潘能贝格、哈贝马斯、阿佩尔以及利科在元批判的层面强调实践理性和理论理性的统一,甚至理论理性应该融入实践理性之中。以罗蒂和费适为代表的社会—实用主义诠释学继续了伽达默尔对历史性的强调,突出了理解、真理、知识的历史性、偶然性特征,知识和真理都是在历史过程中获得的,所有真理都和具体语境有关,因此对真理的把握、对文本的理解都是在视域的融合中进行的。对文本的理解更多要关注的是阅读的效果,关注共同体、共同体的传统和价值在理解中的作用,强调文本对于我以及我的共同体所产生的效果。

社会—批判诠释学与这种社会—实用主义诠释学的路径正好相反。以哈贝马斯和阿佩尔为代表的社会—批判诠释学也强调诠释学的社会伦理维度,但他们认为,真理和文本不仅体现了语境的偶然性和有限性,也体现了一种确定的社会旨趣。社会批判诠释学的任务就是要通过以自由、正义和真理为目标的这种超越具体个人或共同体的解放性批判来揭示这种社会旨趣。早期哈贝马斯关注知识和旨趣的关系,后期则更加明

---

① Anthony C. Thiselton, *New Horizons in Hermeneutics*, Harper Collins Publishers, 1992, p. 12 ff.

确地提出，在元批判和社会层面诠释学的问题包含两方面内容，既有生活世界的历史偶然性也有更普遍的批判和系统。阿佩尔也试图超越具体语境中的社会、语言实践寻求作为元批判的基础的普遍理论。与伽达默尔一样，他承认语境的历史有限性；与维特根斯坦一样，他承认生活世界中的语言游戏的具体性。但他反对由此走向罗蒂和费适的哲学路径，他认为语境的历史性和有限性并不能使解释者仅仅局限于某个种族中心主义的世界，与社会实用主义不同，他要为人类理性寻求一个更普遍的基础。

具体来说，当代诠释学的发展具有以下几个明显的特征。

（1）诠释学中的语言转向。源自海德格尔和伽达默尔的现代诠释学摒弃了理解主体意向性即文本作者意图的问题，而倾向于将文本语言看作一种自主性的媒介和意义的源泉。后期狄尔泰将"客观精神"的"公共领域"（common sphere）作为"语用理解"（pragmatic understanding）的基础，从而纠正了前期的心理主义。狄尔泰之后，后期海德格尔作出了如下论断："人只有在说某种语言（即通过相应的语言）时才是在言说。语言在言说。对于我们来说语言的言说就是说出我们所说的。"[①] 同样，伽达默尔也认为："对于我们来说它似乎具有一种诗意的特性，其中语言不再是言语，也就是说，在诗中它拥有独立于所有言说、致辞和劝说关系的形式的统一。"[②] 此外，伽达默尔又认为，"实际上，文献是诠释学问题的核心，在文献中，语言本身摆脱了作者，摆脱了听者或接受者所接受的言辞，它形成了自身的存在。"[③]

因此，语言是理解本身得以实现的普遍媒介。理解是语言性的。首先，理解的对象具有语言性，正是凭借语言，文本才得以超越作者的意图和当时的历史事实，拥有自身独立的意义内容，从而成为理解的对象。其次，理解过程也是语言性的。所谓理解了一个文本也就是理解者和文本在对话中就所谈对象获得了共同语言。在伽达默尔的哲学诠释学中语言绝不仅仅是一种工具，而是使理解本身成为可能的存在，理解也

[①] 转引自 Karl-Otto Apel. *Selected Essays*. ed. and introduced by Eduardo Mandietta, vol. 1, *Towards a Transcendental Semiotics*, New Jersey: Humanities Press, 1994, p. 54. 本书以下简称 TTS。

[②] 转引自 TTS, p. 54.

[③] 转引自 TTS, p. 54.

就是寻找在语言中显示的存在,在这个意义上"能被理解的存在就是语言"。"语言是'我'与世界相遇的处所,语言为诠释学进行了一种'本体论的转向'。"① 同时,伽达默尔强调,语言并不仅仅是依据特定的模式对世界进行中介化,它对世界进行一种主体间的中介,而不是客观的中介。

诠释学中的语言转向源自哈曼—赫尔德—洪堡传统。在这一传统中,语言是以人类生活共同体为基础的存在,这是对洪堡的"语言是世界观"思想的进一步发展:"语言并非只是一种生活在世界上的人类所拥有的装备,相反,以语言为基础、并在语言中得以表现的乃是:人拥有世界。对于人类来说,世界就是存在于那里的世界……但世界的这种存在却是通过语言被把握的。这就是洪堡从另外的角度表述的命题的真正核心:语言就是世界观。"② 如果没有语言我们就没有世界,因此,"世界在本质上是语言的"③。德国传统中的语言转向表现出与英美语言哲学不同的特征,可能最明显的不同在于,英美语言哲学将语言的所有功能归结为逻辑和认知功能,即语言是知识的中介,忽略了德国传统中的语言哲学所关注的语言的交往概念,即语言是理解的中介。换言之,以洪堡为代表的德国语言哲学反对"逻辑优先于语法",这个传统更关注社会和文化现象而不是自然现象。因此,德国传统注重对自然语言的分析,语言被看作是人与世界之间的关系基础,也就是说更少关心语言与客观世界之间的关系,即命题式的知识语句,在这个传统中语言更多地与社会世界、和我们主观世界的经验发生关系。因此,语言具有一种多维的揭示世界的功能。

此外,德国传统的语言转向具有两个明显的特征:一是对意识哲学中的语言观的批判。据此,语言不再是对主客体进行中介的工具,语言不再仅仅是表达思想的媒介。相反,语言是思想的基础,语言具有经验和先验的双重地位,语言取代了传统意识和先验主体所具有的重要作用。二是这

---

① Hans – Georg Gadamer, *Philosophical Hermeneutics*, Berkeley: University of California Press, 1976, p. 434.
② H. 伽达默尔:《真理与方法》下册,上海译文出版社 1999 年版,第 566 页。
③ Hans – Georg Gadamer, *Philosophical Hermeneutics*, p. 401.

种语言转向导致了对理性的非先验化。① 理性必然存在于多元化的自然语言当中,这就不能从先验主体的角度来保障理性的统一。值得注意的是,20 世纪 50 年代以后两个传统中的语言转向出现了融合的趋向,这体现在二者都对语言相对主义、不可通约性以及意义整体论等思想的关注。当然,二者融合的基础在于各自的渊源的相通性,具体表现为德国思想传统中的洪堡和英美哲学传统中所看重的弗雷格,正是二者通过对意义和指称的区分而引发了两个传统中的语言转向,他们都分析了语言如何以不同的方式指称相同的事物;他们在区分意义和指称的基础上提出了"意义决定指称"的论断。这些为两个传统中的语言转向发展中的融合奠定了必要的基础。

(2) 诠释学的历史主义特征。尽管早在施莱尔马赫那里就已经提出了日常会话的诠释学 (hermeneutics of ordinary conversation),但诠释学的主要作用依然是对历史文本的理解,因此,历史性解释构成了诠释学原则的典型特征。尽管有一些文本被限定在同时代人之间进行信息交往,但诠释学的主要任务并不是理解同时代人对文本所作的理解,而是理解文本的意义如何能够为后时代的人所理解,也就是后时代人如何历史地理解文本同时代人对文本所作的规范性理解。对于诠释学的历史性理解来说,那些注定要留给后世的文本一定可以被解释,也就是通过历史性地研究与文本同时代的人对文本语言的规范理解而加以解释。

诠释学传统中对文本的历史性理解引发了历史主义问题。狄尔泰认为,历史主义相对论的问题就是被解释的对象 (即文本) 的历史真实性问题,以及诠释学中的语用解释者及其解释的历史真实性问题。正是针对诠释学的这种历史主义问题,后期狄尔泰区分了先于解释的理解即"语用的理解"和"诠释学的"或方法论的理解,前者针对 (社会) 生活的"公共领域"中的实际交往,而后者则只有在不存在交往的"公共领域"时才发挥作用,比如遭遇外来文明的时候。

在诠释学中的历史主义问题上,伽达默尔看到了根据不同历史阶段的语言进行理解是诠释学理解面临的主要问题。他认为,只要我们摒弃了天

---

① Cristina Lafont, *The Linguistic Turn in Hermeneutic Philosophy*, trans. by Jose Medina, The MIT Press, 1999.

真的"客观理解"的思想，就能够克服这种历史主义，所谓"客观理解的思想"是指那种能够使我们自己和文本的最初接受者处于同时代，或重新确定文本作者的原本意图的思想。伽达默尔认为，我们要继续海德格尔的思想，对世界中的此在、意义传统中的存在和经过"视域的融合"而达到的理解进行"时间性的解释"。因此，伽达默尔认为，对意义的充分理解并不是通过恢复形成文本的最初条件来理解文本的最初意义，而是理解文本告诉我们的东西，这种理解也就是解释者就其所研究的对象而通过语言来说明文本所展现的意义，以及在实际情况中应用文本时所展现的意义。

在《真理与方法》中，伽达默尔意在表明，"有一种完全不同的知识和真理观"，它不能通过科学方法的成就来予以完全的说明，但可以通过诠释学理解而对我们有效。因此，伽达默尔似乎强调的并非真理与方法间的连接而是它们的分离，体现的是"真理反对方法"的主旨。伽达默尔否定了"客观理解"的思想而认为，理解中的"先见"或"前判断"是理解得以可能的条件和前提，我们必须倾听它们，必须开放我们自身以使它们能"对我们说话"，我们必须将它们向我们提出的主张作为真理来接受，因此，我们并不是通过将我们所有的先在判断和成见加括号或遗忘来进行理解。在这个意义上，伽达默尔认为理解的过程永无终结，因为理解总是包含着先在的判断和成见，而这些判断和成见在历史进程中自身也在不断地改变着，因此理解总是以不同的方式来进行，由于我们的视域不同和提出的问题不同理解也不同，只有不同的理解而没有更好的理解。那么，如何避免理解中的历史性而导致的相对主义呢？伽达默尔求助于实践，他将诠释学和实践融合起来而认为，理解本身是实践理性和实践知识的一种形式即智慧的一种形式。

因此，从狄尔泰到伽达默尔的诠释学发展表明，解决解释中历史主义问题的最好途径是伽达默尔的视域的融合，从表述文本的语言中寻求一种解释者和文本当时的视域的融合，而不是跨越历史去寻求文本当时的意义。在此，语词或语句的意义在严格意义上并不是永恒的，而是以"存在的历史"为条件的，因此在原则上解释过程是无限的，但它不是更深入、更完善地理解真理意义的过程，至多是根据揭示存在的不同历史定位而进行不同理解的过程。

伽达默尔强调理解的成见和诠释学循环在理解中的作用，我们在后经验主义的科学哲学和科学史研究中也看到对传统的强调：库恩对"规范科学"中的历史维度的强调已预示了这一点，拉卡托斯对研究纲领的分析、劳丹对研究传统的分析也是如此。

除了后经验主义的科学哲学和诠释学发展中的这种共通性之外，伽达默尔的《真理与方法》也显示出了借鉴分析传统的科学主义精神的必要性。首先，如果完全排除"方法"或反对"方法"则有可能导致相对主义，避免相对主义的途径之一是引入自然科学的规范性和统一性。其次，伽达默尔力图重构不同于自然科学真理的另一种真理，但他却忽略了自然科学与社会科学之间的共同性（二者并不是一种简单的二分或对立，但在实践基础上是可通约的），而这种忽略容易导致一种简单的二分法，也就是将理解只是囿于主体的视域之内，却不能在前理解与我们理解的对象即生活形式或文本之间进行一种辩证的综合。也就是说，如果我们只强调诠释学中的主体间维度，而忽略与理解对象直接相关的语义学维度，那么就无法真正地避免理解中的相对主义问题，也不能使诠释学成为超越客观主义和相对主义的另一种哲学路径。

（3）诠释学的跨学科特征。诠释学的跨学科特征具体表现在两个方面。其一，诠释学作为一种方法和各门具体科学的结合，如法学诠释学、科学诠释学、神学诠释学等等，尽管经典诠释学产生于对法和圣经的解释，但当代的结合又体现了新的特点。其二，以利科为代表的"怀疑的诠释学"理论借鉴了精神分析的方法。因为语言和人类精神都不是明晰的和直截了当的，人的精神可以以各种方式欺骗自己，因此利科认为弗洛伊德对梦的解释以及有关梦的理论为神话、符号、隐喻和其他多层面文本的解释提供了方法论，弗洛伊德的理论强调了解释过程的复杂性以及理解的层次性，为诠释学提供了方法论的怀疑和批判工具。除了批判性地使用这种怀疑的工具，利科还强调了符号、隐喻和叙述的创造性，怀疑性批判是为了消除对文本的神圣性的崇拜，诠释学的目标在于恢复语言的权力。他强调，"诠释学不是要关注文本'背后'的东西，而是要关注文本'面前'的东西，所以，对于诠释学来说重要的是，文本如何影响读者：通过什么样的过程以及这些过程是否有效"[①]。

[①] Anthony C. Thiselton, *New Horizons in Hermeneutics*, Harper Collins Publishers, 1992, p. 5.

从诠释学和分析哲学的发展趋向可见，二者的一个共同特征是在弱化各自传统原则的基础上相互吸纳，如诠释学强调语言在解释中的重要性的同时吸取了分析哲学中的言语行为理论，而分析哲学在泛化分析原则的同时吸取了诠释学传统中的语境论，而且有一些主题是二者共同关注的，如"研究传统"等。这就是说当代诠释学和分析哲学的发展中呈现了一种融合、沟通和对话的趋向。因此，"谁应视为'分析家'，谁应视为'诠释学家'，这一点并不总是清楚的"①。

时至今日，无论分析哲学还是诠释学，其本身的鼎盛期业已过去，英才辈出的局面已不再那么容易看到，但它们持久的影响依然存在，而且深深地植入了当代哲学家的研究方法、思想方式，乃至思想范式当中，一位没有受到上述某种哲学方法熏陶的哲学家几乎是不可思议的。同样，由于作为一种运动的哲学思潮已经消失，它的意识形态性或者说门派的画地为牢的成见偏见、家法，也都随之消失了。许多哲学家当然可以坚守某种流派的阵地，但同样多的哲学家已不把自己限制在某家某派、某种方法和视角之中了，相当多的哲学家已经开始融会贯通不同时期、不同流派的哲学风格和范式，不再把分析哲学与诠释学的关系看作是"一种比较研究的工作，而是更为强调从哲学问题出发，寻找不同哲学家对相同问题的不同观点，以推进对哲学问题的研究，而不是关注两个哲学传统的不同"②。正如普特南所说："为什么我们不能只做'哲学家'，而去掉那个形容词呢"③？

第二节 分析哲学与诠释学的融合：方法论维度

分析哲学和诠释学之间的融合和沟通分为两个层面：一是方法论层面，二是研究的主题和内容。不同的哲学家在寻求二者的融合时总是从不同的研究主题出发，形成了不同的研究内容。例如，分析哲学家达米特主张回到这两个传统分裂之前寻找二者沟通和对话的基础，也就是回到胡塞

---

① 陈波主编：《分析哲学：回顾与反思》，第23页。
② Simon Glendinning, "The Analytic and the Continental", in J. Baggini and J. Stangroom eds., *New British Philosophy*, Routledge, 2002, pp. 201–216.
③ 普特南：《亲历美国哲学50年》，王义军译，《哲学译丛》2001年第2期。

尔和弗雷格，通过寻找、分析二者分裂的原因有针对性地建构二者沟通的基础。德国哲学家阿佩尔实践了与达米特不同的路径，他不是要回到二者分裂之前，而是要结合这两大传统的最新发展来推进二者的对话和沟通，他的先验语用学以诠释学的最新发展为基础结合了分析哲学中的言语行为理论、语用学的发展。因此，西方哲学家们在推进分析哲学和诠释学的融合时凸现了不同的哲学主题，但贯穿这些主题的方法论却体现了相对的一致性，本节试图从方法论的维度分析分析哲学和诠释学之间相互沟通和对话的可能性和必要性。

一 分析哲学的起源及其特征

通常认为，分析哲学代表着不同于现象学、诠释学等欧陆哲学流派和思辨形而上学的哲学形态，它本身具有独特的内涵。"分析"也就是把对象分解为其组成部分，化学分析表明了化合物是由化学元素构成的，微观物理学分析了构成物质的原子结构，揭示了形成物质的最终元素。哲学分析也是在思想或概念领域进行着同样的工作。在某种程度上，"分析哲学"可以代表20世纪英语国家以及一定时期奥地利哲学的主流。从这个角度来看，分析哲学是一种历史现象，它也处于不断的变化当中，不能被限定为一些确定的、至高无上的信念或原则，它本身也包含不同的、相互交叉的一些流派。分析哲学是一个具有血缘关系的家族相似概念，它发展的不同阶段都具有共同的方法论、学说和主题特征。

分析哲学的奠基者弗雷格提出了三条非常重要的方法论原则：第一，要明确区分心理学的东西和逻辑的东西，主观的东西和客观的东西；第二，必须在句子的联系中，而不是个别地研究语词的指称［或意谓（Bedeutung）］；第三，要时刻看到观念和对象的区别。[1] 这对于我们理解分析哲学的总体特征具有非常重要的意义。此外，20世纪分析哲学的两个直接来源是摩尔的"概念分析"和罗素的逻辑分析。在《伦理学原理》（1903）以及更早的论文中，摩尔使用了"分析"的哲学方法，尽管当时他还未阐明分析后来所具有的内涵——"分析是概念或者表达式的意义

---

[1] G. 弗雷格：《算术基础》，商务印书馆1998年版，第8—9页。

特性或普遍性。"① 而且，在这里分析并不是语言的分析，而是对表达式所表示的某种客观东西的分析。对 X 的意义的分析通常可以被看作：（1）对概念 X 的组成要素的说明；（2）在领会 X 的意义时对呈现在心灵之前的东西的说明，如简单的、可分析或不可分析的普遍特性的说明；（3）说明一个特定概念如何与其他概念相联系或不同于其他概念。摩尔认为分析一个概念也就是审查位于心灵之窗前的存在，探明概念的各个组成部分以及如何结合在一起，说明它与其他概念之间的关系。因此，他的分析理论表明，在不关注语言表达的情况下也可以分析一个概念。"概念分析"是摩尔分析哲学的核心。其后，"分析"这个术语一直被保留着，但将整体分解为组成部分的含义已经被取消了。

继摩尔之后，罗素认为，在哲学领域通往真理的最佳途径是分析。"自从我放弃了康德和黑格尔之后我以分析的方法解决哲学问题。我坚信，只有分析才是一种进步的途径。"② 一开始，罗素的分析概念和摩尔是一致的，也就是将概念上复杂的事物分解为简单的、不可分的组成要素。后来他丰富了概念分析，赋予了其以逻辑语言的特性以及还原目的。他的哲学分析概念具有深远的多方面影响，代表了分析哲学的基本特征。

第一，它转变了分析概念的内涵，以前的分析是将表达所指涉的实体细分为其组成部分，罗素的分析概念承认了"不完全符号"的存在即在语句中有一些这样的表达，其本身没有意义，但语句赋予了其意义，它表达一个命题。这样的命题分析也就是将原始语句转变为不包含不完全符号的语句。第二，分析变成了揭示命题的真正逻辑形式的工具，命题的逻辑形式完全不同于表达它的语句的语法形式。罗素认为是事实而不是命题构成了世界，在此他区分了语句的语法形式以及与事实相应的逻辑形式。他认为，哲学的首要任务是揭示世界中事实的逻辑形式。第三，逻辑及其技术构造成为分析的重要工具，借助于逻辑工具可以认识到日常语法容易引起误解，从而探明事物的真正的逻辑—形而上学结构。第四，摹状词理论

---

① P. M. S. Hacker, *Wittgenstein's Place in Twentieth - Century Analytic Philosophy*, Blackwell Publishers Inc., 1996, p. 7.

② P. M. S. Hacker, *Wittgenstein's Place in Twentieth - Century Analytic Philosophy*, Blackwell Publishers Inc., 1996, p. 10.

使罗素认识到了研究语言和符号的更大的重要性,因为摹状词理论揭示了,如果将语言仅仅看作研究命题形式的中介,那么日常语言具有很大的蒙蔽性。而且它表明,分析只是一种语言内的运作,即对那些为了哲学澄清的目的而改写的语句进行分析,并不是对实在的逻辑结构进行超自然的研究。摹状词理论使罗素减少了本体论的承诺,而坚持"奥康剃刀"的原则,即如无必要勿增实体。这导致罗素走向了不同形式的还原性分析。

摩尔和罗素以不同的分析风格开辟了20世纪的分析哲学,奠定了哲学中的"语言转向"的基础。尽管分析哲学在20世纪经历了不同阶段的演变,但由摩尔和罗素开创的分析哲学路径一直代表着不同于其他哲学流派的一种独特的哲学风格、方法和精神。

二 诠释学的渊源及其特征

诠释学(Hermeneutics)原本是《圣经》研究的一个方法论分支,也就是解释《圣经》的技巧。从它的希腊文词源(hermeneutikos)来看,它包含三种彼此关联的意思:表达、解释和翻译。而这个希腊词又来自希腊神话中的赫尔默斯(Hermes)。古希腊作家赫西俄德在《神谱》中这样讲到:"阿特拉斯之女迈亚睡上宙斯的圣床,为他生下永生诸神之信使,光荣的赫尔默斯。"[①] 希腊人信奉他发明了语言和书写,人类因此有了相互交往和理解的工具。他不但有双足,而且有双翼。作为信使之神,他往来于奥林匹亚山上的众神和人世间的凡夫俗子之间,把超越了人的理解的神旨,转换成人可以理解的形式,即人的语言。于是,赫尔默斯具有把人不可理解之物,变成可理解之物的力量。诠释学的初衷也是如此,旨在理解《圣经》中所蕴含的上帝的意图。诠释学方法由此产生,包括文字考证、句法分析、揭示背景(或语境),其对象便是深藏在语言文字背后的"原意"。随着欧洲文艺复兴和宗教改革的蓬勃兴起,诠释学也不再仅限于诠释圣经,而是扩大到一切世俗的古典作品,逐渐成为人文科学的一般方法论。在赫尔德、施莱尔马赫和狄尔泰等德国哲学家的努力下,传统诠释学取得了辉煌的成就。现代的哲学诠释学就是在传统诠释学和现象学的基础上破土而出,蔚为大观的。

---

① 赫西俄德:《工作的时日·神谱》,张竹明、蒋平译,商务印书馆1991年版,第54页。

海德格尔从探讨存在、世界的意义入手继承了狄尔泰的诠释学思想，建立了一种本体论的诠释学即"此在"诠释学，对揭示"存在意义"的"在世"进行了"基础本体论"的说明；伽达默尔"哲学诠释学"的"普遍性论断"则标志着诠释学作为一门学科的成熟形态，使诠释学成为一种哲学理论，掀起了研究诠释学的热潮。从诠释学的发展历史可以看出，诠释学不仅仅是一个哲学流派，而是一种关于解释、理解和意义的哲学理论。

诠释学起源于对经文和历史性资料的解释，根植于人文传统当中，到海德格尔和伽达默尔那里，解释的领域已经包括艺术、法律、历史、文学等人类与世界发生作用的所有领域，诠释学的方法已经被广泛接受和使用了，但仍然没有形成一种诠释学的"共同纲领"。不过，我们还是可以从以下几个方面对它进行简明扼要的定位：

1. 意义优先于技巧。意义理论是诠释学的重要内容，对文本的理解实际上就是对文本意义的理解。施莱尔马赫、狄尔泰等人的传统诠释学认为意义是文本固有的，不以解释者的理解为转移的客观东西，因而他们认为诠释学的任务就是解释者摒弃自己的各种偏见，投入作者原有的意境，客观地理解和把握文本的意义。伽达默尔追随海德格尔，认为理解是解释者对生活经验的未来可能性的筹划，文本的意义并不是完全客观地、僵化地、静态地凝固于文本之中的东西，而是与人的理解不可分的。也就是说，文本与读者之间的关系不是"独白"，而是"对话"，只有在对话中文本才能产生意义。因而任何一个文本只有当它和人的理解相结合时才具有活生生的意义；离开了人的理解就没有真正的意义。因此，解释也就是在解释者和文本之间的互动中产生意义的理解过程，它不同于利用、整理资料得出结论的技术性过程。

2. 实践优先于理论。解释现象的意义体系不仅包括解释工具、文本和思想，而是从文化与历史层面和世界发生作用的过程，它先于主客体之间的分离。在早期海德格尔那里，"诠释学关系也就是对相似性的理解，这种相似性产生于和世界中的其他某物发生的物理作用。"[①]

[①] Robert P. Crease, "Hermeneutics and the Natural Sciences: Introduction", in *Man and World*, 30, 1997, p. 262.

(3) 情境优先于抽象的形式化。诠释学真理就是在具体的文化和历史背景中揭示某种存在，诠释学的理解无法摆脱诠释学的循环。理解一个语词、语句的意义和理解整个文本的意义密切相关，任何理解都必须以先见或偏见为前提。人总是生活在运动的历史环境中的，历史文化赋予人以各种偏见或先见，人不能自由地选择它们，也无法轻易地摆脱它们。因此，理解就是在新旧视域的不断更替中产生的。诠释学产生意义的过程并不是对具体情境的超越或抽象，而是对它的深化和扩展。

三 两种方法论之间的纠葛

分析哲学借助于逻辑和数学技术的发展复兴了分析的原则和技巧，它将自身严格限定为对概念的认真分析，而且这种分析首先和主要的是语言的分析。分析哲学家们追求一种精确的、严格的和科学的概念分析，代表了一种科学主义的方法论。与此相反，诠释学则代表了一种人文科学的方法，狄尔泰将诠释学看作整个人文科学的方法论基础，他区分了自然科学和人文科学的不同方法，自然科学关注的是事物原因方面的知识，而人文科学则要求理解生活的"意义"。"自然需要说明，而人则必须理解"[①]。诠释学在理解和解释历史、文化、作品时不能采用与自然科学相同的因果说明方法，而要用理解的方法。

20世纪分析哲学和诠释学所分别代表的自然科学的"说明"方法与人文科学的"理解"方法之间的纠葛是一个从对抗走向对话的过程。分析哲学中的"统一科学"派经历了弱化其基本纲领的过程，以伽达默尔为代表的诠释学派努力避免陷入相对主义的困境，由此表明分析哲学和诠释学这两大哲学流派从方法论的角度来看具有相互对话和互为补充的可能性和必要性。

分析哲学中以亨普尔、内格尔（Ernest Nagel）为代表的"统一科学"派强调自然科学和社会科学的方法论统一，认为社会科学的进步需要吸取自然科学的方法和标准，必须根据由经验证实而得来的普遍规律和理论对人类行为进行因果性说明。因此，"统一科学"派的捍卫者强调因果说明、普遍规则和经验观察，只认可自然科学的客观性概念。他们断言，如

---

① 转引自殷鼎《理解的命运》，第11页。

果没有自然科学的客观性概念,社会科学就会变成主观的和不可证实的。相反,以伽达默尔、温奇(P. Winch)和泰勒(C. Taylor)为代表的"理解社会科学"派则强调社会科学和人文主义传统之间的相似性。他们认为社会科学研究的对象决定了它不能符合自然科学的逻辑。因此,社会科学的任务并不仅仅是说明人类行为的永恒法则,而是理解这些行为,根据文化前提和主体意图来理解它的合理性以及丰富而深刻的内涵。因此,社会科学必然包含解释的维度,它们不是依赖观察和说明,而是必须探讨构成社会群体的行为和实践的背景的"意义"的复杂性。

"统一科学"派和诠释学派各执一词,并试图通过弱化对方的方法来贯彻自己的方法论。然而这两种方法论在20世纪的发展历程表明,只有不再固步自封,不再把自己限制在某家某派、某种方法和视角之中,只有融会贯通不同时期、不同流派的哲学方法,才能走出各自的哲学困境,开辟哲学发展的新路径。

首先,对于以亨普尔为代表的分析哲学家来说,他们认为解释性的社会科学存在的问题是,它的研究结果建立在个体研究者的移情作用的基础之上,因而是偶然性的,没有可以证实的社会科学发现,只有各种无法证明的解释。在"普遍规则在历史中的作用"一文当中,亨普尔认为,客观性并不是取决于移情,而是对自然科学方法论的应用。一个事件或行为是可以解释的,只有遵循普遍的规则性假设来描述它。而且,这些假设的前提能够被经验证实和否证,它们没有指涉形而上学的实体。也就是说,解释对象可以被解释,只要解释的语句逻辑地遵循了可以被经验证实的法则和相关条件。

20世纪50年代,威廉·德雷(William Dray)对亨普尔的观点提出质疑。德雷认为,说明纲领和统计的普遍性并不是解决社会科学中普遍规则问题的途径,而亨普尔误以为这种普遍化和社会科学有关。德雷提出了人文科学的另一种旨趣,即不是对发生事件的说明或预测,而是对事件意义的理解。他认为,说明纲领缺乏使事件可理解的能力。社会科学的任务不仅是从因果关系说明行为事件,而且要从理性的角度表明行为的合理性,也就是揭示行为者行为的意义或重要性。其后维特根斯坦派理论家维奇和泰勒进一步发展了德雷的思想。他们坚持认为,社会科学对行为者实施一定行为的理由的研究不仅仅是社会科学的一个独特的、独立的旨趣,它是揭示行为原因的必要前提。只有社会科学家理解了行为和动机之间的内在联系，才能正确识别行为，并进一步根据规则来说明行为。因此，理解信念和实践的意义，关注所研究社会的概念构架是在信念和实践方面形成普遍联系的前提。沿着这个路径，维特根斯坦派认为，在社会科学中不能仅仅通过对法则的应用来获得客观性，因为法则的应用本身建立在对行为意义的理解之上。

其次，伽达默尔在《真理和方法》中认为，拘泥于客观性问题就会妨碍对理解结构的充分说明。在逻辑实证主义和客观主义的诠释学那里，充分的社会科学说明要剔除研究者对说明的影响，而只有那些为没有文化差异和时间距离的不同研究者所接受的说明或解释才是客观的。相反，伽达默尔认为，我们不仅要反对观察和预测是证实社会科学分析的适当方式，而且要放弃对主体间证实的研究。伽达默尔的立场源自他理解的历史性，即成见和传统对不同的人类知识形式的影响。他以胡塞尔和海德格尔的现象学研究为出发点，认为人类理解的所有形式都是对某物作为某物的理解。换言之，经验内容包含了超越实际经验构成的意义投射，它总是片面的和视角化的，意义投射总是以预期和假设的网络或"视域"为基础的。因此，一方面，所有的解释都是对文化成见的投射，另一方面，由于历史现象总是可以从不同的历史角度加以解释的，所以成见总是在不断变化。

因此，伽达默尔认为，社会科学具有历史自我意识的形式。它们没有表达人类行为的客观真理，即对于解释者来说适用于文化或历史的任何方面的真理。因此，社会科学中的客观性并不是结果的可重复性或主体间的证实，解释的客观性是在历史的自我意识中从现象所展示的各个方面揭示出现象新内容的"丰富性"问题。因此，只有不同的理解而没有"更好或更深入"的理解。

由此可见，尽管伽达默尔批判了诠释学中的"科学主义"和"客观主义"，但他也承袭了"科学主义的错误"，与他所反对的分析哲学家一样，他认为在"科学"和"客观性"概念上自然科学具有垄断性，因此社会科学或诠释学的历史性理解要取消有关科学的论断和对客观性的遵循。也就是说，他从一个极端走向另一个极端，从一种垄断和霸权走向另一种垄断和霸权，因此，这种相对主义在某种程度上是另一种科学主义的错误。

　　在伽达默尔之后的诠释学发展体现了不断弱化诠释学方法的相对主义倾向。利科认为，分析哲学的"说明"方法和诠释学的"理解"方法之间并不是对立的，以哈贝马斯和阿佩尔为代表的批判诠释学也强调，分析哲学的"说明"方法和诠释学的"理解"方法之间可以进行辩证的中介。他们认为，解释性的理解需要借鉴说明方法的必要性来自诠释学本身的发展，例如，当交流被妨碍或变得不可能时就不能达成理解。这种情况通常出现在精神分析和意识形态批判领域，那些神经质的人和受"错误意识"所支配的社会群体并没有意识到这种理解中的障碍，但在实际的理解活动中已经存在着障碍，因此这两个领域都试图克服理解的障碍。在此，"解释者"也就是精神分析学家或批判社会学家，能够比作者本人更好地理解其行为或活动，因为他们能够参照适用于个体和集体行为者的生活历史理论，来解释这种不能充分自我理解的情况。因此，只要借助于说明行为原因的说明框架，就可以理解那些其动机不能被理解或充分理解的行为。在此，研究自然过程的认识方法第一次被引入了主体间交流的诠释学领域。

　　因此，社会科学的方法论特征体现了一种对立。一方面，社会科学希望吸取自然科学的方法寻求一种客观性、确定性的自然科学标准；另一方面，坚持社会生活中不可还原的、不可剥夺的人为因素，从而拒斥普遍性、预测性和控制性。但在社会科学中基于这两种相互冲突的路径的理解的旨趣以一种动态的关系存在着，批判诠释学试图以意识形态批判的形式进行一种辩证的中介。

　　分析哲学中的"统一科学"派纲领经历了维特根斯坦学派的发展，直至维奇在维特根斯坦的语言游戏理论和作为社会科学基础的诠释学之间牵线搭桥。诠释学从狄尔泰强调自然科学和人文主义的方法对立到伽达默尔的诠释学立场，至利科和哈贝马斯、阿佩尔从批评诠释学的角度沟通"说明"和"理解"的构想，两种不同路径的发展表明，从方法论的角度来看当代分析哲学和诠释学正在克服各自的极端化和片面化主张而呈现一种融合、交叉和对话的趋势。

第三节 分析哲学和诠释学的融合：罗蒂和阿佩尔的哲学融合模式

20世纪下半叶，分析哲学和诠释学在整体上呈现出沟通和对话的趋向，试图超越这种划分是一些重要思想家极感兴趣、并认为颇有前途的新尝试。罗蒂和阿佩尔被认为是积极推进分析哲学和诠释学融合的典型代表。他们从不同的哲学阵营出发，从不同的角度批判了相同的哲学传统，对相同的哲学问题作出了不同的回答，得出了不同的结论，代表了当代哲学中的两种相互对立的观点和立场。当然，由于各自的哲学背景和视角的差别，他们是不同意义上的"同盟军"，也就是说沟通和融合分析哲学和诠释学是二者的共同主张和信念，但具体融合的途径、方式却大相径庭。

一 罗蒂的"后哲学文化"

罗蒂在其代表作《哲学和自然之镜》以及《实用主义的后果》等著作和论文集中，试图糅合日常语言学派、实用主义和诠释学等不同进路。与其他哲学家不同，罗蒂并不把分析哲学的衰落看作经验主义教条的崩溃，认为正是语言分析在从内部瓦解经验主义教条，因为它不再遵循经验主义的方法和目标了。"在1951年像我这样的研究生正在学习、转向分析哲学，我们相信在分析哲学中有一些明确的、具体的哲学问题需要解决，这些问题被分析哲学家公认为是最重要的问题。"[①] 三十年后，在罗蒂看来，情况就不同了，分析哲学没有了统一的目标、方法和研究方向，它正朝着多元化的方向发展，这有些类似欧陆哲学的发展情形。也就是说，如今分析哲学的统一并不体现在目标和方法的一致，而是风格上的接近。"如果一个学科缺乏明确的主题和具有代表性的范式，那它就只能体现为一种不同的哲学风格。我认为，这就是分析哲学在最近三十年经过实证主义阶段发展到后实证主义阶段时的状况。但我并不是在损害分析哲学的名誉。……因此，我对分析哲学状况的分析并不表明分析哲学偏离了正确的

---

① Maurizio Ferraris, *History of Hermeneutics*. Laca Somigli, New Jersey: Humanities Press, 1996, p. 229.

道路。"① 在罗蒂看来，如果在新实证主义阶段，分析哲学还可以将自身看作不同于欧陆哲学所谓"真正"的哲学，那么当今的分析哲学发展表明，就真理论断而言，它已经和欧陆哲学没有什么不同了。美国大学中的分析哲学阵地所讲授的只是在形式上不同于诠释学和后结构主义风格的一种哲学。正是由于对分析哲学的发展持有这种不乐观的态度，罗蒂提出了作为一种世俗文化的"后哲学文化"。

"后哲学文化"是罗蒂解构和改造分析哲学的自然结果，是为未来哲学发展设想的蓝图，同时也是旨在启蒙新一代哲学的"新语境"。首先，后哲学文化是反基础主义、反表征主义、反科学主义的。因为"在这里，没有人（至少没有知识分子）会相信，在我们内心深处有一个标准可以告诉我们是否与实在、真理相接触。在这种文化中，无论是牧师、物理学家或诗人都不会比别人更'理性'、更'科学'或更'深刻'。没有哪个文化的特定部分可以挑选出来作为范例以说明文化的其他部分，其中没有跨学科的、超文化的、非历史的标准。"② 一句话，这种文化不需要任何的基础。其次，后哲学文化是以"小写"的哲学代替"大写"的哲学的文化。"在这种文化中，将不存在任何称作（大写）哲学家的人，即他们能说明文化的某些方面为什么和怎样能够具有一种与实在的特殊关系。但是，在此也存在能够理解事物如何关联的专家。只不过他们没有任何特殊的问题需要解决，没有任何特殊的方法加以运用，没有任何特殊的学科标准，也没有任何集体的自我形象以作为专业。"③ 罗蒂取消了作为专业学科的传统哲学，哲学发挥着"文化批判"的功能，从而可以自由地评论文学、历史、人类学和政治学。在此，超验的、客观的、论证性的哲学形象消失了，自由的、平等的、有趣的哲学对话代替了传统的哲学论题。

罗蒂哲学的目标之一在于克服"科学文化"和"文学文化"之间的断裂，克服分析哲学和诠释学之间的分割，他立足于"合流"的趋势认为将来"两个传统具有共同的名称—哲学，这将不会是不可思议的

---

① Richard Rorty, *Consequences of Pragmatism*, p. 220.
② Richard Rorty, *Consequences of Pragmatism*, p. xxxviii.
③ Richard Rorty, *Consequences of Pragmatism*, p. xxxix.

历史事件"。① 在他看来，这两种哲学形态唯一可沟通的桥梁是反二元主义、反本质主义的共同兴趣，这体现在"后尼采"的欧洲哲学家和"后分析"的英美哲学家的思想中，表现出对实用主义、自然主义的趋近，即任何事物都是社会的建构，任何意识都是语言的功能，没有"认识的知识"而只有"描述的知识"，而且语言实践和其他社会实践紧密相连，对自我及其描述只是社会需求的功能而已。因此，对于分析哲学中的实用主义和诠释学中的历史主义而言，重要的是他们所具有的这种共同的倾向性特征。罗蒂认为，后哲学文化能够代表这两种哲学发展的最新趋向，它不仅代表了分析哲学的最新发展，而且渗透了诠释学中的历史主义的基本主张，因此，推进分析哲学和诠释学的融合趋向是后哲学文化的核心意义。

可以看出，罗蒂的"后哲学文化"不仅具有浓郁的欧陆哲学特色，而且他认为欧陆哲学中的诠释学并不是不同于分析哲学的认知方式，不过是不同的处理问题的方式。诠释学揭示了一切知识论断都产生于既定的社会传统，约定性的语境决定了什么是合理的，我们思想的目标是自由而不是真理，因此知识不再是对自然的"镜式反映"。可见，罗蒂力图超越分析哲学的传统，从欧陆哲学和社会实用主义的角度寻求知识的合理性辩护。他认为，如果我们将知识看作一种对话和社会实践活动，而不是对自然的镜式反映，那么我们就有可能设想一种元实践，它是对各种形式的社会实践的批判，这就是后哲学文化所描绘的图景。

从某种程度上说，后哲学文化更加接近诠释学和后结构主义的传统，因此，罗蒂是通过努力弱化、淡化分析哲学的纲领促成分析哲学和诠释学的对话。这样的结果自然引起了分析哲学捍卫者的不满，因此罗蒂在分析哲学的阵营中屡屡受攻击。但罗蒂坚定地认为："诠释学并不需要一种新的认识论范式，就像自由政治思想不需要一种新的主权范式一样。毋宁说，我们抛弃认识论之后所需要和得到的，就是诠释学。"② 因此，在罗蒂看来，分析哲学的发展方向是日益趋近诠释学，而诠释学就是没有认识

---

① Richard Rorty, *Essays on Heidegger and Others*, vol. 2. Cambridge University Press, 1991, p. 127.

② Richard Rorty, *Philosophy and the Mirror of Nature*, Princeton University Press, 1979, p. 325.

论的哲学，是一种没有真理论断的写作，如小说或诗歌。

二 阿佩尔的先验语用学

与罗蒂不同，阿佩尔的哲学目标是在先验哲学的传统中建构一种不仅仅局限于科学逻辑的科学理论，也就是说，他力图将诠释学、意识形态批判和科学理论结合起来，从而拓宽传统认识论的领域，恢复形而上学的权威。在促使"二战"后德国哲学接受外国哲学传统方面，阿佩尔发挥了重要作用。正是由于阿佩尔的影响，皮尔士的思想在德国才与海德格尔、伽达默尔和阿多诺一样具有广泛的影响。他的工作体现了挽救与改造传统的双重特性，开启了德国传统与其他哲学流派之间的富有成效的交流。他的思想展现了被认为是对立的分析和欧陆哲学之间的交叉和共存。然而，阿佩尔的工作并不仅限于解释性的以及对传统的历史性重述，他进行了系统而体系化的重构。他将语言而不是意识作为知识的前提，赋予其先验性，建构了联结诠释学和分析哲学的"桥梁"——先验语用学。阿佩尔以改造康德哲学为出发点而构造的先验语用学，是不同于罗蒂后现代式的对待理性、道德和语言的另一种哲学范式，其特征体现在两个主要方面。

第一，寻求规范性。阿佩尔力图扩展康德的"先验问题"，在当代哲学的氛围中重提"普遍有效性知识可能"的问题。他从语言的维度入手为知识寻求一种规范的基础，这正是先验语用学的前提。自柏拉图以来，哲学的终极证明具有独特意义，然而在20世纪它受到了来自不同方面的责难。"批判理性主义"的代表人物阿尔伯特认为，莱布尼茨的"充足理由律"的证明必然导致如下三难推理：（1）追求在实际中不可能得到的终极理由必然导致"无限后退"；（2）在证明过程中求助于本身需要证明的命题而导致了"演绎中的逻辑循环"；（3）对充足理由律的任意悬搁会导致证明的"中止"。[①] 针对批判理性主义者试图取消终极证明的倾向，阿佩尔认为：首先，批判理性主义批判终极证明的出发点是现代逻辑，他

---

① Karl-Otto Apel, "The Problem of Philosophical Ultimate-Justification in the Light of a Transcendental Pragmatic of Language (An Attempted Metacritique of 'Critical Rationalism')", in *Ajatus*, 36, 1976, p. 143.

们以形式逻辑来推演古典理性主义的终极证明原则,从而导致三难推理。因此,在他看来,不仅要从形式逻辑的角度考虑充足理由律,而且要从认识论的角度考虑到语用学的维度,也就是说,不仅以形式逻辑为基础从语言的角度、也要从超语言的维度考虑命题的有效性。与逻辑经验主义的传统不同,阿佩尔认为,科学知识的语用学维度和科学论断的有效性问题有关,因此,他不只是在经验主义、心理学和社会学的角度谈论语用学,语用学"应该和康德的主体间有效知识的可能性条件问题有关,因此和哲学的知识批判有关"①。因此,在阿佩尔看来,在当代哲学中并不是终极证明问题本身走向了消亡,并不是知识不再需要规范性基础,而是在逻辑语形学和语义学的基础上,需要补充以先验语用学或先验符号学的维度,其作用是对主体间有效知识进行反思。也就是说,先验语用学考虑了参与论证的认识主体,它不是从外部说明主体的行为,而是从内部去理解它,这保障了先验语用学能够为知识提供一种规范的基础和保障。因此,一方面,不能只在先天的意识证据的维度上考察康德意义上的"先天综合批判"的主体间有效性;另一方面,也不能只在人类知识的经验层面证明其有效性。

第二,沟通诠释学和分析哲学。随着阿佩尔的哲学兴趣从意识转向语言和主体间性,他越来越关注分析传统中的语言哲学。1973年在哈贝马斯的《交流行为理论》出版之前,阿佩尔就阐明了"概念的三分法":科学学、诠释学和意识形态批判,他认为说明和理解是互补的。《说明和理解》英译本译者就阐明了这一点:"总之,阿佩尔不同于社会科学中的三种正统路径,这三种路径与三种'知识构成旨趣'相关:在预测和控制行为中与'技术'旨趣相关的演绎—规范性科学;与扩展交流性理解的旨趣相关的历史—诠释学科学;与解放旨趣(排除病态或意识形态的妨碍从而达到理解)相关的批判—重构科学。在阿佩尔那里,这种旨趣理论体现在对康德哲学的先验语用学的改造当中。"②

---

① Karl–Otto Apel,"The Problem of Philosophical Ultimate–Justification in the Light of a Transcendental Pragmatic of Language (An Attempted Metacritique of 'Critical Rationalism')", in *Ajatus*, 36, 1976, p. 148.

② Karl–Otto Apel, *Understand and Explanation*, trans. by Georgia Warnke, The MIT Press, 1984, p. xxii.

其实，早在《哲学的改造》中，阿佩尔就开始关注主体间性、认知旨趣和知识的先验条件之间的关系；而在《说明和理解》中，他进一步从当代社会理论的角度研究了这一问题，其中包括以普遍法则和因果说明范式为基础（韦伯、亨普尔和新实证主义者）的社会理论和以诠释学为基础（狄尔泰、维奇、泰勒和维特根斯坦派）的社会理论。他认为，一方面，伽达默尔在为诠释学路径作辩护时，无意中也证明了诠释学作为普遍知识或批判性理解模式的不充分性；另一方面，亨普尔的因果说明概念本身也有很大的局限性。在他看来，以主体间性和社会互动为基础的"先验语用学"的理论，在某种程度上克服了诠释学和因果说明理论的局限性。如果没有诠释学的维度，社会科学中的科学说明本身是荒谬的，诠释学本身也不能是批判性的。

在这样的背景下，阿佩尔开始了与皮尔士和罗伊斯的对话。在阿佩尔看来，皮尔士和罗伊斯的理论蕴含了"对诠释学的先验诠释学解释"。在吸取了皮尔士和罗伊斯的先验符号学和先验诠释学的基础上，阿佩尔认为，以社会互动为基础的主体间交流是所有既定的建制的"元建制"，因为语言是相互可译的，语言游戏是相互交叠、相互融合、分离、再整合的，这些元建制构成了无限定交流的媒介。因此，语言是主体间有效意义的人类建制，只有语言的意义约定为意义的主体间有效性提供了必要的条件，而意义的主体间有效性是真理论断的主体间有效性的必要条件。在此可见，语言的建制作用在于人通过使用语言具有了普遍真的东西。这种"真"来自语言的积淀，而不是来自外在的实体或内在的意识。在这里，语言不仅是传递真的工具，而且如果没有语言就没有真，我们不需要追溯先于语言的本质和渊源，也不需要从语言之外的世界寻求根据，我们所要寻求的普遍性、规范性和客观性就来自语言本身，语言本身为知识提供了一种建制。

阿佩尔拒斥从先于语言的意识或意向本身寻求知识的合理性依据的路径，反对从语言之外的实在世界寻求知识的普遍性和客观性的依据的路径，他完全从语言出发，从语言中寻求传统哲学中的终极基础，寻求沟通分析哲学和诠释学的途径，以语言代替传统第一哲学的主题。

三 分析哲学和诠释学的融合趋向

阿佩尔力图以语言交流共同体为基础将诠释学、社会理论与寻求先验的维度结合起来。与罗蒂不同，阿佩尔没有走向实用主义的多元论或种族中心主义的社会批判理论，但他们二人都立足于各自的哲学立场来展望分析哲学与诠释学哲学的合流，而且都认为各自的哲学形态代表分析哲学和诠释学的发展方向，他们都将本传统的哲学发展趋向向前推进了一步，各自构造出一种理想的哲学状态。

此外，他们也在不同程度上遵循了后期维特根斯坦、海德格尔和杜威，以及皮尔士和罗伊斯的道路，只是罗蒂从实用主义和行为主义的角度强调和发挥了他们的思想，而阿佩尔挖掘了他们思想中普遍的、先验的和跨语境的成分。也就是说，他们对皮尔士、罗伊斯和维特根斯坦进行了不同的解释、解读和实践。在某种程度上，阿佩尔的先验语用学似乎更容易为人所接受，尽管从欧陆哲学的传统来看，他走得远了点。而罗蒂则以实用主义和自然主义为基底试图消解哲学本身，因此他的立场更激进一些。因此，尽管罗蒂和阿佩尔都力图沟通诠释学和分析哲学，但二者的本质差异在于，罗蒂在分析哲学的阵营中背叛了分析哲学，他在反对客观主义、理性主义、本质主义的哲学传统时走向了欧陆哲学的诠释学和后结构主义，他的后哲学文化具有浓郁的诠释学色彩，因此，有学者称其理论为社会实用主义的诠释学。在这个意义上来说，罗蒂通过泛化和弱化分析哲学的纲领而促进诠释和分析哲学的沟通，这是一种较激进的"糅合"。阿佩尔则相反，他立足于改造康德哲学，在当代哲学中重提康德问题，捍卫康德意义上的先验性和规范性，在坚持欧陆的先验传统的同时吸取了分析传统的成分，其目的在于以语言交流共同体为基础对先验哲学进行"符号学的转向"，因此，在这个意义上，阿佩尔的哲学是一种"融会"。

众所周知，分析哲学和诠释学的分歧在于二者研究问题的角度和方法的不同。分析哲学从研究理想语言的逻辑语义学出发，其目标在于建构自然语言的语义学和语用学，但现代诠释学是从历史—语言学解释的方法论发展而来的，目标是建构关于交往性理解的准先验哲学。然而长期以来，相互间的成见遮蔽或歪曲了这两个不同的哲学流派之间的相互交融性。一些重要的分析哲学家如蒯因、戴维森，几乎不知道"翻译的不确定性"以及"彻底翻译"或"彻底解释"的问题在诠释学传统中也在讨论，例如施莱尔马赫就认为日常会话中的不理解而不是理解应该被看作是正常的。① 而且分析哲学家几乎没有认识到，对笛卡尔"方法论的唯我论"的拒斥是诠释学的最新发展，即海德格尔及其之后的诠释学发展的一个明显趋向。

尽管有许多分歧，但从罗蒂的后哲学文化以及阿佩尔的先验语用学我们可以看到，当代分析哲学和诠释学发展的一个共同特征是在弱化各自传统原则的基础上相互吸纳，如诠释学在强调语言在解释中的重要性的同时，吸取了分析哲学中的言语行为理论，而分析哲学在泛化分析原则的同时吸取了诠释学传统中的语境论，而且有一些主题是二者共同关注的，如"翻译的不确定性"等。这就是说当代诠释学和分析哲学的发展中呈现了一种融合、沟通和对话的趋向。

需要明确的是，分析哲学和诠释学二者的融合也只能体现在互补上，而不是二者的相互替代或完全的合二为一，因为哲学各个派别的发展总是处于一种互动过程当中，在某个时期它们或许呈现明显的对立状态，而在另外的阶段它们或许会表现出积极的对话状态。哲学的发展总是多元化的。在这个意义说，后哲学文化和先验语用学也只是代表了分析哲学和诠释学融合的一种趋向，开辟了二者发展的新视域，是分析哲学和诠释学在互补中发展的新尝试，而不是一种终结性的哲学形态。

---

① TTS, p. 52.

第三章 先验语用学的涵义

第一节 阿佩尔的学术生涯和思想述要

一 阿佩尔的学术生涯

卡尔—奥托·阿佩尔（Karl–Otto Apel）是"二战"后德国最富创新性的哲学家之一，代表作有《哲学的改造》（1972）①、论文集《先验符号学》（1994）、《从先验符号学的观点来看》（1998）等。1922年3月15日阿佩尔出生于德国杜塞尔多夫，1940年18岁时他与中学毕业的同学们一起志愿服兵役，在与苏联作战时被俘。战争经历深深影响了他对哲学的理解，奠定了其哲学基础。"任何事物都是可错的"这种体验引导他去寻求一个可靠的基础，从而阐明被传统奉为正确的东西。阿佩尔在自传体论文"回归规范性？或者我们能从民族灾难中认识到什么独特的东西呢？"中谈到了这一点："我们这一代人经历了希特勒统治时期的国家灾难，当我从这种灾难中清醒过来时，又经历了道德自我意识的瓦解。可能这也是我成为哲学家的一个原因。"②

1945年秋，阿佩尔进入波恩大学学习哲学、历史以及德国语言和文学。他师从霍尔茨曼和布劳巴赫、文学史家穆勒（Gunther Muller）、新洪堡学派语言学家魏斯格贝尔（Leo Weisgerber）、数学史家贝克尔（Oskar Becker）、新黑格尔主义者里特（Thodor Litt）、著名的中世纪史学家和浪漫主义语言学者库尔提乌斯（Ernst–Robert Curtius）。罗塔克（Erich Rothacker）对阿佩尔的哲学思想影响最深，尤其是他将生命哲学和人

---

① 阿佩尔的《哲学的改造》第一卷出版于1972年，第二卷出版于1973年。
② Karl–Otto Apel, *Diskurs und Verantwortung*, Frankfurt am Main: Suhrkamp Verlag, 1988.

类—心理学方法结合在一起的人文社会科学观念深深影响了阿佩尔。在这个阶段，阿佩尔通过对康德哲学进行人类学—认识论的改造，提出了先验诠释学的构想。他在博士论文《存在与认识》（Dasein und Erkennen）中第一次明确表达了先验诠释学的思想，旨在为海德格尔《存在与时间》中的范畴提供一种人类学的解读。在这个时期，他关注认识过程中的存在意义的先验条件，这成为阿佩尔后来从历史角度研究不同的语言思想传统的核心。更重要的是，阿佩尔在学生时代已经看到克服分析传统和德国的诠释学传统之间的割裂的必要性。他认为，改造先验哲学为沟通两大语言哲学传统提供了可能性，而这种改造是通过质疑前理解的结构和寻求知识论断的确定性标准展开的。

1950 年，阿佩尔完成博士论文答辩后作了诺哈克的研究助手，承担美因茨（Mainz）科学和文学研究院资助的项目。后来他们创办了《概念史文库》（Archiv für Begriffsgeschichte），阿佩尔在上面发表了他的第一篇论文，其后又出版了另一部关于近代语言哲学的历史根源的重要著作：《从但丁到维科的人文传统中的语言观念》。这种历史性的研究使阿佩尔暂时搁置了对先验人类学认识论的系统阐述，但他也能够把早期研究和新的思路结合起来，即关注作为中介的语言的先验地位。在这一阶段，阿佩尔开始把海德格尔的哲学、新洪堡学派的语言研究和语言分析哲学结合起来。阿佩尔认为言语行为不仅是事实和事件的前提，而且是主体间知识可能性和有效性的前提。这成为阿佩尔哲学思想的一个独特而典型的特征。

阿佩尔的早期研究成果较多，但也困难重重。在此期间他感染了眼疾，几近失明，因此有几年不得不中止研究。事实上，《从但丁到维科的人文传统中的语言观念》只是完成了他宏伟的计划中的一小部分。20 世纪 60 年代之后，阿佩尔在基尔大学（Kiel）任教，于 1972 年出版了名著《哲学的改造》第一卷。进而又对皮尔士产生了兴趣，先是把皮尔士作为杜威和詹姆士的先驱，后来又将其看作最伟大的美国哲学家。他认为皮尔士可以充当沟通大陆诠释学和语言分析哲学的桥梁。

离开基尔大学之后，阿佩尔进入法兰克福的歌德学院执教于哲学系，期间曾与哈贝马斯同事，最后获得了荣誉退休的资格。他进入法兰克福以后发表了一些与批判理性主义论战的论文，尤其是针对阿尔伯特

(H. Albert)的批判概念及其建构科学和伦理学基础的可能性问题。① 在这个时期,阿佩尔开始与后现代主义者争论,因为后者反对普遍理性和建构规范性的伦理基础的可能性。阿佩尔批判了罗蒂在先验交往共同体方面的新实用主义和相对论观点,认为交往共同体是逻辑的特定背景。同时,他与罗蒂在先验论证(transcendental argumentation)的地位方面也展开了争论,认为先验论证可以防止我们陷入极端语境论或文化相对主义立场,而罗蒂则通过反对先验论证来批判普遍主义。在法兰克福时期,阿佩尔的另一个重要的哲学主题是关注真理与先验的交往共同体和知识的可错论之间的关系,前者揭示了真理,而后者是通过非限定的研究者共同体最终达到一致性的真理观念。

二 阿佩尔的思想述要

1972—1973年出版的《哲学的改造》(两卷)是阿佩尔哲学思想的代表作,此后他基本上没有超越在此设定的哲学框架或哲学构想,而只是从不同的角度对其加以补充、完善。《哲学的改造》第一卷的副标题为"语言分析、符号学和诠释学",从中我们可以看到本体论诠释学和先验治疗型语言批判之间的对抗与融合,这里的关键人物是维特根斯坦和海德格尔。阿佩尔之所以将这两个貌似迥异的大哲学家并列在一起,原因是他们都对西方传统形而上学提出了根本性质疑。阿佩尔在他们那里看到了对西方神秘化的形而上学的批判,而且二者都是从语言的先验性出发的,尽管这种先验性没有被普遍认可(unacknowledged),尚未被主题化(unthematized)。因此,阿佩尔将他们并列一处的另一个原因是他们都强调语言的"先验性"。从他们的思想中,阿佩尔认识到先验性提供了认识知识对象的必要前提,这是从诠释学角度阐明意义的前提。

在《哲学的改造》第一卷中,阿佩尔在揭示作为先验性基础的语言时,进一步阐述了先验诠释学的思想。通过研究伽达默尔的思想,阿佩尔认为,关于知识的可能性条件的先验问题是继主体间有效论断的条件之后的另一个重要问题。如果不想陷入历史主义的相对论,那么这种有效性论断就不能把对世界的前理解(world‐pre‐understanding)解释为一种偶

---

① TTS, p. xvii.

然性的前提，后者是从"意义事件"（meaning-event）、"真理事件"（truth-event）这些准本体论概念的意义上来说的。为论证寻求一种理想的、具有普遍有效性的先验性不仅必要而且可能，如果没有践言性自身冲突（self-performative contradiction）这种先验性就不会受到挑战。这是论证话语（argumentative discourse）中一种理想的、不确定的交往共同体，它总是以反事实（counter-factual）的形式被预设。不过，阿佩尔认为伽达默尔忽视了规则问题，而规则是用来区别作为真理的意义和作为意义的真理的标准和规范性的。阿佩尔力图通过自己的先验诠释学克服诠释学的历史主义与相对论，因此后来将先验诠释学置于先验符号学或先验语用学的框架之内。

在《哲学的改造》第二卷中，阿佩尔转向了"诠释学的视角"。阿佩尔试图对先验哲学进行一种符号学的改造，为伦理学提供一个根本基础。在第一卷中海德格尔的思想具有决定性的影响，关注点为语言的诠释学，而第二卷则要为有效性论断寻求规范性的证明和理论的先验基础，并由此联结诠释学、符号学和语用学。如果说第一卷中的关键人物是海德格尔和维特根斯坦，那么第二卷则是皮尔士、罗伊斯和康德。但这并不意味着海德格尔和维特根斯坦被放弃或取代了，而是说他们的思想被整合在一个新的范式之中。当然，第一、二卷之间的转变并不意味着明显的思想断裂，而是一种主题的连续。

阿佩尔的先验哲学讨论知识的可能性条件问题，他既不关注本体论问题，也不研究知识的传统认识论条件。在第一卷研究的基础上他的先验哲学开始于对语言的批判和分析。康德的先验哲学试图建构有效知识的条件以及构造对象的条件，而且当代哲学也是通过语言并且在语言中建构这些条件的。阿佩尔认为所谓的语言转向体现了这一特点。这种转向的结果是从纯粹的知识批判，通过"独白式的"的先验主体对知识的建构转向了语言批判。阿佩尔并没有把语言理解为逻辑计算或分析哲学的语言哲学，而是体现在一种三维关系当中，即语形学、语用学和语义学。

语形学（syntax，亦译"句法学"）研究符号之间的关系。正是以语言的这个符号学维度为基础，才导致了现代逻辑—数学的科学哲学的兴起。语义学研究符号和经验事态之间的关系。经验主义和实证主义的统一科学纲领正是以此为出发点的。语用学研究符号、符号所指的对象及符号使用者共同体背景中的人类—符号使用者之间的关系。正是由此出发，美国的实用主义者试图提出一种科学理论。与科学哲学试图把科学还原为语义学或语形学的纲领不同，阿佩尔则坚持以符号为中介的知识活动是人类在科学家共同体或解释共同体中进行的解释。

为了更好地理解阿佩尔的哲学思想，需要厘清两个重要观念。交往共同体（communication community）是一种先验的视域，在交往共同体的基础上理论和实践理性是呈聚合趋向的。这也就意味着，每个人就其是人类社会的一个成员而言，总是已经被包含在交往共同体之中，交往共同体可以充当"制度的制度"（institution of institutions）。在进行制度的建构中我们总是已经被置于作为规范性前提的网络之中，它要求个体进入兑现有效性论断的过程当中，而在交往性的相互作用和交往论证中可以不断提出有效性论断。自由论证的这些条件和前提构成了一个非超验的、无法回避的视域，如果我们有意地忽视先验语言游戏的这种先验前提，那么就会陷入"践言冲突"的危险。

"践言冲突"（performative contradiction）的中译名相当繁多，据不完全统计，有"行动表现的矛盾""完成行为式的矛盾""述行矛盾""施为性矛盾""执行性矛盾""践行矛盾""操作矛盾""实践矛盾""作言冲突""实施矛盾"等，这些译名都有各自的道理。不过，为了获得更恰当的译名，我们必须从它的语境出发来理解，而这个语境就是由奥斯汀开创、塞尔发展了的言语行为理论（speech act theory），进而是阿佩尔和哈贝马斯通过借用和拓展这一理论而提出的先验语用学或普遍语用学，甚至是由此而形成的一般论辩方法。基于"performative"这个概念在语境上的复杂性，也基于 performative contradiction 这一方法在哲学上的独特性，在这里将其与一般言语行为理论中的"施行""实施"译法区别开来，而使用"践言冲突"或"践言矛盾"来翻译这一术语，既突出"言"，更强调"行"（践行）。另外两个不甚重要原因是：（1）在哲学译名中，constative 被广泛地译为"断言（的）"，其特征是有所断定而具有真值；这样"践言"与"断言"词义相对而构词相仿，似乎较为合适；（2）实施、施行冲突或实施、施行矛盾都会构成动宾词组，容易产生误解。

在阿佩尔这里，践言冲突是一种中断和自我取消，为了使论断有意义而使得所说的话语与实际的预设相矛盾时就陷入了践言冲突。① 阿佩尔认为这个限制性概念是一个终极基础,这是作为理论科学和实践科学基础的阿基米德点,因此也是作为理论理性和实践理性的融合基础的阿基米德点。因此,在说话者没有陷入践言式自身冲突的情况下,其论证的前提是话语的必不可少的条件。而且,践言式自身冲突具有一种特殊的哲学意义,它不仅拒斥怀疑论和无限制的可错论,而且是判定陈述的先天性和非先天性特征的准绳。即使每个命题的内容可以被质疑,质疑这种言语行为本身实际上也依赖于论证性话语的前提。否则,就会导致践言式矛盾。因此,即使所有的经验知识都是可以被反驳和证伪,但"论证性话语的必然前提的整体结构对于论证来说是无法回避的。它不能为怀疑论者的论证所质疑或反驳,因为任何论证实际上都要依赖于它所要质疑的东西。这种先验论证不同于斯特劳森所提出的先验论,因为它和论证的命题内容无关,与知识的范畴构架无关,而与论证的践言式部分有关,通过它才能提出有效性论断。"②

《哲学的改造》中的思想是人类学认识论的基础,这种知识旨趣不仅仅拘泥于客体—主体和客体—主体的关系领域,而且关注主体—合作主体(subject—co‐subject)的领域。阿佩尔在《哲学的改造》的第二卷中重点阐述了先验符号学的思想。

至此,我们能够看到,阿佩尔根据先验语用学提出并阐明了哲学改造的思想,力图把哲学话语从"方法论的唯我论"中解救出来;试图批判性地维护德国批判主义和唯心主义传统中的精华,同时使德国哲学和英美分析哲学、实用主义和系统理论(system theory)相互影响和相互渗透,由此体现出阿佩尔哲学体系的广泛性和综合性特征。

第二节 先验语用学的涵义

在哲学界,阿佩尔的名字无疑和对哲学的先验符号学或先验语用学改

---

① TTS, p. xvi. 参见韩东晖《践言冲突方法与哲学范式的重新奠基》,《中国社会科学》2007年第3期。

② Karl‐Otto Apel, "The Hermeneutic Dimension of Social Science and its Normative Foundation", *Man & World*, 25, 1992, p. 253.

造联系在一起,他力图在当代哲学的氛围中重新提出"知识的可能性和有效性"问题,致力于对康德哲学进行符号学的改造,并为有效性论断寻求规范性辩护和先验基础,从而建构一种能够融会诠释学、符号学的先验语用学。先验语用学的思想不仅频频出现在理论哲学的领域,如诠释学、科学哲学、语言哲学和心灵哲学当中,而且在实践哲学领域如规范伦理学中也不断出现。以下我们从先验语用学的基础、主题和内核以及它在当代哲学中的意义入手,简要阐明先验语用学的涵义。

一 基础:符号的三元关系

"符号学"这个语词可以追溯到古希腊时期。古希腊符号学的发展是在亚里士多德理论的基础上形成的,在《工具论》中他研究了科学语言的语义学和语形学问题,而在《修辞学》中他研究了语用学的一些问题。斯多亚派赋予符号学以特殊的地位,视之为哲学中与物理学、伦理学并列的基本部分,并且把逻辑学和知识论包含在符号学中。希腊人的符号理论通过奥古斯丁和波爱修等哲学家流传至中古的欧洲。中世纪学者发展出内容丰富而精细的符号理论,其中包括了语法、逻辑学和修辞学。其中包括两种潮流:一种是根据柏拉图和亚里士多德的体系解释符号过程;另一种则要把符号学变为一门经验科学或哲学。莱布尼兹继承了第一个方向,英国经验主义者则继承了第二条道路。莱布尼兹是符号学特别是语形学历史中重要人物,在他的思想中最为重要的是强调符号学的语形学方面。英国经验主义者则主要研究语义学。

在符号学的现代发展中,索绪尔明确提出了语言学的符号学,因此,"索绪尔属于欧洲思想史。作为在过去50年转变了语言学史的先驱,他为人们展现了有关人的最高的和最神秘的机能的不可忽略的图景。同时在将一种作为双面性单元的'记号'概念置于科学和哲学的地平线上时,他对社会和文化科学中形式思想的到来以及一般符号学的建立,均作出了卓越的贡献。"[①]

皮尔士定义了符号,"符号或表征(representation)是某种对于某个人来说在某个方面或某种性质上代表某物的东西。符号是针对某人而言

---

① 李幼蒸:《理论符号学导论》,中国社会科学出版社1993年版,第114页。

的，也就是说它在那人的心中产生一个等价的符号或进一步完善的符号。所产生的符号我称之为第一种符号的解释项。符号代表某物，即代表它的对象。它代表那个对象，不是在一切方面，而是相关于一种观念代表它，我有时把这种观念叫做代表者的根据。"① 皮尔士用符号过程（semeiosis）表示"使用符号的活动"（sign activity），它由三元关系作用（tri-relative influence）构成，即三个主题的合作——符号、符号所指的对象和符号的解释项。他认为，符号过程是由符号—对象—解释项之间的关系构成的，符号的结构是非还原的三元性。即使在上面对符号的定义中增加其他要素，如考虑到符号的"基础"，为符号所表征的对象的具体方面或对象的具体指称，或者，即使实际符号关系远比三元性更复杂，但在皮尔士看来，它仍然可以还原为符号—对象—解释项三者之间的活动。因此，皮尔士反对二元论立场，提出了一种反对还原主义的符号概念。可以肯定，符号结构的非还原的三元性对于理论和实用层面具有确定而广泛的影响，它指导我们更充分地理解人类通过口头表达和非口头表达的行为，以及在指示意义上的所有非人类的行为。

莫里斯在《符号理论的基础》中进一步区分了符号学的三个方面：语用学研究"指号和解释者之间的关系"，语义学研究"指号和其所指示的对象之间的关系"，语形学研究"指号相互之间的形式关系"。② 因此，我们有必要区分语言研究的三个领域。如果在研究中明确地涉及了说话者，或者更普遍地说，涉及了语言使用者，那么我们就把这个研究归入语用学的领域中。如果我们不考虑语言的使用者而只分析表达式和它们的所指，我们就是从事语义学领域内的工作。最后，如果我们也不考虑所指，而只分析表达式之间的关系，我们就是从事（逻辑的）语形学工作。这三个部分组成的那门关于语言的整个科学，就叫作符号学。后期，莫里斯又将符号学的三个方面定义为：语用学研究符号学的这样一个部分，它在指号出现的行为中研究指号的起源、应用与效果；语义学研究指号所具有的各种意谓；语形学研究指号的种种联合，而不考虑这些联合的意谓，也不考虑这些联合和它们在其中出现的那种行为之间的关系。

---

① 转引自 Susan Petrilli, "About and Beyond Peirce", *Semiotica* 124 (3/4), 1999, p. 300。
② C. W. Morris, *Foundation of the Theory of Signs*, Chicago: University of Chicago Press, 1938.

卡尔那普对符号学的领域划分与早期莫里斯相似，只是他将其纳入了自然语言和逻辑运算当中。如果研究的对象是指称与说话者之间的关系就属于语用学的范围，如果我们抽去了语言的使用者而只分析其表达与指称，那就属于语义学的研究范围，如果我们抽去了语言的指称而只分析表达的关系，那就属于语形学的范围。他还区分了纯粹语义学与描述语义学。从本质上说，语义学与语用学是分析意义表达的不同形式，语用学对历史地给定的自然语言进行经验的研究，而纯粹语义学则研究被建构的语言体系，描述语义学可以成为语用学的一部分。尽管卡尔那普把语用学看作一门经验学科，并且将描述语义学纳入了语用学的范围，但他却没有意识到将纯粹语义学和语用学与语形学相结合的可能性。

阿佩尔接受了皮尔士等人的思想，即符号功能或符号学是对非还原性的三元或三位关系的说明。虽然阿佩尔认为他对符号三元模式的解释与此前符号学理论的基本精神是一致的，但在他看来，皮尔士的符号学仍然是科学主义和机械主义的符号学模式，尽管它也试图包含对真实世界的理解，但实际上只适用于符号世界，而莫里斯和卡尔那普的符号理论则分别是行为主义和经验论的。

由此可见，皮尔士和莫里斯的符号学理论是阿佩尔的先验语用学思想的出发点和必要阶梯，他们对符号三元关系的说明构成了先验语用学的基本前提，提供了对知识前提进行先验反思的可能性条件，而先验语用学本身正是对知识可能性条件的探讨，也就是对主体间有效思想的可能性条件进行先验的反思，为其提供先验性的保障。在这个意义上，一方面，三元符号关系构成了任何主体间有效知识的基本要素，因为知识的对象意义必须通过主体间有效的语言—符号意义而得以中介化；另一方面，任何有关知识有效性或有效论断的论证本身也是某种三元符号，同时论证构成了主体间有效的哲学思想的可能性条件，即使自我反思式的思想也不例外，即使被柏拉图称之为"灵魂与自身的无声对话"的孤独思想也要参与到公共论证的结构中来，也要在内心通过符号被中介化。因此，将认知和论证的符号结构作为先验语用学的出发点不仅具有必然性，富于启发意义，而且展现了从哲学中寻求基础的现实可能性，使先验语用学成为哲学的真正主题。

二 主题：语用学转向

在阿佩尔看来，皮尔士和莫里斯的符号学理论业已奠定了先验语用学的基础，但仅从语形学和语义学的角度建构符号学是不够的，而更应该关注语用学的维度。从维特根斯坦的《逻辑哲学论》开始，语言转向就被赋予以先验语义学的特色，直到卡尔纳普和塔尔斯基的语义学真理为止，哲学家们已经构造了较完备的先验语形学和语义学的概念体系。与此同时，语义学谬误也相伴而生，其中突出的表现之一就是对实在的指称问题，即指称对象的证实问题。

符号学中的语义学维度指符号代表或指称了其对象，而这种指称关系只有在我们研究表征或语言的指示关系时才能得以证实。也就是说，如果我们的语义学仅仅研究语言的表征性或指称的"指示方式"，即那些作为认知的中介的言语功能，那么我们就不能确定符号是否指称了真实对象。因为只要我们抽去了发生在具体语境中的主体交往或言谈的语用维度，我们就不可能讨论所指之物是否是时空中存在的真实对象。因此，原则上我们就不能把所指之物看作语义所指的外部对象，只能将其当作语词的所指，即所指称的对象的性质及特征。这就是说，我们只能研究科学理论中以及抽象语义学框架中的符号所指称的对象，却不能认识到时空中的真实对象。这样，语义对象的证实问题再一次说明了语义学本身的局限性，不能只通过概念性的符号或"记号"，而要通过"指代性的"（indexical）表达来认识时空中的真实对象，因为这种表达方式不仅涵盖了语义方面的指称，而且从语用学的角度考虑到了符号使用的具体语境。自从卡尔纳普承认证实问题不能在语义学的框架内而只能在语用学的范围内得到解决之后，这一点就已经被现代科学逻辑认识到了。

因此，在阿佩尔看来，当前的符号学研究不但抽去了许多其他的语义学指称方式，如"评价性的"（appraisive）、"规定性的"（prescriptive）以及"形式化的"（formative）的指称方式，而且几乎完全抽去了符号关系中的语用学维度。尽管莫里斯也关注语用学，并以此补充卡尔纳普的逻辑语形学和语义学框架，然而在整个体系中语用学并没有像前两者那样拥有准先验的地位。这也就表明，语用学没有融入语形学和语义学的系统之中，仅被看作经验科学的可能对象，因此仅仅是语义学框架内符号指称的可能对象。也就是说，莫里斯和卡尔纳普只是从行为主义或经验主义的角度来看待语用学，至多是一种建构性语用学，而这种语用学并不能充分地揭示语形—语义体系中的语用维度，不能在指称的证实过程中将因果性和意向性结合起来。因此如果不赋予语用学以准先验性的功能，那么"当前的符号学研究就不能表明，三元的符号关系是构成主体间有效知识可能性的先验条件，因而语言转向就没有完成。"①

阿佩尔的先验语用学正是要强调符号关系中的语用学维度，将传统的语义学与语用学结合起来，这样不仅可以克服语义学的谬误而且能够为知识的可能性提供先验的保障，从而以"语用学转向"来推进语言转向。我们对建构和解释符号学体系所进行的哲学式探讨，实际上就是对解释世界的主体和主体间条件的先验反思，是对作为语义学基础的约定性的主体和主体间条件进行的先验反思。简言之，阿佩尔认为，有关语义学基础的问题即约定性的可能性主体和主体间条件，堪称先验语用学的最根本问题。这体现在阿佩尔对皮尔士—莫里斯式符号关系的扩展上，他强调了符号主体或使用者的作用，因为这些符号解释的主体会构成一个交往共同体，从而为语用学的先验性提供了必要的基础与前提。②

三　内核：语言的先天性

从 20 世纪 50 年代的博士阶段开始，阿佩尔就将海德格尔哲学、新洪堡学派的语言哲学与分析哲学结合起来，在比较研究的基础上论述了作为联结主体与世界的语言的先验地位，强调了语言不仅是事实与事件的先决条件，而且是主体间知识可能性的先决条件。70 年代，他以维特根斯坦和海德格尔为中心人物分析了作为本体论的诠释学与先验治疗型的语言批判哲学之间的对立与融合，他认为二者的共同点在于以语言的先验性为出发点批判传统形而上学。在这里，他从以下两个方面重新强调了语言的先天性是知识可能的先决条件。

首先，语言是解释世界的可能性条件。

---

① TTS, p. 136.

② Karl – Otto Apel, *From a Transcendental – Semiotic Point of View*, ed., by Marianna Papastephanou, Manchester University Press, 1998, p. 53. 本书以下简称 FTS。

语言的表征作用使得对指称对象的认识成为可能，但语言或符号体系在哲学上不应仅仅被看作语义学和语形学的研究对象，而应该认识到，语言或符号是描述和解释主体间有效的理论知识对象的可能性条件。因此，"作为解释和客观有效表征的中介的语言功能在原则上不能被对象化。因此，它是以符号为中介的知识之可能性的先验条件，而不是这种知识的对象。"[①]

阿佩尔认为，作为我们认知真实对象的中介的符号功能，以及使理论对对象的指称得以可能的语言的表征功能，都不应该仅仅作为语义学研究对象而应成为哲学的主题，必须将它们看作描述或解释世界的可能性条件，也就是从主体间有效的角度来解释某物的可能性条件。从卡尔纳普和塔尔斯基的建构语义学来看，语义学框架内解释世界的符号功能或语言功能本身在元语言中可能是语义指称的对象，而这个层次的元语言又可能是更高层次的元语言的对象，由此无穷类推。不过，他们也只是提出了语言作为哲学研究的对象所带来的问题而已，阿佩尔认为他们的观点其实也维护了自己的看法，即作为解释和主体间有效表征的中介的语言功能在原则上不能被客体化，不是可能的对象。

此外，阿佩尔多次谈到，他的观点在卡尔纳普及其同行那里得到了确证，尽管后者没有明确地给出解答。因为分析哲学内部也认识到哲学的功能不同于经验科学，哲学家们必须建构作为科学语言的可能框架的理想语言或语义学体系。这样，在某种意义上，建构语义学通过突出语言的准先验框架而实行了康德提出的"哥白尼式革命"，也就是说，正是语言的这种准先验功能将可能的现象形式赋予世界，并且使时空中的事物成为主体间有效知识的对象。在这个意义上，符号或语言功能不仅是语言哲学的对象，而且是一切知识可能性的先验条件。可见，在阿佩尔看来，先验语用学的思想在分析哲学中已经开始酝酿，分析哲学家们也意识到了对先前的哲学方式进行改造的必要性，只是他们并没有像他那样走得这么快、这么远而已。当然，这可以看作是阿佩尔为其学说进行辩护并寻求理论依据，但同时也表明分析哲学中建构语义学的发展本身展示了与阿佩尔殊途同归的趋向。

---

① TTS, p. 115.

其次,语言共同体是先验的解释主体。

阿佩尔不仅将语言或符号看作是客观有效知识的可能性条件,而且还赋予其以先验性。作为无限交往共同体中的成员,"我们在认识中不仅仅要发挥经验心理学和社会学主体的作用,而且要接管知识和理论的先验主体的作用。"[①] 尽管可能会面临这样的反对论断:"在进行陈述和作判断时我们不能忽视这样的事实,即我们是拥有具体生平和社会历史背景的个体。"[②] 但在阿佩尔看来,这种反对意见与他的主张并不矛盾,因为第一个"我们"与第二个不同甚至相反,第一个"我们"恰恰符合先验主体的要求。因此,不仅要给符号功能中的语形—语义部分以先验的解释,而且要给实际的语用维度以先验的解释,也就是说,在对描述世界的语义框架进行先验解释的同时,也要赋予实际的语言使用以先验性。这就意味着,所有从哲学角度对语言建构和解释作用的讨论,不仅表明了在描述世界中语义框架的约定主义特征,也体现了在先验语用学框架内先验语用学的反思功能。因为,语义框架实际上是解释世界的可能性条件,而从哲学角度谈论我们对语义框架的建构和解释就体现了对解释世界的主体间条件进行的先验反思,体现了对语义框架中约定可能性的主体间条件的先验反思。实际上,语义框架内约定的主体间条件是先验语用学最关注的问题,因为它体现了对先验论所关注的约定主义的先验反思。

阿佩尔认为,如果不考虑符号的语用学维度,那么语义学的指称就不能具体指涉时空中的真实对象。同样,我们不能仅仅把对世界进行说明的语义学前提看作语言哲学研究的可能对象,而必须赋予其以先验功能。因此,就我们能够从语义学的角度成功地建构解释和认识世界的语言系统而言,必须赋予"我们"自身以先验的功能。

我们能够提出命题或论证是否是有效的论断,而且它们可以为不确定的论证共同体中的成员所证实或检验,从这一角度来说必须赋予我们自身以先验功能似乎是可以理解的。当然,在这里"我们"指的并不是心理学或社会学意义上的经验主体,而是先验的主体,因为"我们"要为知识和思想的先验性负责。胡塞尔继承了心灵先验主义的传统,认为先验的

---

① TTS, p. 116.
② TTS, p. 116.

自我意识通过其意向性构成了意义的全部。而阿佩尔则认为这是一种方法论的唯我论。与胡塞尔的现象学不同，他区分了公共意向性和个体意向性，作为主体"我"的个体意向性是以蕴含在语言符号中的公共意义为前提的。意向性的主体通过符号解释享有了公共意义，或者通过其意义的意向主体融入了可以公共分享的语言意义。在论证中具有意向性的单个主体的先验功能，就在于他提出了有意义的论断，而其主体间的有效性必须通过符号解释的无限共同体而得以证实。因此，阿佩尔认为："符号解释的无限共同体是意义意向性的先验主体，这在一定程度上与皮尔士和罗伊斯相同。"①

阿佩尔进一步认为，当前哲学中反对先验哲学只关注主体的先验特征而抽去其经验成分的论证，但这些论证反过来却证明了他的观点。因为这些反面论证至少都采用了这样的论断形式："我因此断言，我们作出陈述和进行判断时并不能忽略这样的事实，即我们是具有特定经历和社会历史背景的个体。"而这样的论证本身表明，论断中的第一个"我们"不同于第二个"我们"，因为前者是能够保障思想有效性的先验主体，而且一切论证都必须诉诸它，而后者则是经验的个体。

阿佩尔明确声称他的先验论断是"无条件的"叙述，也就是说，不考虑经验的条件。符号学不仅要赋予符号功能的语形—语义学部分以先验性，而且还要赋予实际的语用学维度以先验功能。阿佩尔从先验语用学的角度认为应该赋予符号解释的主体以先验性，因为这是自我反思式知识的保障与条件。

阿佩尔认为，作为先验解释主体的语言共同体思想早已经明确或隐含地蕴含在哲学家的思想当中了。他在"科学主义还是先验诠释学：论实用主义符号学中符号解释的主体问题"一文指出，早在1868年，皮尔士就找到了这里提出的符号学框架中的认识过程的主体，即"没有确定界限的共同体，这一共同体具有能够确定地增加知识的能力"。②因此，早在皮尔士在建立实用主义之前，皮尔士就达到了先验哲学的符号学转向

---

① TTS, p. 141.

② Karl-Otto Apel, *Towards a Transformation of Philosophy*, Routledge and Kegan Paul, 1980, p. 104.

(die semiotische Transformation der Transzendental Philosophie)的决定性的结论。而皮尔士之后的罗伊斯(Royce)的诠释学在某种意义上把皮尔士符号学从实用主义的康德转向黑格尔,并尝试提出先验诠释学。阿佩尔认为他的哲学达到了美国哲学和德国哲学传统结合的顶点,但可惜并未真正完成实用主义与先验诠释学的结合。米德(Mead)的交往论和社会实用主义与罗伊斯的先验诠释学与观念论哲学是这两种学说的综合,这种综合可以从先验诠释学的角度补充皮尔士对符号学解释主体问题上的元科学主义的倾向,赋予了解释共同体以更强的先验性。

基于这种先验语用学思想,阿佩尔从符号学的角度将哲学形态在哲学史中的更替划归为三个范式,并称其为(亚里士多德意义上的)"第一哲学"的三个范式。他认为,亚里士多德意义上的一般形而上学或本体论将真实的存在(real being)看作哲学的首要主题,而这些真实的存在被命名式的符号所指称和指代,这是第一哲学的第一范式。康德的先验哲学或纯粹理性批判只是在先验主体或意识的可能认知对象的意义上考虑到了存在(being),因此他将符号的所指和符号的解释者看作哲学的主题而没有考虑语言或符号本身,这是第一哲学的第二范式。而在阿佩尔看来,从主体间有效的角度来解释世界和建构客体而言,语言或符号正是其先验的条件。如前所述,先验语用学可被看作"第一哲学"的第三个范式,它将存在看作以符号为中介的解释世界过程中的可能对象,因此它将整个的三元符号关系看作哲学的首要主题。[①]

四 目标:沟通与改造

从上面的考察可以看出,阿佩尔先验语用学的构想是从语言分析与批判开始的,继而通过批判性地接受皮尔士的符号学及德国的诠释学而融汇了不同的思想传统。阿佩尔的哲学思想从以下三个方面体现了"二战"之后对德国哲学的重塑:(1)重新思考并恢复德国哲学传统中仍然有"生机"的成分,也就是自康德以来强调人类自由、理性及自我反思的传统;(2)积极参与同其他哲学思潮尤其是与分析哲学和实用主义的对话,从而力图建构一座沟通英美与大陆传统的"桥梁";(3)进行一种哲学的

---

① TTS, p. 119.

改造，克服科学主义、相对主义及历史主义的弊端，从而为理论与实践话语的统一理性基础寻求一条出路。我们可以从以下三个方面来看其在当代哲学中的意义。

首先，对康德先验哲学的符号化。康德的哲学是先验哲学。他对先验和超验作出了严格的区分，超验是超出经验界限的认识，先验则是先于经验但与经验相关联并运用于经验的原则。在康德哲学中，先验范畴和原理是先天综合知识和经验知识可能性的先验条件，因此，就先验性在强调感性和知性的先验构成方面，它旨在说明知识是如何可能的。在20世纪六七十年代，先验哲学的本质及其可能性问题引起了大家的广泛关注。与此相应，也存在三种对待康德先验哲学的方式。第一种是怀疑主义，认为康德在建构理性的链条时有自欺的倾向，因而无法自圆其说。第二种是批判地改造，以皮尔士学派和哈贝马斯为代表。第三种是以罗蒂和利奥塔为代表的消解派。[①]

从阿佩尔的先验语用学来看，他既吸取了皮尔士从符号学的角度改造康德先验哲学的路径，以符号解释中的无限共同体概念代替康德的先验知识主体概念，以终究可知的实在概念取代康德不可知的物自体概念，同时又将诠释学和科学主义结合在一起。在这个意义上，阿佩尔的先验语用学堪称康德先验哲学的皮尔士版本。

其次，诉诸语言分析。当代哲学的特征之一在于从以主客二分为主的思维模式转向以语言为中介的范式。从海德格尔对传统形而上学的批判、布伯（Martin Buber）对我—他关系的质疑，到维特根斯坦反对私人语言的论证，以及拉康从语言结构的角度对无意识的解释，语言的转向贯穿在诠释学和分析哲学之中，超越语言对事物的本原进行反思的思想日渐衰落，哲学已经不能再从"前语言"的范畴中寻求对"先天综合判断如何可能？"的解答了。通过对早期维特根斯坦的关注，阿佩尔认识到维特根斯坦《逻辑哲学论》中所揭示的语言的先验性，在考察了后期维特根斯坦的生活形式概念所产生的相对主义倾向之后，又试图寻找一个进行重构的切入点，因此他自称他的理论是从先验语用学的角度对后期维特根斯坦

[①] Tom Rockmore and Vladimir Zeman ed., *Transcendental Philosophy and Everyday Experience*, Humanities Press, 1997, p. 14.

工作的极端化发展。

　　从另一个方面看，现象学中的诠释学转向也是阿佩尔哲学框架的重要组成部分。海德格尔揭示了通过我们对世界的认知而形成的理解总是已经栖居于世界中此在的在世结构中了，这种论断激发了阿佩尔在其哲学中通过语言揭示世界的先验维度。通过语言分析来揭示保障知识可能性的先验条件，不仅抛弃了笛卡尔式的唯我论和胡塞尔式的先验论，而且能够将先验的传统与分析传统结合起来，不需要再追寻超越语言的哲学本源。

　　最后，沟通两大传统的"桥梁"。阿佩尔改造先验哲学的原因之一在于建构联结欧陆和英美哲学传统的桥梁。当阿佩尔对传统及其概念进行批判和重构时，他改造康德哲学的方式不同于后现代对待理性、道德和语言的态度，而是另一种哲学范式，正是这种范式展现了他试图融会诠释学和分析哲学的雄心。在他看来，在消解形式逻辑和语法、抽象理性和经验内容、自然和文化之间的对立方面，语言的逻辑分析方法所发挥的作用还是有限的，这种尝试还需要补充以对交往实践进行社会理论的广泛说明。因此，阿佩尔的先验语用学通过吸取语言转向的可取之处重新考察了康德哲学，同时尽量避免语言转向所带来的问题及其障碍。

　　另外，与海德格尔的亲近并不使阿佩尔完全归依于德国哲学传统。从哲学史来看，先验语用学是对当代哲学中的语言实用主义和语言诠释学思想的合理补充。它从两个方面来构造新的哲学形态。其一，需要一个代替传统"第一哲学"的新的基础；其二，需要正确的论断代替传统的基础主义。这两个要求都体现在先验语用学中了。当然，这并不能证明他超越传统形而上学和后现代相对主义的第三条道路更为有效，这种哲学路径反倒使得他的理论具有一种混合与综合的特征。但其先验语用学复杂而多元的构成体系使得那些即使反对其观点的人也受到启发。用阿佩尔的话说，"先验符号学不是以'非先验化'的形式出现的，而是在对传统形而上学进行了彻底的语言和意义批判之后，在考虑到了诠释学所强调的我们思想对语言、文化传统以及历史的依赖等等这些因素之后，而对先验哲学进行的改造与重构"[①]。

---

① Karl-Otto Apel, "Transcendental Semiotics and the Paradigms of First Philosophy", 阿佩尔1998年10月在香港的演讲。

简言之，先验语用学是力图沟通诠释学和分析哲学的一种极富启发性的哲学范式，一方面通过符号学使康德式的先验哲学与 20 世纪的哲学发展结合起来；另一方面通过赋予符号学以先验性而使语言哲学拓宽了研究视野，从而使得先验符号学成为一种独具特色的哲学形态。

第四章 先验语用学的理论渊源

第一节 海德格尔和维特根斯坦的影响

一 海德格尔的启示

当阿佩尔被海德格尔的《存在与时间》深深吸引之时,海德格尔、雅斯贝尔斯和萨特还都被看作"存在主义"的代表人物,但阿佩尔的主要兴趣在于海德格尔对康德的改造。他认为海德格尔关于"存在"的"基础"或"基础本体论(存在论)",是对康德的"纯粹理性批判"的改造,而且海德格尔的改造不同于哈特曼对本体论的复兴和对前康德的形而上学的回归,因为海德格尔将先验问题看作理解"存在"的条件问题。

海德格尔在1928年的《康德与形而上学问题》中谈到了先验的问题。阿佩尔着迷于海德格尔的论述。他在1949年提交的博士论文题目是"存在与认识:对海德格尔哲学的认识论解释",副标题为"从先验认知人类学角度的解释"。阿佩尔对海德格尔哲学的研究伴其一生,到目前为止,他一共写过四篇关于海德格尔的文章,其中两篇是和维特根斯坦进行比较。在这个过程中,他对海德格尔的立场越来越具有批判性。总体上说,阿佩尔认为,如果要在当代哲学的氛围中批判性地理解海德格尔的哲学,关键在于理解海德格尔的哲学进路并不是对康德先验哲学的继续,尤其是在他转向"存在的历史"概念之后更是如此。当然,事实也不是如海德格尔所说,他在一开始就推翻了康德思想,相反,在《康德与形而上学问题》中,他力图在时间问题、先验想象力等问题上寻求与康德哲学的关联性。阿佩尔始终认为对海德格尔和康德之间的关系进行评价是非常复杂的工作。我们可以从以下两个方面来看阿佩尔对海德格尔的解读。

首先，海德格尔在分析世界中此在的前结构时，改造了康德先验哲学的进路。阿佩尔认为，海德格尔对此在的前结构的揭示回答了有关世界意义构成的可能性条件的先验问题，因此，海德格尔试图将他的基础本体论看作对康德先验哲学的彻底化。在《存在与时间》中，海德格尔强调他的基础本体论将存在的意义问题置于传统本体论问题之先，试图通过理解存在本身来解决传统的哲学问题。因此，他的哲学不同于康德之前研究主客体关系的认识论。海德格尔在《康德与形而上学问题》中进一步阐明了他的基础本体论和先验哲学之间的关系。海德格尔认为，他的哲学路径和古典的先验哲学之间的关系也就是人的此在与纯粹理性的关系，因为从时间性和历史性的角度来看，此在被视为理解存在的可能性条件。对于具有时间性和历史性的此在的前结构和纯粹理性的先验结构之间是否具有可比性的问题，海德格尔在这部"康德书"中通过将康德的纯粹理性解释为"有限理性"来解决这个问题。他试图在康德的想象力方面将先天知觉综合的基础看作理解存在的基础，将想象力看作对世界进行先验投射的最初的时间性。海德格尔认为，先验的想象力是一种纯粹综合的能力，由此人类的有限理性展示了理解存在的视域。因此，海德格尔重构了康德的先验想象力。从这个角度来看，海德格尔哲学的确涉及了康德的先验哲学问题，只是他并非在先验哲学的意义上捍卫康德哲学，而是从存在主义—诠释学的角度改造了康德的先验哲学。

其次，从另一个角度来看，阿佩尔认为海德格尔准先验地解释原初时间的尝试是失败的，而且海德格尔在其哲学"转向"之后就取消了先验哲学。康德在《纯粹理性批判》中将"经验客观性"的"构成"条件和科学知识的主体间有效性的可能性条件密切相联，甚至认为经验的客观性问题就是知识的主体间有效性问题，在他看来，通过研究"先验主体"或"意识"中的直观和知性的"建构"（constitutive）作用回答第一个问题的同时，也回答了第二个问题。在"哥白尼式革命"中，我们的（直观和知性）的"建构能力"（constitutive capacities）"规定"了经验世界的"客观形式"和"客观法则"，正是这种形式使得主体间有效的科学知识成为可能的。

胡塞尔的"先验现象学"中的"先验建构"超越了康德意义上的客观经验的形式。他追问与意识的"意向性"相对应的各种"意向相关项"

(noemata)的"先验建构",这些"意向相关项"(noemata)不仅包括先天综合判断的结构,而且包括各种语言中语词的意义结构,还包括"生活世界"中人类经验的所有方面,如前科学和超科学的经验。胡塞尔是一位坚决捍卫先验意识哲学的哲学家,但他却没有在语言的层面而是从意识的意向性结构来考察先验哲学,从而认为"生活世界"中的各种意义构成都可以还原为"先验意识"中的"先验意向性作用"。他甚至强调"笛卡尔式沉思","我思故我在"中的"先验意识"是一种"先验的唯我论"。众所周知,海德格尔在对胡塞尔的现象学进行诠释学转向时,放弃了胡塞尔的主体性哲学体系,尤其是有关"意向性活动"的"先验唯我论"。在这样的背景下,海德格尔在《存在与时间》中也考虑通过历史上给定的语言解释"生活世界"中的"前理解"。在意义构成问题上可以看出,在回答知识的可能性条件问题时,海德格尔转变了康德和胡塞尔的进路,也就是从先验的主体或意识作用转变为通过语言和历史的先决性寻求知识的可能性条件。而阿佩尔认为,在康德式的先验问题上,即在有关科学真理或道德规范的主体间有效性的可能性条件问题上,海德格尔诉诸历史维度的解决方式弱化了康德的先验性。

因此,在何种意义上我们可以说海德格尔的哲学颠覆了康德的先验哲学体系?海德格尔认为时间即原初时间构成了先天综合的本质,这种时间不同于普通连续性意义上的时间,因为原初的时间先于内在的时间,它是产生连续性意义上的时间的条件。因此,这里的时间似乎具有康德意义上的先验性,但问题是,在这种情况下海德格尔是否能够谈论先验性的发生或先天综合的发生?在他谈到发生时难道没有涉及传统连续性意义上时间之内的时间吗?因此,海德格尔在根据原初时间重构康德的先天综合判断时注定是失败的。

阿佩尔认为,海德格尔在《存在与时间》中改造康德先验哲学的尝试之所以失败,一个重要原因在于海德格尔引进或恢复了新的真理概念,长时期以来海德格尔认为这是他最重要的发现,即"原初的真理"是对"存在"的去蔽(aletheia),"存在"总是处于一种被蒙蔽的状态,真理即去蔽。阿佩尔认为,后期海德格尔哲学为后现代主义者及后维特根斯坦的新实用主义者所追随的原因在于,在海德格尔的后期哲学中有关意义构成的先验现象学的问题被非先验化和历史化了。这是海德格尔的真理观的结果,在《存在与时间》中对世界理解的前结构进行存在主义—诠释学的分析时就蕴含了这样的真理概念,真理被等同于对世界中此在的去蔽,是对存在意义的澄明。因此我们可以说海德格尔在《存在与时间》中对去蔽的分析涉及了先验或准先验的问题,同时这又是一种非先验化。

从阿佩尔对海德格尔哲学的批判性分析可见,一方面,在先验哲学是否需要改造的问题上,阿佩尔认为海德格尔改造康德的先验哲学的做法是正确的,因为纯粹先验意识不能解释生活世界中预设在所有认识中的意义的前理解的结构;另一方面,海德格尔有关意义、世界理解的时间性和历史性的预设,并不能够回答康德有关客观有效性的可能性条件问题,不能令人满意地回答理解的主体间有效性问题。因此,海德格尔在当代哲学背景中改造康德先验是必要的,但又是不成功的。我们不能追随海德格尔认为,所有知识的客观有效性,因而所有判断的真和假都片面地取决于揭示世界中的"发生"。简言之,不能认为理性的有效性及其普遍性和一致性方式似乎都要从属于时间—历史发生中的意义构成。

阿佩尔认为,通过先验反思性论证可以看到海德格尔哲学中的矛盾,即关于非先验化论证的普遍有效性论断本身和这些论证的命题内容之间的矛盾:将自身的有效性论断相对化为时间—历史"发生"的论证本身不能以一种有效性论断陈述这种相对化。阿佩尔认为,这也是所有后现代主义者面临的一种困境,即既然后现代主义者认为所有的论断都是相对的,那么他们表述这种思想的论断本身也是相对的。海德格尔认为判断的真或假部分地依赖于先前对世界的揭示。阿佩尔则认为在判断的真和揭示世界之间存在一种双向关系,真取决于对世界的揭示,同时通过语言对意义的揭示也部分地取决于它在经验过程中的检验。因此,在阿佩尔看来,海德格尔尽管开辟了改造康德先验哲学的路径,但他最终走向了一种相对主义,陷入了一种自我矛盾。

在《从但丁到维科的人文主义传统中的语言观念》中,阿佩尔尚未意识到海德格尔对康德的先验问题的片面继承,以及他的真理概念中的历史主义—相对主义的"致命"后果。他为海德格尔的语言—诠释学的哲学转向所倾倒,将其应用到对语言概念史更广泛的考察中。在这个阶段,阿佩尔的立场接近于伽达默尔,"我的立场类似于伽达默尔的《真理与方法》，尽管我那时还不知道这本书。"①

后来，伽达默尔继续发展了海德格尔的思想，这使得阿佩尔认识到了海德格尔哲学的非先验化倾向，从而激发他重新回到康德关于主体间有效的真理条件问题上。因为阿佩尔认识到，海德格尔和伽达默尔完全忽略了对于所有理性存在者来说的与事实相反的真理有效性，从而认定，在诠释学的理解中和哲学史中就不可能有"进步和批判"的概念。众所周知，海德格尔认为思想史中没有"反驳"，伽达默尔认为没有"更好或更深的理解"而只有"不同的理解"。阿佩尔认为，20世纪的这种历史主义—相对主义立场越来越令人无法忍受，因为它们导向了践言式自身冲突的哲学立场。②

再次，从先验语用学的角度"改造"海德格尔在《存在与时间》中对理解前结构的分析。阿佩尔认为，尽管意义建构不同于有效性的证实问题，海德格尔通过存在主义—诠释学改造康德哲学的路径是失败的，却具有启发意义，因为他在反思理解的前结构时，也反思了理解生活世界时的语言中介。这种反思不仅表明了意义构成的历史性，而且表明在对语言意义进行交往性理解的层面可以预设意义的普遍有效性论断。但是，阿佩尔认为，在海德格尔对语言的分析中必须补充以可以代替先验主体的"范导性理念"（regulative ideas），从这个角度出发，可以进一步推论出意义的普遍有效性论断能够为不确定的、理想的交往和解释共同体之间所取得的一致提供保障。

因此，提出这种对有效论断进行一致性证明的反事实理想假设（皮尔士最先提出的），代表了不同于海德格尔的存在历史概念和古典先验哲学中的先验主体概念的另一种路径。③ 海德格尔发现了存在的时间性，但他从来没有考虑康德的"范导性理念"。问题在于，海德格尔在《存在与时间》中对理解或世界中此在的前结构的分析，并没有以先验反思的形式说明普遍有效性论断和分析世界中此在的结构的前提。的确，海德格尔的分析陷入了偶然性的、历史性的事实结构。但他第一次发现了这种结

---

① Karl – Otto Apel, "My Intellectual Biography in the Context of Contemporary Philosophy"，这是阿佩尔通过 Email 发给笔者的学术自传。

② Karl – Otto Apel, "My Intellectual Biography in the Context of Contemporary Philosophy".

③ FTS, p. 118.

构，也就是我们今天所说的作为生活世界的"背景"概念。阿佩尔认为，如果说传统哲学是对"存在的遗忘"，那么海德格尔的哲学路径是对"理性"的遗忘。①

阿佩尔认为，从与事实相反的角度提出对有效性论断进行一致性证明的规范性思想是必要的，因为面对着语言或语言游戏的多样性，只有对有效性进行一致性证明才能保障翻译和诠释学的意义解释的可能进步，而且它在促进真理的探究中发挥了规范性作用。因此，我们需要从语言交往语用学的角度以"规范性思想"改造先验哲学，这就需要重新考察海德格尔对理解的前结构的分析。这种改造应该避免海德格尔对遗忘逻各斯（Logosvergessenheit）反思的不足，吸取他对生活世界的时间—历史性背景前提的发现，尤其是通过语言揭示意义构成的结构。这种改造并不是简单地回归到先验主体或意识的先验哲学，也不是将意义建构限定为康德意义上的客观性建构（海德格尔），或诉诸胡塞尔的先验唯我论。相反，阿佩尔认为，这种先验哲学首先就要反思为每一个对话者或思想主体所公认的论证前提，也就是论证性话语的前提，从而避免践言式自身冲突。

通过阿佩尔对海德格尔的批判性研究可以预见他的哲学立场，也就是他在《哲学的改造》中就提出的"先验符号学"或"先验语用学"的立场。当然，除了海德格尔的影响之外，语言分析哲学尤其是美国实用主义也影响了阿佩尔的哲学立场。

二 对维特根斯坦的解读

阿佩尔在开始研究语言及语言思想史时，受到了海德格尔和德国哈曼、赫尔德和洪堡思想的影响。他将德国语言哲学的思想称之为"先验诠释学的"。他最早接触到的语言分析哲学也就是以石里克、卡尔纳普、罗素、前期维特根斯坦为代表的分析哲学的早期阶段，他认为这是和"先验诠释学"思想相对立的另一种语言思想，他称之为"科学—技术式的语言概念"，② 其渊源可追溯到唯名论和莱布尼茨设想的理想的计算语言。

---

① FTS, p. 119.
② FTS, p. 9.

阿佩尔从改造康德主义的角度即"纯粹语言批判"的角度解释了维特根斯坦的《逻辑哲学论》，同时他认为在《哲学研究》中，维特根斯坦通过语言或意义批判从实用主义的角度改造了前期思想。维特根斯坦前后期语言哲学的变化可以说是从"纯粹语言批判"到对"作为生活形式的具体语言游戏批判"的转变。①

1.《逻辑哲学论》——先验哲学的语言转向

在阿佩尔接受语言哲学的过程中，《逻辑哲学论》的影响是至关重要的，他主要从以下几个方面来分析和批判前期维特根斯坦。

第一，阿佩尔认为，维特根斯坦的《逻辑哲学论》不应该仅仅被看作逻辑实证主义的理论源泉，实际上也是当代先验哲学的范例，也就是说，维特根斯坦在这里将康德的"纯粹理性批判"转变为"纯粹语言批判"。在这种转变中，康德的"综合判断的最高原则"，即经验的可能性条件，同时也是经验对象的可能性条件，要为另一个原则所代替，即通过语句描述事实的可能性条件，同时也是作为存在着的事态事实本身的可能性条件。因为维特根斯坦认为，"语句作为事实的翻译而与事实相一致，要描述这个事实却恰恰不重复这个语句是不可能的，在这种不可能性中语言显示了其本身的界限（这必然与康德关于哲学问题的解答有关）"②。在这里，阿佩尔看到了对哲学问题康德式的解决方式。

第二，阿佩尔认为，《逻辑哲学论》中的语言概念是科学技术式的语言概念。他认识到，《逻辑哲学论》中的先验论与古典的尤其是他自己的先验诠释学之间的主要差别在于，维特根斯坦没有假定能够自我反思的先验主体，相反它通过"先验的逻辑语言形式"认同了一种先验的"自我"，而同时它也是可描述世界的自我。这种有限先验论（a limit transcendentalism）的特征与罗素的逻辑原子论及其类型理论明显一致，前者中的自我变成了一种无广延的点，因此唯我论与纯粹的实在论相一致。

第三，维特根斯坦并没有在可描述的世界中也假定一个作为意向主体的"自我"（语词或语句的意向意义）。因为构成世界的可描述事实或者

---

① TTS, p. 32.
② 这句话出自维特根斯坦《杂评》（*Vermischte Bemerkungen*，1914—1951），英译本名为《文化与价值》。见 FTS, p. 10.

是基本事实，即基本命题所描述的存在的事实，或者是作为基本命题的真值函项的复合语句的对象。由于像 A 相信 p 或 A 说 p 之类的意向性语句被维特根斯坦理解为既不是事实的图像，也不是基本命题的真值函项，所以维特根斯坦认为它们的真理意义在于语义语句的真理意义，即 p 说 p。因此，通过交往理解他人的全部语言和诠释学的人文社会科学都被排除在有意义的表征世界的语言之外，表征世界的语言被限定为自然科学的语言。因此维特根斯坦把从洪堡到海德格尔以来的从语言学角度解释世界的主体间理解问题，还原为信息交换的问题，这种信息交换的前提是正确表征了世界的一种有意义的语言（或者一种有意义的语言的深层结构）。同时，他从物理主义的或行为主义的角度将经验事实世界中的各种有意义的行为或文化建构主题化，从而强调了逻辑实证主义的以技术化的语言为取向的哲学，以及统一科学逻辑的还原主义的纲领。

《逻辑哲学论》中批判性的语言分析纲领（语言批判）被卡尔纳普等哲学家所贯彻，他们建构了关于科学语言的语形学—语义学体系，这种可能的科学语言被证明为在元语言层次上对逻辑语言形式进行交往理解的可能性和必然性，也就是所有描述世界的物理—科学语言的可能性和必然性。卡尔纳普自己也说明了这个问题，他考虑到了语言的语用学维度，即对于建构语形学—语义学体系而言作为终极元语言的自然语言的使用。通过这种专门术语的体系，卡尔纳普追随莫里斯的符号学基础，因为莫里斯在符号学的语形学和语义学基础上补充了语用学（即通过解释者的符号使用），而卡尔纳普想再次证实并且把皮尔士的研究应用到符号学的三元结构中，这种符号学通过符号在人类认知和行为之间起一种中介作用。但是卡尔纳普与莫里斯一样极力把实用主义整合到统一科学的纲领之中，并没有真正说明符号作用的三元性。因为语言建构的实用主义维度关注主体和主体间的前提，关注语义学框架内的各种可能性指称，关注对世界中的事实的科学描述，因此语用学不能被充分转换为经验科学描述的对象，只有在谈到建构语义学的外部问题不能通过哲学理论而要通过实践来解决时，卡尔纳普才考虑到这些问题。同时，像莫里斯那样，卡尔纳普提出将语言建构的形式化使用的描述和解释看作经验语用学的问题。这样关于语言的逻辑形式的先验功能并没有通过对符号学的语用学维度的介绍而得以说明。莫里斯、卡尔纳普、蒙塔古（Montague）提出一种"纯粹"或

"形式化"的语用学，即通过为经验语用学的对象语言建构一种理论的元语言，虽然他们对语用学进行了语义化的处理，但这种状况依然如故。简言之，即使在认识到了符号学的语用学维度之后，对符号学的真正的先验反思以及交往理解的认识论功能的先验反思仍然还被禁止。阿佩尔认为这是语言哲学的第一个发展阶段的典型特征。

由此可见，阿佩尔研究语言哲学的第一阶段即《逻辑哲学论》得到的启示是对先验哲学进行语言的转向，但问题是维特根斯坦在建构先验语义学的同时走向了一种有限的先验论，也没有摆脱语言分析哲学中科学技术式的统一科学纲领的研究路径。维特根斯坦把对意向性意义的心理学理解归结为对命题意义的语义学理解了。他认为"命题 A 相信 p"与"A 说 p"意义上是等值的，因为在 A 的陈述中，他的意义能得到明确把握。但是这一关于 A 的陈述对我们来说只存在于这样一个事态中，即陈述所及的事态通过所指事态被表达出来，也即"p"替代了 p 本身（就书放在桌子上这样一个事态而言，所指事态是"书放在桌子上"）。阿佩尔认为这正是维特根斯坦所开创的语言分析哲学研究特有的方法，在这里被怀疑为是"心理学"问题的整个"意向性意识"问题，被关于描述世界的语言的语义学问题取而代之了。所以，意识问题被归为语言问题了。阿佩尔认为这并不是否定意识、灵魂和主体，而是一种彻底的先验化，即将形而上学主体和语言本身的逻辑主体同一起来。

在研究《逻辑哲学论》之后，阿佩尔又为莫里斯和卡尔纳普的语用学观点所吸引，他们的路径成为解决新实证主义的科学逻辑中那些悬而未决的问题的重要出路，在德国通过施太格缪勒的介绍而产生了一定的影响。在接受分析哲学的第一个阶段，阿佩尔得到的启示是：在批判传统形而上学的无意义问题时，不应该放弃对有效思想和认知的可能性条件的主体和主体间进行先验反思，而应该在第一哲学的"语言转向"之后对先验哲学进行"意义批判式"的重新建构。后来阿佩尔甚至认为对践言式自身冲突的检验不仅是先验哲学的终极基础的核心，而且是意义批判的核心。这种启示性的观点先是被纳入了他的先验诠释学的思想，它在某种程度上补充了来自洪堡和海德格尔通过语言揭示世界意义的思想。

在此之后，大约从 1970 年开始，阿佩尔为了强调意义批判和对有效思想的可能性条件的终极反思，他选择了先验语用学，因为无论对于反思符号关系中的第三项（即作为行为和认知的符号中介的主体的解释者），还是克服"抽象的错误"，先验语用学都是一个合适的选择。

2.《哲学研究》——语言分析哲学和诠释学的结合

在阿佩尔看来，《哲学研究》中并没有展现一个全新的即完全语用学的语言观，维特根斯坦的语言批判纲领是连续性的，《哲学研究》是对《逻辑哲学论》中的先验体系的改造。与《逻辑哲学论》中先验的语言逻辑形式相对应，《哲学研究》提出了类似的语法思想和语言游戏的深层语法结构思想，阿佩尔认为这是对描述世界的（解释世界的）的可能性条件的准康德式问题的多样化处理，也就是根据属于不同生活形式的语言游戏中语言使用的多样化，甚至不可比的深层结构的多样化，使解释世界的可能性条件多样化。《哲学研究》通过对解释世界的语言先天性的多样化，开辟了诠释学理解的另一个新角度，而在《逻辑哲学论》中，诠释学的理解问题或者被消解，或者消融在事实与表征世界的逻辑形式的二分中。

后期维特根斯坦并不像新实证主义者那样将理解移情于具体事实中，而是将其看作参与具体语言游戏的能力，因此也就是参与生活实践和世界解释的能力。阿佩尔同意维特根斯坦的看法，即诠释学的理解概念不应该被看作经验认知的一种类型或方法，而是遵守规则的实践，它蕴含在前科学的交往和互动层面，以及社会科学理解中的任何有效而实际的理解行为之中。

阿佩尔反对从行为主义的角度解释维特根斯坦的《哲学研究》，他认为要从遵守规则的角度理解既定的人类行为中的事实。通过对《哲学研究》的考察，阿佩尔的结论是，必须克服语言分析方法和关于语言意义的科学—物理主义的方法论之间的明显对立，从而把语言分析问题和（先验的）诠释学问题联系起来。

通过比较和研究后期维特根斯坦哲学和德国的诠释学传统（从施莱尔马赫和狄尔泰到伽达默尔），阿佩尔认为《哲学研究》中所蕴含的诠释学思想具有以下两个结果。

首先，维特根斯坦的诠释学理解（人文社会科学的诠释学理解）不可能根据生活形式和语言游戏中先前被理解的规则来解释具体的人类文化现象，相反，只能以这样一种方法理解和解释具体的现象（尤其是艺术的文本或作品以及个体行为),即逐步揭示语言游戏和新的生活形式中的新规则。在这里,阿佩尔认为,规则及其应用事例之间的抽象区分,必须被理解的形式和内容之间的更辩证的关系所取代,如通过诠释学的循环(狄尔泰、海德格尔和伽达默尔)或解释世界的"视域融合"的历史概念(伽达默尔)。

其次,维特根斯坦将世界解释和交往理解的准先验的规则条件多样化的后果是,社会学家或社会哲学家对不属于他自己的生活形式的理解变得不可理解了,这也就是维特根斯坦的生活形式概念所面临的相对主义问题。在关于范式确定性的论述中,维特根斯坦认为,为先验语言游戏的范式证明提供终极基础是不可能的。而在阿佩尔看来,在先验语言游戏中我们不能像维特根斯坦那样暂时地依赖语言游戏发展的"自然历史",而是要通过追问康德式的问题,即有意义论断的有效性的可能性条件,从而对我们的范式证明研究进行定位,将我们对先验语言游戏的范式证明的研究引导到有意义论证的必然前提,即我们必须拥有普遍的有效性论断,必须假定它们能够或应该被论证所检验,或者最终能够为无限对话共同体的普遍一致性所证实或反驳。

总之,阿佩尔研究语言哲学的第一阶段即从《逻辑哲学论》得到的启示是对先验哲学进行语言的转向,第二阶段即从《哲学研究》得到的启示是语言分析哲学和诠释学的融合。"对于诠释学和维特根斯坦思想的融合问题,我现在已经乐于接受,甚至欢迎它,其中许多研究有助于超越方法论的唯我论,以及展望蕴含在世界解释中的语言学的和社会—历史的先天性,而世界解释通常具有传统的——实证主义和精神—先验论——认识论和科学哲学。"[①] 正是在接受和批判维特根斯坦的思想的基础上,阿佩尔讨论了两个问题:一是用经过解释的维特根斯坦的路径解决老问题,即因果说明和诠释学的理解之间的关系问题;二是诠释学的观念(海德格尔和伽达默尔)和后期维特根斯坦的生活形式或语言游戏的不同范式概念,也就是诠释学思想与后经验主义的科学哲学之间的融合。

从阿佩尔对海德格尔和维特根斯坦的批判和解读中可以看到,二者都对从笛卡尔到胡塞尔的近代哲学中的哲学问题进行了彻底的批判。因此,

---

① FTS, p.24.

海德格尔和维特根斯坦在反对笛卡尔和胡塞尔的"方法论唯我论"或"先验唯我论"时走到了一起。因此，在这个意义上阿佩尔认为，维特根斯坦和海德格尔开启了一种哲学批判的新范式。但维特根斯坦宣称《逻辑哲学论》中的哲学元语言是无意义的，在《哲学研究》中他认为所有的哲学语言游戏是对日常语言的"疾病"的治疗，但他从来没有追问或回答哪一种语言游戏使得语言批判成为可能。同样，海德格尔也从来没有追问或回答这样的问题，所有的真理如何能够取决于"澄清存在"的"真实性"，"理性"为什么只是"存在的历史事件"的结果。在阿佩尔看来，很明显，维特根斯坦和海德格尔的哲学路径在改造康德的先验哲学时弱化或泛化了先验性，都忽略了规范性的重要性，因此都导向了一种相对主义的路径，导致了践言式自身冲突。因此，避免践言式自身冲突的原则成了先验语用学的意义批判的最基本的原则。

第二节 皮尔士的影响：继承和"改造"

一 皮尔士的符号学理论

自 1960 年起，阿佩尔开始研究美国实用主义，当时他对黑格尔主义之后的中介化哲学感兴趣，所谓中介化乃是以未来为趋向对理论和实践进行中介化。从这个角度他区分了黑格尔哲学之后的三个范式：马克思主义、存在主义和美国实用主义。阿佩尔认为，马克思对黑格尔的回答是将历史必然过程中的辩证法概念应用于社会革命的实践；克尔凯郭尔对黑格尔的回答是基于信念基础上的不同个体的存在主义实践；美国实用主义对黑格尔的回答是以探讨人类生活实践的经验为趋向的。阿佩尔认为，就第三种范式而言，可以进一步分为三个方向，其中两个是詹姆士和杜威，在某种意义上他们可以分别与克尔凯郭尔和马克思相关联，尽管实验主义的实用主义特征将詹姆士和杜威联合起来反对克尔凯郭尔和马克思。美国实用主义的第三个趋向即皮尔士的思想，它与生活实践的主观—心理学的（存在主义）、社会—历史方面（政治的）的观点并无多少关联，而与人类实践基础上的理性进化的功能及其逻辑（在狭义和广义上与先验符号学，以及在认识论上与科学逻辑相关）有关。因此皮尔士的实用主义主要不是对黑格尔的回答，而是对康德的回答，并在一定程度上与分析哲学相对照,因为分析哲学是由实验主义视野中的思辨主题构成的,包括语言分析和意义批判以及科学逻辑。正是由于以上原因,阿佩尔开始关注美国实用主义和皮尔士哲学。

皮尔士是一位独具实践特色的实验科学家和富有创造性的逻辑学家。他认为由经验主义和理性主义传统所塑造的占主导地位的科学本质概念十分不恰当,因为它歪曲了科学研究的实验精神,其根源是笛卡尔式的基础主义和决定论对现代思想的影响。他重新阐释科学研究的新形象,强调所有科学研究在本质上都是可错的,并不存在确定不变的基础。他试图以科学研究的主体间性及其共同体代替笛卡尔式的主观主义,科学及其他研究是在批判的研究者共同体信念支配下进行不断的自我更正的活动。因此,作为一位科学哲学家及逻辑学家,皮尔士的思想有助于推动一场思想革命,即有关科学研究的本质及背景的变革,这种思想在后来得到了蒯因、塞拉斯、普特南及库恩等人的详细阐述及发展。皮尔士的"进化的形而上学"理论正是建立在这种研究的基础之上,其中科学真理与意义需要从语言和意指理论的角度加以考察,二者的结合促使符号及符号学在其思想中占据了重要地位。值得注意的是,他的符号学与当代诠释学及其他符号学理论之间的纠葛,使其渗透着欧陆与英美哲学中的一些重要主题。

皮尔士在1867年的"新范畴表"中提出了三项性的符号理论,他认为符号由一种三项关系构成。首先,关于解释项(interpretant)。解释项是比较复杂的概念,皮尔士用它来表明"适当的符号指示结果",[1] 通常被看作和符号发生作用之后在心灵中产生的另一个符号。例如,我不是阐明天空的意义而是指着天空,你则看着我手指的方向,这样就产生了解释项。解释项有三种:直接解释项(the immediate interpretant),在正确理解符号的基础上表明自身,如仰望天空看到了手所指的那颗星;能动的解释项(the dynamic interpretant),符号的直接结果,如对指向天空的手指的反应是看着天空,而不是具体的星星;逻辑的、最终的解释项(the Final interpretant)[2],它不是符号作用的直接结果,如看着手指所指的星星而认识到了手指的指示表明那儿有一颗星星。需要明确的是,解释项是

---

[1] Susan Petrilli, "About and Beyond Peirce", p. 305.
[2] Susan Petrilli, "About and Beyond Peirce", p. 306.

另一个符号或心灵中的符号，在符号三项关系中解释项有重要的作用。解释项蕴含了另一个符号，这使它和另一个对象发生作用，这个对象也有一个被转变为符号的解释项，这个符号又和另一个对象发生作用，这个对象又影响到另一个解释项，以至于无穷。

其次，符号的三元关系。就符号、对象及其解释项之间的关系而言，皮尔士认为对象决定符号，而符号在一定的关系中决定解释项，也就是说，就对象而言被建构的符号是被动的，就解释项而言被建构的符号是主动的。但对象、符号及其解释项之间非还原的三元关系的构成是复杂的、多元的和能动的。在皮尔士看来，对象及其解释项根据直接性、能动性及其终极性限定自身。皮尔士多次强调对象决定符号，符号决定解释项，但有时他认为符号决定对象，或对象由于符号而存在，符号的对象是由符号所产生的某物，在这里他实际上区分了"能动的对象"和"直接对象"，前者是决定符号的对象，而后者是被符号所决定的对象。符号创造了它的直接对象，同时通过能动的对象创造了确定自身的必要条件。因此，从直接对象的角度来看，符号过程中的对象是无处不在的，如果从能动对象的角度来看对象则是先验的。

根据符号和能动的对象之间的关系特征，皮尔士将符号分为图像（icon）、指示（index）和符号（symbol）三种类型。符号发挥图像的作用时符号与其对象之间具有结构的相似性，如地图、图表与其所表示的对象之间具有一种同构性或适应性。如果符号与它所表示的对象之间的关系主要是一种物理或准物理的因果关系，那么这种符号只是作为"指示"（index）在发挥作用，如天气的风信旗传达了方向的信息。指示是"指称对象的符号，它指示其对象是因为它实际上受到了那个对象的影响"①。发挥符号（symbol）作用的符号没有以上两种适应、因果或准物理的特征，符号的作用是任意的，或者是由于一种常规的习惯性联系模式，"作为符号（symbol）的符号由于一种法则、一种普遍的联系方式而指称它所表示的对象，正是由于这种法则符号才能被解释为指称它所表示的对象。因此，符号（symbol）本身是一种普遍的类型或法则。"② 图像是从内在

---

① Anthony C. Thiselton, *New Horizons in Hermeneutics*, p. 19.
② Anthony C. Thiselton, *New Horizons in Hermeneutics*, p. 20.

结构方面与能动的对象建立了关系的符号，也就是说，它通过与对象的相似，通过一种类似关系，一种在某种亲和力上的吸引关系来指示对象。"无论什么，如某物的性质、存在者、个体或规律，就它们是某物的图像而言，它们与某物相似，被用作某物的符号。"① 指示建立了与能动的对象的真实关系，也就是说，在对象影响了符号之后接着就指称了那个对象。符号是由于一种规律而与能动的对象相关，正如皮尔士所说，"它被构成一个符号，仅仅或主要是因为它被用作或理解为一个符号"。② 当然，皮尔士认为图像、指示和符号并不是三种不同类型的符号，而是符号同时或在不同层面发挥作用的三种不同方式。在皮尔士的理论中对符号的这种界定和分类具有独创性。

再次，符号、心灵和解释项之间的关系。从产生符号的对象来看，符号过程属于语言这一层面，而从解释项和符号解释或符号推理过程这个角度可以根据"解释"来理解符号过程。皮尔士详细阐述了所有的符号至少要求两种类似于心灵的存在：语言和解释。通过一种连续性关系它们实际上是相互关联的，正如同一思想过程的两个方面，而这个过程并不必然要求人脑的参与。皮尔士认为思想（即符号的发展）并不必然与大脑有关。它可以出现在蜜蜂、水晶以及贯穿纯粹的物理世界，不可否认的是符号与颜色、形状一样地存在着，对象的符号真实地存在着。就符号过程和思想或心灵的关系而言，皮尔士认为"正如我们所说身体处于运动之中，那并不是说运动在身体之中，我们应该说我们在思想，但并不是说思想在我们当中"③。换句话说，我们并不是一方面首先拥有身体，另一方面符号表达它。相反，心灵本身就是符号实体，"每一思想都是一个符号"，心灵根据符号活动而相应地发展自身，根据符号过程的运动而发展。

最后，符号过程的无限性。皮尔士符号学的一个特征是在于根据解释项之间的延缓和放逐来描述符号过程，无论是对于构成同一符号体系的内在的解释项，还是符号之间不同符号体系中的解释项来说都是如

---

① Susan Petrilli, "About and Beyond Peirce", p. 308.
② Susan Petrilli, "About and Beyond Peirce", p. 309.
③ Susan Petrilli, "About and Beyond Peirce", p. 311.

此。在皮尔士的符号学理论中，符号从来不作为某种静止的或被限定到单一的表征体系中的存在而出现，相反，它的特征在于一种转换能力。所有对符号过程的形式结构的研究都要从符号，对象及其解释项之间的三元关系出发，而这种三元关系根植于另类逻辑（alterity）。如前所述，符号之为符号就其是他者以及就其趋向于外在于其自身而言。正是在符号映射外在于自身的存在的过程中，在与其他某物—解释项的关系中符号产生了它的表征路径，发展了它多元的潜力。就符号是他者而言，它总是一种剩余。

符号潜在地指示一种无限的活动，它与其他事物中的活动一起，表明符号结构的构成部分被赋予了一种转换能力：在一个确定的时刻发挥一种具体作用的符号在另一时刻可以发挥另一种或更多种表征作用。一个个体符号或符号要素可以导致多种解释路线，在特定的符号过程中发挥解释项作用的符号也可以在另一种情况下发挥对象（被解释的符号）的作用，反之亦然，在一种情况下发挥对象作用的符号在另一种情况下可以发挥解释项的作用。因此在一个特定的符号过程中符号及其过程部分并不是静止的、确定的，被最终束缚的。相反，它们被赋予了转换为其他某物，延缓为其他某物的潜力，而其他某物则是动摇符号的"总体性"以及使其处于危机中的东西。符号就其是一个符号而言必须超越自身，而且在最终的分析中它是这种外展力的结果。的确，符号或产生于符号关系的表征路线出现在决定论和非决定论的张力之中，一方面是符号在一种具体情境中的结构，另一方面是它不断向外延缓到他者，这个他者既内在于符号同时又外在于它，超越特定的符号过程。他者，这种剩余或多余阻止了符号总体封闭自身，因此赋予其创造性生产的开放性特征。

二 皮尔士对康德哲学的符号学改造

阿佩尔最初对皮尔士的关注目的是将其实用主义思想介绍给德国学者，然而在继续深入研究过程中，他发现皮尔士不仅是"实用主义原理"的奠基者、"可错论"的倡导者和"科学哲学"的先驱，最富创见的是他对康德哲学的批判性改造，因此称之为"美国的康德"。在他看来，皮尔士的哲学探索可以被理解为康德先验逻辑的符号学转向，皮尔士对康德先验哲学的符号学改造是从意识和自我意识的分析到语言交往主体间性的转变,使哲学主题从知识批判转向意义批判。对康德的认识的"先验逻辑"的改造是皮尔士的一贯主张,而且阿佩尔对"先验符号学"这个概念的理解也来自皮尔士早期对康德研究的启发。① 基于此,阿佩尔认为,将皮尔士作为对康德哲学进行"(先验)符号学"改造的盟友十分必要。那么皮尔士哲学究竟在哪些方面体现了对康德哲学的符号学改造呢?

首先,皮尔士以新范畴表代替康德的旧范畴表。在理解皮尔士形而上学时的困难之一是他经常杜撰一些新的术语,以符号的三元关系为基础,皮尔士创立了三种范畴:第一性(firstness)、第二性(secondness)和第三性(thirdness)。第一性的领域很难确定,一般理解为"感觉",如舒伯特弹奏一首钢琴曲,一位女士问他这首曲子的意思,舒伯特没有回答而是重新弹奏了一遍,这种对音乐的纯粹感受就是第一性。第一种范畴与知觉或感觉材料本身相对应,不与任何他物发生作用和关系,如红的观念。这是构成某物之被表达为某物本身存在的那个方面,它是自我包含、无法再分的存在,暗示了纯粹的不确定性,是经验性的一种可能性。这一范畴被称之为"第一性",红或牙疼就属于这种第一性范畴,它们分别表明了红和牙疼的可能性,当其在经验内被现实化时(即某人确实体验到了经验的对象时),这些第一性的观念就在思想中产生了知觉。与这一范畴相对应的符号类型是"图像"。

第二性属于处于一种关系当中的原始事实领域。它涉及一种关系,并且揭示了世界是由事物和共存的其他事物构成的。第二种范畴与行为及行为的对象相对应,它体现了客体之间的"积极对抗",包含物质中的固有特性,这些特性正是被具体化了的第一种范畴,不过它不能被简单地还原为第一种范畴中的两个或多个相加。如弹子球 A 和 B 之间的相互作用并不等于将 A 与 B 相加,而是体现了对象之间的相互依赖性。第二种范畴被称为"第二性",表明符号与其指称的客体及诸客体之间的二元关系,与此相应的符号类型为"指示"。

第三性是最关键的范畴,属于普遍规则的领域。第三种范畴与符号相

---

① Karl‑Otto Apel,"Transcendental semiotics and Hypothetical Metaphysics of Evolution:A Peircean or Quasi‑Peircean answer to a recurrent problem of post‑Kantian philosophy", in *Peirce and Contemporary Thought‑Philosophical Inquiries*, ed. by Kenneth Laine Ketner, Fordham University Press, New York, 1995, p. 378.

应,即就共同熟悉的对象而进行的人与人之间的(或人与自身)交往过程中的三元关系。这种符号关系也不能完全被还原为前两种范畴的一种单纯结合。如通过 A 表明 B 与 C 相关就不能仅仅还原为 A 加 B 加 C。因此,符号的思想并不仅只包含其构成成分,而且内含对这些构成要素之间关系的肯定。第三种范畴被称为"第三性",它是一种普遍或一般性的范畴。前两类范畴关注非连续性,而后者则关注连续性和连续体。如果将时间设想为一种真实而实在的连续体,它就是第三种范畴的一个具体实例。不过最能体现第三种范畴的例子是符号关系,它可以连接前两种范畴。正是在这个意义上第三种范畴是皮尔士符号学理论的基础,与之相应的符号类型为"符号"。

皮尔士在讨论这三种范畴时分别用一元(monad)、二元(dyad)及三元(triad)关系将它们区别开。"第一性是独立于其他存在的概念;第二性是与某种存在相关并发生作用的概念;第三性是中介观念,前两种概念在第三性中被纳入了三元关系之中。"[①] 皮尔士认为,这些概念的本质展现在逻辑中,而且这种一元、二元、三元关系不能相互归约,任何高阶的关系都可还原为它们之间的结合。也就是说,这三种范畴不能相互还原,但所有更复杂的观念都可还原为这三种范畴的组合。皮尔士将这种"不可分"的范畴比作化学中的原子元素,原子不能被还原为其他原子,但所有其他化学物质都可以是这些原子的化合物,正如化合物可以通过展示作为其组成部分的不可分的范畴及其相互关系而得到限定。皮尔士说:"我对实用主义所作的微不足道的贡献完全是这种形式逻辑自然发展的结果,而且它比我的所有其他工作都更有价值。"[②]

其次,皮尔士对康德的"先验逻辑"进行符号学改造的基本纲领具体包括以下几个方面。第一,以符号解释中的无限共同体概念代替康德的先验认识主体概念。康德认识论中的主客体关系被转变为主体间交往和客

---

① Edward C. Moore and Richard S. Robin ed., *From Time and Chance to Consciousness: Studies in the Metaphysics of Charles Peirce*, Berg Publishers, Ltd., 1994, p. 6.

② Karl-Otto Apel, "Transcendental Semiotics and Hypothetical Metaphysics of Evolution: A Peircean or Quasi-Peircean Answer to a Recurrent Problem of Post-Kantian Philosophy", in *Peirce and Contemporary Thought: Philosophical Inquiries*, ed. by Kenneth Laine Ketner, Fordham University Press, New York, 1995, p. 383.

观的论证性判断之间的互补关系，经过这种转变，康德哲学中的先验维度就可以为语言解释和综合推理过程中的可错论与改良论所接受了。先验主体是康德认识论的基础，它是纯意识的，具有先验功能，是先天综合判断可能性的保障之一。不过在康德哲学中这也是一个颇具争议且招惹麻烦的概念，以致他不得不在有关"自我"的论述中进行三重区分："先验自我""经验自我""理性自我"。皮尔士用平等地参与符号解释的真实意识代替了康德的纯粹意识。这样，就可以通过在关注意义解释及原始语句的科学家之间达成的一致，来重新解释康德的先验统觉综合。由于符号解释在原则上是一个无限的过程，最终对真理的确定必然超越单个主体的局限性。

第二，皮尔士以终究可知的实在概念取代康德不可知的物自体概念。皮尔士相信，他能够以先验的方式展现归纳和假设形成的客观性，确信参与理论过程的不确定的科学家共同体能够保障对客观真理的无限趋近。这样，综合推理的长期有效性就不再依赖作为知性的先验原则的范畴"建构"功能，因此皮尔士的探究逻辑不再需要预设形而上学的二元区分即现象与物自体之间的区分，而在康德的先验逻辑中这是必要的前提预设。在皮尔士的符号学理论中，"实在"即符号解释的终极对象即使不被看作表象的"直接当下的对象"，但终究也是"可知的"。当符号学探究逻辑的规范化原则及必然性预设能够保障综合推理的长期有效性时，康德的建构性原则转变为规范的原则，只有从长效来看它才是建构性的。也就是说，科学家将会获得关于实在的终极观点，当然这在真实的生活中不能达到。

最后，皮尔士对康德哲学的改造并非对前康德的独断的形而上学的回归，因为它没有取消或忽视先验哲学与经验科学之间的划界或互补，而且也没有沿袭康德先验哲学中绝对的、基础的先天性，而是以探究逻辑的经验检验原则为基础，在可错论的前提下改造一种进化的形而上学。

三 皮尔士符号学的启示

阿佩尔如何看待皮尔士对康德哲学的符号学改造呢？在阿佩尔看来，从皮尔士于1867年的"新范畴表"开始，便着意在重建康德的《纯粹理性批判》。这一重建在科学时代尤为必要，它是建立一种与康德的先验逻辑对等的逻辑，以此解放康德的观念论的先验逻辑。康德的先验逻辑以先验统觉为最高预设，皮尔士则用以符号为中介的"一致性的统一"（unity of consistency）取而代之，最后提出了"不确定的探究者共同体"。

康德在《纯粹理性批判》中提出"先天综合命题如何可能"的问题，意在使科学知识的客观有效性成为可理解的。为了达到这个目的，他提出了"先验逻辑"以代替由洛克和休谟发展起来的知觉心理学，但他的探索方法仍然与作为其"最高点"的"统觉的先天综合"相联系。与此前提相一致，康德的主体哲学用先天综合法则取代了休谟的心理联想律，作为心理能力的功能法则，因为康德认为心理联想律并不能解答先天综合命题的普遍必然性。康德所提出的这种心灵能力包括直观和想象、知性与理性。那么在现代科学逻辑中究竟什么能够最终成为康德所谓的科学知识的先验主体呢？阿佩尔认为，皮尔士对现代认识论的符号学的重建为我们提供了解答。就此而言，康德式主体的先验功能可以由科学语言的逻辑来代替：这种语言逻辑和命题系统的经验确证一起取代了康德所谓的先验逻辑。

皮尔士用"一致性的统一"表明由科学语言的逻辑来代替康德所谓的先验逻辑的方向，皮尔士本人便是依此而寻求其"先验演绎"之"最高点"（hoechster Punkt）。皮尔士的用意并不是像康德那样说明自我意识中观念的客观统一性，而在于以他所开拓的符号学为探究的领域，客体与主体间的表象在符号中介表现出语义上的一致性。根据皮尔士的观点，这种表象的语义一致性不在先验统觉中得到其统一性，而只能在研究者的共同体的符号阐释范围内才能得以确定。皮尔士所竭力寻求的"一致性的统一"是超出自我意识的统一之外的，这就是以符号学转向取代了康德哲学中所谓的"最高点"。在此，阿佩尔总结道："皮尔士对康德先验逻辑的转换的'最高点'就在于提出了'不确定的探究者共同体'这一'最终意见'。"[①]

因此，皮尔士对康德先验哲学的符号学转向完成了两个工作：以当代的科学语言的逻辑和符号学代替了康德所谓的先验逻辑，以共同参与符号

---

① Karl-Otto Apel, "Transcendental semiotics and Hypothetical Metaphysics of Evolution: A Peircean or Quasi-Peircean answer to a Recurrent Problem of Post-Kantian Philosophy", p. 385.

的语义解释的"不确定的探究者共同体"取代了康德哲学中的先验统觉,用主体间性取代了主体性,用符号学取代了康德的范畴理论的独断性。

首先,阿佩尔认为,在这个意义上,皮尔士的三个范畴及其关系推演可以代替康德的"先验逻辑"的演绎。在这三个范畴基础上形成的不可还原的三元符号关系共同开辟了一种认识论的可能性。也就是说,这三个范畴间的符号学演绎能够说明经验之可能性和有效性的条件:第三性和概念性符号对应于作为一个具有理性必然性动因的演绎;第二性和指示对应于通过时空中的事实进行普遍证实的归纳;第一性对应于对新的存在性质进行综合认知的外展推论。后二者是皮尔士对分析的演绎逻辑的独特补充,其中外展推论说明经验之可能性,而归纳则说明一切经验之普遍前提的合法性。因此,皮尔士分别用这三个范畴对应于演绎、归纳与外展推论(abduction),以这三种推演的相互作用来代替先验的范畴演绎。这样,符号学表征世界的真理来自相关的符号解释和推理过程的限定,康德的"统觉综合"在皮尔士这里与"最高点"相对应,即由不确定的研究者共同体形成的符号解释的终极综合。在三个范畴及其推演中内含了"所有认知都是以符号为中介"的这种思想,也就是说认知的所有基本要素在这三元关系中都要呈现出来,否则认知是不可能的。这就意味着认知既不能被还原为纯粹感觉材料的无关系的给予性(如古典实证主义);也不能还原为二元的主客体关系以及语义学意义上的理论与事实之间的二元关系(逻辑实证主义);尽管皮尔士认为这些关系都是必需的,但不能被理解为康德先天综合中的概念之间的直接中介关系。

阿佩尔列举了以下三个原则来总结经过皮尔士符号学改造的认识论:(1)如果没有一种以质料性的符号媒介物为基础的现实的符号中介作用,就不可能有关于某物之为某物的知识;(2)如果没有预设的真实世界,即在原则上可以从不同方面被表征的、可知的实在世界,那么符号就不可能具有任何表征作用;(3)如果没有真正解释者的解释,也不会形成某物之为某物的符号表征。[①] 这就表明,认识论和符号关系中的三个要素符

---

① Dieter Freundleib, "Peirce's Pragmatic Maxim and K. - O. Apel's Idea of a Complementary Hermeneutic Science", in *Peirce's Doctrine of Signs*: *Theory*, *Application*, *and Connections*, ed. by Vincent M. Colapietro, Thomas M. Olshewsky, de Gruyter, 1996, pp. 418 - 419.

号、对象和解释者密切相关,一切认知及知识都是以符号为中介的,这不同于传统从意识到对象的主体间认识关系。

其次,阿佩尔极力从不同角度来阐释、挖掘皮尔士符号学改造中的先验性,尽管这些思想并不一定是皮尔士本人的初衷。第一,皮尔士将一般的符号功能限定为三元关系:符号、符号的对象及其解释者,其中解释者为认识论中符号逻辑的认知旨趣所引导。因此皮尔士重视这三种构成要素及其相互关系,而并未特别关注那些不能还原为"指示"或"指称"的符号功能或指示功能。但阿佩尔认为这并不表明皮尔士的符号学不包含先验的维度,而是因为他旨在探讨"以符号为中介的认知的可能性条件"问题。第二,从表面来看,皮尔士对符号或符号学的三元界定可能导致两种理解:一是符号本身是相对于人、解释者而提出的;二是解释者本身具有三元关系的特征。这种差异与符号在什么意义上被三元化有关,或者符号与真实对象相关,对象本身和真实的解释者都不是符号;或者这种三元符号关系包含了一种"无穷后退",即不管从哪一方面来讲,符号所指示的"当下对象"本身也是一个代表着另一个"当下对象"的符号,以此无穷类推。此外,由于解释者本身也是需要被解释的符号,这样,从两个方面都会导致无穷后退。阿佩尔认为皮尔士符号学的这种困境只是假象,如果我们能够区分先验符号学与经验符号学,认识到三元符号关系中实在的关联性本身就蕴含了作为认知逻辑的符号学的先验方面,而且只有这种明确的三元关系才能使以符号为中介的认知成为可能,才能使实在成为作为解释者的"不确定的共同体成员"的可能性对象。因此,在阿佩尔看来,只有从先验的角度来理解皮尔士符号学的三元关系,理论本身才能自我维护,避免许多责难与批判。第三,阿佩尔认为我们必须对皮尔士符号学理论中的先验规范性与一般经验性加以区分,从而判定皮尔士是否假定了语言的范畴优先性。这个问题可以从两个方面考虑,一方面,如果从皮尔士的认知和探究的符号学逻辑的角度来看,他承认语言的范畴优先性,因为只有语言能够提供以符号为中介的对实在的认知解释;另一方面,皮尔士又希望以普遍而基本的方式分析符号及其功能,对语言作进化论的说明与解释。第四,我们需要在皮尔士符号学的规范维度与描述维度之间进行区分。虽然描述维度在皮尔士的符号学中占有很大比例,但是很清楚,探究逻辑的主要兴趣在于发现什么样的解释者构成了符号解释中的规范层面,他们是"逻辑解释者"和"终极解释者"。①

正如对维特根斯坦的研究,阿佩尔探讨了皮尔士符号学与康德的"先验逻辑"之间的关系。与维特根斯坦对康德的先验逻辑的语言学转变一样,阿佩尔认为,从皮尔士早期的"新范畴表"和"探究逻辑"到1902年对"规范的符号逻辑"的研究,都坚持对康德的先验路径进行"符号探究逻辑"的转变。通过比较阿佩尔对维特根斯坦和皮尔士的不同看法,我们就可以理解他对皮尔士的评价以及为什么对皮尔士如此青睐。

其一,阿佩尔认为维特根斯坦和皮尔士的哲学都进行了一种转换,即从心灵主义转向了语言哲学,也就是从起源于笛卡尔的先验方法论的唯我论转向对解释世界的符号解释共同体的准先验功能的认可。与此相随的是对(形而上学的)意义的批判,在后期维特根斯坦那里我们发现了一种明显的"语用学转向",这类似于皮尔士对意义说明的"实用主义公理",可以说这是以语言为趋向的实用主义的两个版本。

其二,维特根斯坦的"语言转向"的目标是建构一种理想的描述世界的体系,后期则更实际地关注作为生活形式的语言游戏。皮尔士的语言哲学从一开始就对符号学进行了创造性的发展,他进行了一种"符号学的转向"。"语言转向"和"符号学转向"之间的基本差异为皮尔士的符号逻辑开启了认识论的可能性,而他的符号逻辑却被20世纪的分析哲学所忽视了。正如图像和指号的非概念功能即非解释功能在呈现不涉及其他关系的"如此这般"(第一性)和因果性地指示有情感的存在者时(在"我"和"非我"之间发生作用的第二性),它们在语言和实在之间建立了联系,这至少没有被主流的分析哲学充分说明。阿佩尔认为,皮尔士在符号学中强调了不涉及其他关系(直线式的)的"如此这般"的图像功能,这表明在先验符号学的框架内从某种程度上恢复胡塞尔的明证的现象学(evidence phenomenology)的可能性。这一点使得皮尔士的符号学具有了准先验的特征,阿佩尔由此认为语言哲学的语义学发展必须整合到源于皮尔士的先验符号学当中。

---

① Karl‐Otto Apel, "Transcendental Semiotics and Hypothetical Metaphysics of Evolution: A Peircean or Quasi‐Peircean Answer to a Recurrent Problem of Post‐Kantian Philosophy", pp. 376 – 384.

其三，在承认语言使用或符号解释共同体的准先验功能来克服方法论的唯我论（从笛卡尔到胡塞尔）的这个方面，维特根斯坦和皮尔士有着很大的差异。维特根斯坦对方法论的唯我论的克服，表现在其反对私人遵守规则或私人语言的著名论证中。但阿佩尔不能接受维特根斯坦的规则概念依赖于（有限的）实际共同体的实际使用（生活形式）的观点。在皮尔士那里，阿佩尔看到了在反对笛卡尔的心灵主义和方法论的唯我论时与维特根斯坦的观点不同但互补的观点，这种观点赞同作为推理和符号解释的不确定的超越个体的思想过程。皮尔士认为作为符号解释的超个体过程中的主体不能是任何的实际的有限共同体，它和具体社会文化的生活形式相联系。因为在皮尔士看来任何有限的共同体都会阻碍通往真理的可能的进步过程。而他认为通往真理的过程只能通过规范化的研究者不确定的共同体的（从来没有完全被达到）一致性思想加以限定。必须承认，阿佩尔更欣赏皮尔士对符号过程的说明及其准先验的特征。

通过对维特根斯坦和皮尔士哲学的评论可见，在对语言哲学（维特根斯坦）和实用主义的符号学（皮尔士意义上）的研究中，皮尔士的路径（也可以被看作是对20世纪分析哲学的补充）为什么以及如何深深影响了阿佩尔的哲学发展。皮尔士的符号学为阿佩尔这个先验论者的构想提供了宽阔的视野，因为尽管阿佩尔试图对哲学进行彻底的转变，但仍然深深植根于康德传统之中，对皮尔士符号学的接受无疑为阿佩尔的哲学构想提供了新的思路。

阿佩尔对皮尔士符号学的解释、说明、区分与澄清表明，先验性是皮尔士符号学的潜在成分及发展趋向，尽管并不是其鲜明的主张，但也颇富启迪意义，阿佩尔的先验语用学正是在这个基础上发展而来的。而且正是皮尔士符号学的这种特征使其不同于二元论的还原主义及行为主义的符号学。因为任何不能重构第三性的符号概念都被排除在其哲学体系之外，如那些由新实证主义的科学逻辑所钟爱的二元符号概念。在这个意义上，阿佩尔认为皮尔士的符号学不同于莫里斯实用主义和卡尔纳普经验主义的语义学，因为皮尔士的范畴概念表明，对某物的知识既不能还原为感觉材料或二元的主客体关系，也不能还原为感觉特征与外在世界之间的一致。而莫里斯和卡尔纳普的符号学理论都属于行为主义的符号学，从符号学的发展来说，他们二人的理论并没有超越皮尔士的符号学框架，只是在逻辑实证主义和实用主义的基础上建立了普遍的符号学理论。

皮尔士的符号学思想在阿佩尔的先验语用学中发挥着重要的作用，在此阿佩尔看到了另一种"第一哲学"（相对于哲学史上的本体论、认识论）的雏形——先验符号学。尽管皮尔士符号学中的先验主义特征很容易被忽略掉，但"由皮尔士的符号学所提供的工具是有帮助的，而且不是以莫里斯的行为主义的重构方式，我正考虑罗伊斯在其后期为符号学所提供的形式"[①]。阿佩尔在这里不仅指明了皮尔士在其思想发展中的作用，还阐明了进一步发展的目标，即使皮尔士仅仅局限在元科学范围内的符号学理论扩展到所有人类认知科学，将科学家共同体扩展为不确定的人类交往共同体，将符号学理论与诠释学结合起来。在这一方面，阿佩尔认为罗伊斯是对皮尔士的继续与发展，皮尔士只是为其哲学目标提供了一个指引，而阿佩尔通过揭示人类交往的先验结构超越了它。

皮尔士在以"科学家共同体"概念代替康德的"先验主体"时，并未把认知主体还原到形式化的科学语言及可证实的逻辑层面，即作为经验科学的对象，而是将其作为主体间知识的有效性条件。也就是说，基本陈述在确证或否证一个理论之前需要为科学家所解释，理性主体对于理解自然科学的有效性十分重要。然而这种符号学的转变仅仅是阿佩尔所勾勒的先验语用学的开始，也就是说，在皮尔士这里有一个模糊的轮廓，而罗伊斯则进一步使之清晰化。"在我看来，罗伊斯与皮尔士不同，他首先不是热衷于一种关于科学概念之阐明的元科学理论。而是致力于一种关于主体间性普遍约定的社会哲学理论；在上述的经济学比喻中，他已经把认知的先验诠释学前提突出出来了，而这是一个迄今为止未被思考的前提。"[②] 也就是说，作为传统中介化的主体间沟通是一切客观知识的可能性和有效性的先验诠释学条件。而且只有符号学中的先验性与诠释学背景融为一体时，作为认知主体的具有先验性的交往共同体才能克服传统的方法论的唯我论。

正是由于这种不确定的互动共同体中的解释共同体的存在，阿佩尔坚

[①] Karl‐Otto Apel, *Charles S. Peirce：From Pragmatism to Pragmaticism*, trans. by John Michael Krois, University of Massachusetts Press, 1981, p. x.

[②] 阿佩尔：《哲学的改造》，第 132 页。

持认为，以"理解"为目标的人文科学与以"说明"为目标的自然科学并非相互对立，而是相互补充的。因为这两种知识都是以符号为中介的，只是前者是以语言解释形式出现的人类主体间的中介，而后者是以对世界的解释形式出现的主客体之间的中介，这两种以符号为中介的知识在其起源上来讲是互补的，它们都需要解释共同体作为其必要的条件。这就是阿佩尔以先验性的符号解释共同体为基础的"互补命题"。一方面承认因果必然性，但要寻求其先验基础，而这就需要理解，因此，科学只有把理解包含在自身内才不会破坏因果说明概念的"先验基础"；另一方面，纯理解的社会科学也不能处理那些超越理解范围的非意向性的后果与因果联系，因此需要把理解和说明结合起来。这两个方面一个是用因果关系说明事件的旨趣，另一个是借助于规范和主观意向来理解行动的意义的旨趣。

阿佩尔在肯定皮尔士对康德的先验逻辑进行符号学改造的同时，又进一步扩展其符号学理论，在与诠释学传统结合中明确了符号学中的先验性维度，并且在此基础上形成了其著名的"互补命题"。也就是说，阿佩尔不赞成皮尔士只在科学主义的框架内研究先验问题，在这一方面他更欣赏罗伊斯的先验诠释学。另一方面他将皮尔士的实验或解释共同体拓宽为不确定的互动共同体，其中融入了诠释学的先验成分，增加了历史性和先验性，从而摆脱了具有科学主义局限性的实验家解释共同体，只有在这种经过发展的先验符号学才能综合两种探究方式。也就是说，阿佩尔欣赏皮尔士从实用主义公理的角度对康德先验哲学的符号学改造，但同时也看到了其科学主义的局限性，这样他需要补充以诠释学的先验性和历史性来克服皮尔士的符号学的不足。因此，皮尔士意义上的实用主义和诠释学的传统是阿佩尔先验符号学的两大理论来源，他对皮尔士的发展重点在于将诠释学的先验性赋予符号学。

第五章 先验语用学的主题：语用学转向

第一节 语用学转向的背景和内涵

（一）语用学转向的背景：从语义学到语用学

早期维特根斯坦的《逻辑哲学论》以及卡尔纳普和塔尔斯基建构性的逻辑语义学可以代表语言哲学发展的语形学和语义学阶段。一般认为《逻辑哲学论》开创了语言哲学发展的先河，标志着语言转向的开始，并且体现了明显的先验语义学特色，其标志有二：第一，以语言概念严格而彻底地代替近代从笛卡尔到胡塞尔的心灵诸概念，如意识、判断、思想或意向性，"思想是有意义的命题"表达了这种转变和替换。第二，以纯粹语言的先验逻辑代替康德的"综合判断的最高原则"，前者是可描述世界的构成要素即事实的可能性条件，后者则表明"经验的可能性条件就是经验对象的可能性条件"。在这个意义上，以前期维特根斯坦为代表的先验语义学有以下三个特点。

第一，应该只有一种纯粹语言或相对于所有语言的逻辑深层结构，它规定了可描述世界的本体论结构，因此不需要对语言的反思性交往或对逻辑语法的约定。第二，全部语言都是由命题语句构成的，这种语句只有一种功能，即表征事态的功能，因此不存在语言的自我表达和交往的功能，它可以作为对语言进行反思性交往以及对语言使用进行反思性约定的基础。第三，符号对真实对象的指称应该由语言的结构来保障。①

前期维特根斯坦的先验语义学表明了语义学的自主性以及在方法论上语言的不可超越性原则，此后这个原则成为 20 世纪哲学遵循的必不可少

---

① TTS, p. 134.

的标准，它在某种程度上限定了语言转向的意义。根据维特根斯坦在《逻辑哲学论》中的说明，对于语言中事实语句的意义不能通过对事实本身进行先于语言的直觉或者通过元语言的反思而加以阐明，他认为不能反省式地使用语言。因此在《逻辑哲学论》中有关语言结构和世界结构关系的元语言语句都被看作"无意义"的而加以拒斥和放弃。尽管维特根斯坦强调了语句结构的先验特征和功能，然而"自我"或解释的主体却不能把先验性赋予语言的逻辑结构和反思性的语言使用。的确，在《逻辑哲学论》中只有"先验的自我"———一个无广延的点——能够为语言的逻辑形式所接受，因此语言的界限就是我的世界的界限，唯我论和纯粹的实在论相一致。维特根斯坦不仅没有涉及语言的先验性问题，甚至不能谈论对元语言的反省式研究，否则就是"胡说"（nonsense）。

卡尔纳普摒弃了纯粹语言或语言逻辑深层结构的思想，代之以多元的语形—语义结构，并且提出了语言逻辑形式方面的"宽容原则"。因此，在某种程度上对语言进行元语言反思的原则代替了语言的语形—语义形式的不可超越性原则。这也就意味着，被建构的人工语言的逻辑形式和非形式化的语言使用都需要通过语言才能够进行反思性交往。总体上说，从前期维特根斯坦到卡尔纳普的语言哲学发展在整体上体现了语义学的自主性特征，他们只关注利用逻辑工具研究语言的语形学和建构语义学，没有涉及对语用学的研究，而且他们都避免研究语言的自我表达和交往的功能，避免对语言本身的反省式的研究。这种抽象语义学的发展导致了一种"抽象的错误"，表现在对实在的指称问题上，即证实问题（卡尔纳普意义上的），也就是说我们所认识的只是所指而不是所指的真正对象。这个问题超越了抽象的语义体系，涉及语言的实际使用。尽管后期维特根斯坦转向了语用学，但他更多是从语言活动而不是主体间解释的角度考虑语言的使用。

莫里斯的符号学稍微改变了这种状况。他在《符号理论的基础》中提出了符号学的三个维度，即语形学、语义学、语用学。莫里斯强调了皮尔士符号学概念中符号功能和符号过程的三元性和三位性：即符号本身，符号的真实所指，以及符号的使用者或解释者之间的关系。莫里斯认为，语义学处理符号与其所指之间的关系，并从而处理符号与其可能或实际所指对象之间的关系。语义学可以分为纯粹语义学和描述语义学两个方面，前者讨论符号过程的语义方面所必需的术语和理论，后者则关心这一方面的实例。在对语义学的讨论中也提到了语用学的问题，他认为，"如果语用特征经常出现在属于语义学的篇幅中，那是因为现在人们还没有像广泛地承认语形学必须由语义学来补充那样，广泛地承认语义学必须由语用学来补充。诚然，语形学和语义学不论是单独地还是联结起来，都能在较高的程度上自成一体。但是，语形规则和语义规则都仅只是符号的实际使用者使用符号的习惯的语言表达，这种习惯发生在符号学内部任何具体的符号使用过程中"。① 由此可见，莫里斯认识到了语用学的作用，他以语用学补充了语形—语义学体系，区分了符号学的不同方面和层次，但并没有强调三者的结合，只是看到了前二者的优先性，语用学并没有得到重视，更没有像卡尔纳普的语形—语义体系那样赋予语用学以准先验地位。也就是说，没有从先验或准先验的角度把语言使用的意向性和解释纳入语形—语义框架内，只是将其看作经验科学的可能对象，即语义符号指称的可能对象。

阿佩尔认为对符号过程或符号学的语用学维度弱化的原因在于罗素之后或塔尔斯基之后的逻辑语义学教条，也就是说，不研究符号过程或符号功能中自我指称式的语言作用，例如，没有通过语言来反思符号过程中主体的意向性和解释。因此，"莫里斯和卡尔纳普的语用学仅仅是经验行为主义的语用学，至多是一种建构形式的语用学，即为了经验地描述语言使用而对语形—语义体系的元语言建构（卡尔纳普《论语用学概念》，1959）。"②

显然，这种语用学纲领没有反思性地研究对世界进行经验描述时语形—语义学框架的语用维度，更不用说研究符号过程中语用学维度的准先验功能。在阿佩尔看来，语用学中的符号使用者不仅是经验主义的心理学或社会学意义的主体，而且应该是知识或思想的先验主体。也就是说在语言哲学的研究中，不仅要从先验的角度说明语形和语义体系，而且要从先验的角度考虑语用维度，因为在先验语义学中语义框架实际上是解释世界

---

① 车铭洲编：《现代西方语言哲学》，李连江译，南开大学出版社1989年版，第87页。译文有改动。

② TTS, p. 136.

的可能性条件，对建构和解释世界的语义框架的哲学反思就相当于对解释世界的主体和主体间条件的先验反思，在这个意义上语义学框架建立在约定性的主体和主体间条件的基础之上，而约定性的主体和主体间条件其实是（先验）语用学的问题。因此，必须像语形学和语义学的结合那样将语用学和语义学紧密地结合起来，在符号分析的语义方面补充以语用分析，在符号分析的语用方面补充以语义解释。

可见，语用学转向的背景是，语言转向只强调了语形学和语义学而忽略了语用学问题，尽管莫里斯和卡尔纳普开始关注语用学研究，但他们也只是从经验和行为主义的角度来研究，但没有给予其与语形学和语义学同样的地位。在阿佩尔看来，这导致一种语义学中的抽象错误。为了克服这种错误，就要通过语言对语言进行反省式的研究，也就是通过将语义学和语用学交织起来形成语用学转向，使语用学维度成为知识可能性的先天条件。

（二）语用学转向的内涵：语义学和语用学的交织

1. 语用学转向的必要性

在语义学研究中需要引入语用学维度的直接原因是证实问题，即识别所指对象的问题，因为识别真正的所指对象的问题并不仅仅是语形—语义体系内的语义维度问题，真正的所指对象与时空中的所指可能一致也可能不一致。因为抽象的语义体系可能包含根本不可能被看作所指对象的所指，如独角兽、地狱。因此，识别一个所指对象不仅是符号过程的语义问题，也是语用学的问题。为了识别符号的真实所指对象（图5.1的左半边）必须有一个符号的解释者（图5.1符号过程的三元结构的右半边）。

莫里斯语用学对"以符号为中介的行为"的说明，并不能确定专名的指称对象真正是什么。他至多描述了行为的外部因果链条，即联结指称的最初对象和使用名称的"有机体"的链条。（图5.1左边：经验主义的符号学）。塞尔在反对"因果指称理论"[①]时指出，对行为的因果链条的外在描述根本不能确保名字使用者的意义意向正确地指向其所指对象。因为在事物的最初命名和专名的实际使用之间这种历史因果链条并不能一劳

[①] John R. Searle, *Intentionality*. Cambridge University Press, 1983, Chap. 9.

永逸地保障一个专名的意义,也就是说,在因果链条的一定阶段,名称的意向内容会发生变化。许多专名都遇到了这种情况,如"马达加斯加(Madagascar)",在马可·波罗(Marco Polo)之前指称非洲大陆的某些部分。

因此,阿佩尔认为,识别所指对象的语用学必须同时说明指称问题上的因果和意向性的链条(即克里普克和塞尔的理论)。它在原则上能够将名称的使用追溯到某种情境,在此专名或通名的意义能够以这样一种方式直接被提出,即名称使用者能够有意向地和反思性地确定一种存在,因此也能够确定因果有效的指称物。因此,将真正的指称物确定为符号所指对象最终需要三元性的符号过程或符号功能的所有三个维度的完全结合。因为在识别通名的所指对象时,符号使用者的意图—意向不仅要符合对存在的知觉和因果性的有效指称,而且要符合语言的语形—语义框架。这样,识别所指对象就要和以语言建构为中介的真实世界发生作用。也就是说,既不能抛开语言使用的主体及其意向性来确定符号的指称以及语言的意义,也不能抛开名称对世界中的事物的表征关系。因此,对于所指对象的确定需要符号过程的三个维度的结合。这种方法是阿佩尔所主张的一种范式特例,他称之为在先验语用学框架内对哲学中语言转向的语用学实现。我们可以从两个方面来看整合语义学和语用学的必要性,及其为先验语用学的建构所奠定的理论基础和哲学依据。

2. 在指称问题上语用学和语义学的结合

目前在指称问题上有两种倾向:一是塞尔的意向性理论,确定真正的所指对象是知觉主体的精神意向的事情,这与语言对事物的表征无关;二是克里普克和普特南的实在论语义学,认为事物的真实本质或特征从外延方面因果性地决定符号意义。面对这些不同取向,阿佩尔认为,前者是对布伦坦诺和胡塞尔的意向性哲学的回归,后者也与哲学的语言转向相矛盾。在他看来,理解意义的三个维度,即指称问题上的外延、内涵和意向性之间确实存在不同程度的差别和优先性。但是,尽管存在差别,这三种意义概念之间具有内在的联系,它们不是相互分离的。这种联系决定了语义学和语用学结合的必要性和可能性。

首先,在内涵和主体意向性方面。阿佩尔认为,不能把指称的意向性概念(即从知觉上对某物之为某物的确定)和作为名称内涵的公共意义概念相分离。当然，这并不否认在指称的实际意向和作为内涵的约定性意义之间是有区别的。从逻辑学家的角度来看，弗雷格正确地对名称的涵义（Sinn）和意谓（Bedeutung）进行了区分，也就是对名称的内涵和外延与心理学意义上的意图—意向性概念之间作了区分。因此他能够从方法论上区分理想的、永恒的、主体间有效的意义和具体的主观精神状态，前者是在逻辑真理转换的形式化过程中产生的，后者是经验心理学所关注的。作为内涵的语言符号的公共意义是意义同一性和意义的主体间有效性（有时称为客观性的）范式的理想标准。不过，弗雷格对公共意义—内涵（public meaning - intensions）和主观的意义—意向（subjective meaning - intentions）之间的区分在逻辑学家那里是有意义的，但是从认识论的角度来看应该取消这种区分。因为如果我们不假定语言符号的理想的、主体间有效的内涵在原则上能够被作为意义—意向性主体的人类所把握，弗雷格或卡尔纳普意义上的逻辑语义学就会失去其意义，我们也不能理解不同的人在原则上能够就论证的主体间有效性达成一致。而且，单个意向性主体可以通过自己的意向性促进公共意义—内涵的发展。否则，我们就无法理解人类经验能够构成语言符号的公共意义—内涵的内容。总之，抽象的语义学和语用学的结合就要放弃对公共意义—内涵和主观的意义—意向性之间的抽象割裂，也就是说，主观意义意向性和公共意义内涵之间的结合是语义学和语用学结合的前提之一。

  当然，这并不否认理想的、永恒的意义—内涵和经验的精神状态之间存在的差别。有鉴于此，阿佩尔明确指出，通过意义—意向把握理想的意义—内涵的主体不能是经验心理学或经验语用学意义上的主体。换言之，为了通过意义—意向论解决主体间有效的意义—内涵问题，需要重新引进康德的先验主体概念，原则上每一个人都能够成为认知和意义—意向的先验主体的角色。不过，这不同于胡塞尔的先验唯物论。胡塞尔从先验意识论的维度认为，在"悬搁"世界的前提下先验的自我意识通过其意向性构成了一切永恒的意义。与这种方法论的唯我论不同，阿佩尔认为，作为"自我"的单个意向性主体必须预设以语言符号为载体的公共的、内涵性的意义。意向性主体至多可以通过符号解释分享公共意义，或者通过意义—意向促进发展语言的可公共分享的意义。单个意向主体的先验主体功能在于，他提出了这样的意义论断，其主体间有效性可以为符号解释的不确定的共同体所证实。因此,阿佩尔认为:"为皮尔士和罗伊斯倡导的符号解释的不确定的共同体是意义—意向的先验主体。"①

此外,也可以从社会生活中为意义—意向和意义—内涵结合的必要性找到佐证。对于常人来说,作为符号解释或认知的单个主体,其意义—意向通常达不到语言共同体中的公共意义(内涵和外延)的高度,而对于创造性的专家来说,作为不确定的交往共同体中的一员他们的意义—意向甚至会超越公共的意义。因此,既要在语言符号指称的维度考虑到意义—意向的作用,也要在语言的实际使用中考虑到语言符号的表征作用,只有二者结合起来,才能理解名称的意义,才能确定符号的真正所指对象。

其次,就内涵和外延而言。对这个问题的传统看法,是在独立于实际的人类意向的前提下,名称的内涵决定其外延。这作为逻辑学家反对心理学主义的论证是正确的。近来,在这个问题上普特南提出了"意义不在头脑中"②的论断,在他看来,名称的外延不同于内涵和意向性(后二者被看作是精神状态,因此存在于"头脑中"),在此,外延优先于内涵和意向性,因为后二者仅仅表达了知识的主观状态,而外延实际上表征了事物的真实本质。我们可以通过下面的例子进一步说明以普特南和克里普克为代表的这种外延论。以"水是H_2O"这个陈述为例,在H_2O出现以前我们就用水这个词了。假设我们来到了火星上,发现有一种液体看起来很像水并且在所有普通情境中的反应也很像水。但是,精密的研究表明,其实它根本不是H_2O,它具有复杂的结构XY,这种结构在精密实验室之外的一切实验中的效果都与水相仿。我们可以把它叫作水,从而把"水"作为两种不同的自然物的名称使用;但普特南认为我们不会把它叫作水,水必须是H_2O。而且仅当它是H_2O,它才必须是H_2O。假若我们的精密实验表明地球上的水是XY,火星上的物质实际上是H_2O,我们也应该把"水"留给地球上的物质,而拒绝把它用于火星上的物质。从这个例子可见,这种外延论反对将名称与一组性质(内涵)同义,我们不能通过看到某些事物具有相关的性质而确定它的外延。也就是说,他们认为名称的

---

① TTS, p. 141.
② Hilary Putnam, *Mind, Language, and Reality*. vol. 2, Cambridge University Press, 1975, p. 223ff.

外延是在"最初命名"中确定的,而不仅仅是一组性质的结合。因此,不能借助于语词的可能内涵来识别事物。

克里普克和普特南试图通过将外延和与名称的指示性作用联系起来而把对名称的外延的确定和对内涵或概念性内容的确定区分开来,从而强调指示性外延对于识别所指对象的重要性。一个名称的获得源于对个体或某种自然种属的"最初命名",如对黄金、水、鱼的最初命名。在确定专名所包含的个体时,最初命名对外延的确定包含了任何可能世界中与此个体相同的任何东西。这使得专名的外延脱离了构成内涵的任何确定描述。对于自然种属而言,最初命名对外延的确定包含了任何可能世界中本质上与此(指示性确定的)物质相同的东西,这使得通名的外延如水或黄金的外延脱离了任何构成语词内涵的概念性内容。也就是说,"名称特别是自然物的名称并不像罗素等人认为的那样具有内涵或意义,因而它们的指称不是通过与这些名称相联系的概念或摹状词而被确定下来的,克里普克和普特南认为名称的指称是通过一条命名的因果链条而把名称和其指称联系到一起"①。克里普克和普特南的实在论的语义学的要点是,将指示的识别作用与名称(如专名和通名)的作用联结在一起。因此,名称或语词的外延都是指示性地被限定的,因此名称只是一种"严格的标志符",因为它的外延总是独立于不同的、不断变化的并且构成了(专名或通名)名称内涵的概念性内容。

在阿佩尔看来,尽管普特南的这种观点具有一定的说服力,但是,在外延、内涵和意向性之间显然有某种内在联系,否则就不能将外延看作"不在头脑中"的意义。如果外延不被可能的内涵所决定,它就不能被看作名称或语词的外延。如果外延完全独立于意义—意向,那么我们就不能认识任何事物甚至不能意指它们,因为只有通过意向才能确定真正的所指对象。因此,在意义的三个概念之间,即在内涵、外延和意向性之间存在着内在的联系。为了证明外延和内涵之间存在的内在关系,阿佩尔给出了以下的证明。

---

① 涂纪亮:《分析哲学及其在美国的发展》(下),中国社会科学出版社1987年版,第704页。

首先，只借助于指示性的语词而没有确定性内涵的介入就不可能确定一个个体或某个自然种类。的确，一个个体可以以这种方式来命名，其名称可以通过"这、那儿"这样的语词被指示性地定义，而且即使自然种类的事物也可以这样来命名，其名称的外延只需这样来限定："任何在本质上与这个事物相同的事物"，可是，这个事物可能是未知的自在之物的一个特例。也就是说，如果只是通过外延和指示词的结合来定义名称，完全排除内涵和意向的作用，那么定义中必然出现不可知的自在之物，这正好违背了定义的初衷。

其次，为了避免指示性定义中出现的上述情况，必须确保通过"最初命名"的指示性定义可以通过交往被记忆或转换。当然，名称的这种交往性转换不同于因果反应和因果转换，后者是对行为的因果链条的外在描述。而在阿佩尔看来，名称的因果转换总是受意义的意向转换所控制，他通过两个例子来说明最初命名中的这种指示性定义。为了命名中的指示性定义能够在交往中被记忆和转换，那么就需要以这样的方式来确定专名的外延："在某时T、某地P被某人S所命名的孩子"。这样的描述隐含了弗雷格式的意义（Sinn），通过进一步描述专名的外延就可以确定其内涵。但是，对于还没有被归入某一普遍概念中的自然种类的事物来说，类似"在某时某地被某人所命名的人"这样的描述就不能通过对本质的指示性确认来确定名称的外延。如不能以这种方式来定义"巴布"（Baboo），印度人对男子的尊称，相当于先生，要想确定巴布的外延必须用一些图片来补充对"巴布"的指示性定义，或者给出对其现象特征的描述如："巴布指的是在结构上与某人在某时某地所命名的物质相同的东西；以下的现象特征描述了巴布的结构：……"[①] 由此可见，有意地将指示性定义中名称外延与内涵相割裂是不可能的，也就是说二者之间存在着内在的联系。

第三，尽管名称的内涵和外延之间有内在的联系，但这并不妨碍指示性定义中名称的外延能够部分地独立于当前概念的内涵，在科学的进步中不断地接受新的内涵内容。因此，所有专名（尤其在历史中被使用的）的外延并不能只通过明确的描述（即使是一组描述）来定义，至少也要补充以作为"严格的标志符"的专名的指示性定义的开放维度。只有这

---

① TTS, p.144.

种（语用学的和语义学的）定义保障了历史研究中进步的可能性。同样，所有自然种类的通名的外延（尤其是自然科学中被使用的）并不完全由语词的实际内涵（概念性内容）所定义，而至少也要补充以作为"严格的标志符"的通名或语词的指示性定义的开放维度。只有这种（语义学和语用学的）定义才能保障科学进步的可能性。

这就是说，在语词的外延和内涵之间有着内在的联系，在这种关系层面上必须坚持从逻辑上假定内涵决定外延。但这种观点一定不能和建构语言系统中抽象的逻辑语义学的观点相混淆，后者认为语义学系统中语词的内涵一劳永逸地决定了活语言中语词的外延。因为建构语义学不承认语言中实际内涵和外延之间的实际差别，而正是这种差异促进了人类经验的增长和科学的进步。这就表明，为了克服卡尔纳普意义上的逻辑语义学的抽象错误，内涵和外延之间的实际差异要求从语用学角度实现哲学中的语言转向。语用学转向的必要性一方面体现在指称中意义的确定需要意向性、内涵和外延三者的结合，另一方面必须明确的是，三者是在相互区别的基础上结合起来的，而不是像逻辑语义学那样将外延归于内涵，或者像克里普克和普特南那样认为外延优先于内涵和意向性。

再次，就名称外延和指称的意向性而言，塞尔和普特南分别代表了两种极端：前者以意向性取代内涵和外延，认为"意向性内容"等同于"指示性定义的外延"和"实际内涵"；后者以外延的指示性定义取代内涵。而阿佩尔认为指示性指称的可能和实际意向性都能够决定外延，正是指称的意向性作用使得超越语词实际内涵的外延成为可能。此外，指示性定义的意向性内容可以影响到它所限定的语词的外延，否则，它不能决定满足指示性定义的经验条件，所以，主体的意向性影响着外延的确定。因此，在对名称进行定义时只有考虑到了意向性的作用，才能使定义具有认识论的相关性，因为这既不是纯粹指示性的（因而在认知上是盲目的），也不是完全概念性的（因而没有为未知的外延留有余地）。因此，在最初命名中必须考虑到意向性方面的内涵问题，不能把指示性定义和概念性定义进行二分。

讨论了意向性在（语义学和语用学中）指示性识别中的作用之后，似乎很明确的是，指示性指称的可能和实际意向性都能够决定名称的外延和意义。因为正是通过指示性定义的意向内容外延性意义才能超越语词的实际内涵，达到说话者预期的目的。乍一看，这似乎是对塞尔反对普特南的"意义不在头脑中"论证的歪曲。在阿佩尔看来，指示性定义的意向性内容可以影响到指示性定义所界定的语词的外延，否则，它不能决定满足指示性定义的经验条件。这样，也可以说"意义是在头脑中"，当然，这里的意向—意义是先验认识论的概念而不是经验心理学的概念，但普特南所说的"意义"却是经验心理学意义的概念。

塞尔认为不仅"意向内容"和"指示性定义"具有意义等同性，而且"意向内容"和"实际内涵"之间具有同样的等同性，这样就捍卫了传统内涵决定外延的论点。塞尔反对普特南的论证可以表述如下：

  前提（塞尔与普特南一致）：两个人，如地球上的 Jones 和孪生地球上孪生 Jones 在同样的精神状态下说："我头痛"，但是当他们用语言表述思想时"我"的外延不同，因为"我"的外延由指示性定义所决定。

  结论（塞尔反对普特南）：这两种情况都是内涵决定外延，因为二者的意向内容（也就是说 J 和孪生 J 有各自的自我指称性概念）不同。

在阿佩尔看来，如果而且只有将两个话语中"我"在不同情景中的指示性意义看作同一种符号的两种不同内涵，塞尔反对普特南的论证才是正确的（外延等同于内涵）。通过将 J 和孪生 J 的指示性、自我指称的自我概念看作语词"我"的不同概念和内涵（意向等同于内涵），塞尔才作出了这种论断。但从符号学的角度来看塞尔是站不住脚的，因为他实际上取消了语词的普遍概念或内涵与指示性定义之间的必不可少的区分，这些语词的内涵意义与具体情境无关，而指示性定义则总是具体情景中的定义。因此取消了普特南对在具体情境通过指示性定义而确定的语词外延和语词的概念性内容或内涵之间的区分。

指示性定义中的意向内容则可以被称作内涵，而且这种意向内容为了在认知上不是盲目的就一定是指示性的。这样塞尔有理由认为：首先，如果内涵指的是意向内容那么指示性表达话语中的内涵就能够决定外延，其次，在知觉中两个人可以处于同一精神状态……而他们的意向内容却仍然不同；他们可以有不同的满足条件。①

这与实在论的语义学观点一致，即通过语词外延的指示性定义可以超越概念的内涵范围。塞尔对普特南的例子即地球和孪生地球上"水"的意义的解释说明了这一点，普特南认为这两种"水"在内涵上是相同的，而在外延上则不同。

> Jones 对地球上的"水"的指示性定义是，任何在结构上与引起这种视觉经验的物质相同的东西，无论那种结构是什么。孪生地球上的孪生 Jones 认为，"水"可以被指示性地界定为任何在结构上与引起这种视觉经验的物质相同的东西，无论那种结构是什么。因此，在每一种情况下他们都有同一种经验，但实际上他们意指的东西却不同。也就是说，在每一种情况下因为知觉经验的自我指涉性不同，所以精神状态的满足条件也不同。②

从塞尔"意向内容"的角度来看，这个例子显然是荒谬的。因为它假定 Jones 和孪生 Jones 实际上意指不同的事物，尽管他们对这种差别一无所知。从这个前提可以得出这样的结论，对实在外延的指示性定义（克里普克和普特南的因果和实在意义理论中的定义）也就是对未知的自在之物的定义。因为我们对通过纯粹指示性定义界定了其外延的事物一无所知，这种定义的形式为："任何在本质上与引起这种经验的东西一致的东西"。这种纯粹指示性定义是毫无意义的，因为它没有包含任何的概念内容。

显然，塞尔在指示性定义中引入"在结构上"（而不是在本质上）以及他对"知觉经验"的"自我指称性"的强调都没有改变这种荒谬的状况。相反，这个例子的荒谬性在于假定 Jones 和孪生 Jones 有相同的经验，但有不同的指示性内涵（自我指称性）。

因此，在这种情况下对名称外延的指示性定义不仅包含"在结构上一致""无论这种结构是什么，它引起了这样的视觉经验"，而且要补充

---

① John R. Searle, *Intentionality*, p. 207.
② John R. Searle, *Intentionality*, p. 208.

以有关视觉经验结构的图片或描述，如一个刻画了"这"所指称的因果有效的实体结构的特征表。也就是说，名称的意义确定不仅需要指示性外延的定义，而且要补充以内涵描述。

需要注意的是，对名称外延的指示性定义的这种补充并不表明发现者已经给出一个概念性的定义，由此可以将这些现象归在某个种类之下，但他的确使外延的指示性定义和认识论相关。因为他赋予了定义名称的意向内容以意义，这种意向内容既不是纯粹指示性的（因此在认识上是盲目的）也不是完全概念性的（因而没有为作为严格标志符的名称的未知外延留有余地）。如果在指示性定义中对现象的结构需要进一步刻画，那么指示性定义和概念性定义的完全二分就不能解决命名仪式中意向性内容的内涵问题。

通过分析内涵、外延和意向性之间的关系可以看出，在识别符号的真实所指对象时必须将三者结合起来，内涵和主体的意向性不可分，而内涵和外延的关联使得外延和意向性联系在一起，因此在符号指称的语义学维度中要加入语用学维度，考虑到符号使用者的意向性作用。这是语义学与语用学相结合的第一个层面，即在语义学中要纳入语用学的维度，关注作为符号解释共同体成员的符号解释者对符号的使用及其意向性问题。

3. 在符号使用中语义学和语用学的结合

上一节主要讨论的是在符号指称的语义维度，即识别符号的真正所指对象时如何（图 5.1 左边）克服语义学的抽象错误。下面讨论在语用学方面即在意向性及其通过言语行为的表达方面克服语义学抽象错误的问题。（图 5.1 右边）在符号指称方面，语义学产生抽象错误的原因是忽视了语义学和语用学的结合，如从意向方面对真正指称物的识别以及语词的（实际）内涵和（实际）外延之间的区分问题。在符号的使用方面，语义学的抽象错误产生于忽略了对语用学的语义学整合，忽略了言语行为中意义意向性的语言表达维度。也就是说，一方面，语言表达中蕴含着主体的意向；另一方面，意向性也需要语言的表达，才能成为主体间有效的意义。而传统语义学只关注表征事态的命题语句，不考虑自然语言的使用问题。

布勒（Karl Bühler）在《语言理论》① 中对自然语言的不同功能进行了区分。他区分了命题的表征功能以及自我表达和交往的作用。不过，布勒并没有把后两个功能看作语言"符号"的作用而是仅仅作为"征象和信号"（symptoms and signals）的作用。同样，波普尔也把语言的这两个语用功能看作"低级功能"，与命题的表征功能相反，这是人与动物共有的。因此，布勒语言哲学和卡尔纳普的抽象语义学一样，都没有把语言的自我表达和交往功能归为语言意义的意向维度和符号表达的维度，而仅仅看作经验心理学和社会科学领域的实用功能。

对自然语言的非表征的、符号的语用的和语义功能研究的突破性进展是奥斯汀对"践言式"语句的发现。早在1939年奥斯汀就提出了"践言式话语"（performative）或践言语句，并将之与"记述句"相比较。前者表示它们完成了某种行为，而不是关于行为的报导。通常包括这样一些内容：作出承诺，表示感谢，表示同意，提出警告，发布命令，作出让步，作出诊断，等等，如"我答应两点钟来看你"。与此相对，奥斯汀把那些包含有真假对错的语句称为记述句或陈述句，具有真和假的特性。相反，践言语句则无所谓真假，它用于完成一定的活动，只是"恰当的或不恰当的"。当然，奥斯汀认为，践言语句和陈述句并不是完全对立的，二者是相互交叉的。在《如何以言行事》中，他放弃了原先对践言句和陈述句所作的区分，根据语句所完成的行为来区分语句。一是"表意行为"（locutionary），即使用语句来传达某种思想；二是"以言行事的行为"（illocutionary act），表示语句在被说出时带有某种力量；三是"以言取效的行为"（perlocutionary act），它指的是利用说出一个语句来产生一定的效果。奥斯汀认为，表意行为和以言行事行为往往是结合在一起的，要完成一个以言行事的行为，必须通过完成一个表意行为。当然，如"这只猫在席子上"这样的语句只有陈述的作用。同样，以言行事行为和以言取效行为之间的区别仅在于后者更倾向于达到某种效果。

奥斯汀的言语行为理论对其后语用学的发展奠定了一定的基础，他不是从逻辑和纯粹理论的方面研究语言符号而是和行为及其效果结合起来。塞尔发展了奥斯汀的观点，他也把言语行为分为三种：（1）命题行

---

① Karl Bühler, *Sprachtheorie*, Jena: G. Fischer, 1934.

为；(2) 以言行事行为；(3) 以言取效行为。后期奥斯汀认为，在践言言语行为的过程中语言表达的"以言行事力"不仅是一种制度化、仪式化的规则，如在命名或婚礼的宣誓中它所具有的效力，而且体现了每个言语行为语句的潜在的语用力。

在意义理论方面，塞尔发展了英国哲学家保罗·格赖斯的观点，格赖斯在《意义》（《哲学评论》，1957）一文中把"意义"和"意向"结合起来，认为说话者借助于说出 X 来意谓某一事物，这就是表示 S 企图借助于说出 X 来在听者 H 身上产生某种效果，使听者 H 承认 S 的意图。塞尔认为，意义不仅与意图有关，还与约定有关。假设"二战"期间有一个美国军官被意大利军队俘虏。他想冒充德国军官来获得释放，但他不懂德语，只会读一句德文诗，于是他读了这句诗，希望对方也不懂德语，把这句诗理解为"我是一个德国军官"。在这个例子中，这个美国军官读出这句德文诗的意图是希望对方把这句诗理解为"我是一个德国军官"，但这句诗按其原义而言，或者按语言的约定意义，则表示另外的意思。因此，塞尔强调我们在分析以言行事的行为时必须同时抓住意图和约定这两个方面。此外，塞尔还强调语句的意义与语句被说出时的语境的联系。因此，塞尔强调意义与语境的关系，认为语句的形式与说话者的意图和词的使用惯例密切相关。

奥斯汀和塞尔的言语行为理论对于语用学的发展具有很大的推动作用，甚至有人认为语用学就是研究言语行为理论，研究说话者说出语句时的意图；一个语句与它被说出时的语境的关系，以及语言使用的惯例。另一些人认为语用学包括对言语行为理论的研究和指示词的研究，前者在于强调言语行为的类型，后者在于强调语境的特征。

为什么说践言语句的发现是超越布勒理论对语言非表征功能解释的一个决定性突破呢？斯特劳斯、塞尔和哈贝马斯的观点对此给出了解释。

首先，斯特劳森将奥斯汀的"言语行为"理论和格赖斯的"意向性"理论结合起来了。他认为奥斯汀对"以言行事"和"以言取效"行为区分表明了两种不同的意向，前者通过公共语言符号表达了真正的意义意向，后者则是一种隐蔽的策略性行为，为了达到目的其意向不能通过约定性的语言符号而公开。

当斯特劳森认为以言行事行为表达了意义—意向时，他实际上表明了语言的非表征功能即自我表达和交往功能并非仅仅是"征象和信号"功能，这与动物行为不同。语言的非表征功能如践言语句不是一种下意识的功能，与此相反，它表达了自我指涉的意义—意向，是自我反思的公共表达和责任之间的中介，责任指的是社会论断以及真理论断方面的责任。真理论断可以以践言式语句表达为："我因此认为……"

通过斯特劳森对以言行事行为和（隐蔽的策略性）以言取效行为的区分，可以看出，由践言式语句表达的真正意义—意向不同于那些根本不能被公共语言所表达的意向，也就是那些策略性的暗示了说话者想象的意向。

其次，塞尔在《言语行为》中进一步发展了斯特劳森的思想。塞尔指出，作为以言行事行为的直接意向的真正意义—意向一定能够通过践言语句被清楚地表达。塞尔"表达原则"即"凡是能够被意味的就可以被言说"，附加条件如下：

> 即便实际上我不可能确切地说出我的意图，但在原则上也可能能够确切地说出我的意图。即便实际上没有增长我的语言知识，而且现存语言或语言种类不能表达我的意图，也就是说，如果说缺少说出我的意图的手段，那么原则上至少我能够通过引入新的术语和其他的方法来丰富语言。①

这个条件之外还有补充条件：表达原则并不意味着一定能够发现或找到一种能够在听者那里产生说话者所希望产生的所有效果表达形式，如文学或诗的效果、情感和信念，等等。

在阿佩尔看来，意向是指称者指向对象的活动，它需要语言的表达，而内涵是已经赋予了名称的内容和特征，它具有更多的确定性和明晰性。就像在语词的确定意向和所指称的名称内涵之间存在语用的差别一样，在表达以言行事行为的约定性的语言规则和说话者希望通过言语行为表达的意义—意向也不同。当然，也要认识到二者之间的内在关系。阿佩尔认为表达原则还需要补充如下条件：在情境化的语境中也可能通过非约定性符

---

① John R. Searle, *Speech Acts*, Cambridge: Cambridge University Press, 1969, p. 19f.

号来表达真正的意义—意向,如通过约定性语言符号的间接、偶然意义,或通过使用语言派生的或超语言的特殊符号。即使在这些情况下,说话者和听者也能够分享一种公共意义,只要他们以约定性的语言符号意义为前提使用特殊符号的偶然性意义,如语词的隐喻意义要以它的字面意义为前提。此外,能够理解特殊符号的意义的原因还在于使用者就特殊符号的使用进行了成功的约定。总之,特殊符号的偶然性意义之所以可以被理解为公共或主体间有效的意义,是因为它们实际上以约定性的语言意义为前提,并且对特殊符号进行特殊约定。

在这些条件的限定下,阿佩尔认为塞尔的表达原则是有效的。它给出了区分真正的意义—意向和策略性假意义—意向的唯一标准,前者在原则上可以为以言行事行为表达,而后者则是不能被以言行事行为表达的以言取效效果的直接意向,它也根本不能成为公共共享的(主体间有效的)意义。根据"表达原则",以言取效行为中体现以言取效效果的直接意向只能被看作目的理性行为的意向,它将语言符号看作心照不宣地在听者那里取得效果的工具。

由此阿佩尔认为,塞尔的表达原则为哲学中语言学转向的语用学完成提供了一个关键性的论证。正如塞尔自己所说的那样:

> 并没有截然不同的两种不可还原的语义研究,一种研究语句的意义,一种研究言语行为的实施。因为,在意义理论中,一定语境中表达语句的字面意义可能是对具体言语行为的践行。同样,在言语行为理论中,一定语境中也可能有借助于其意义而形成言语行为的践言语句。①

因此,真正的意义—意向在原则上一定能够被公开地清楚表达(也就是在原则上其主体间有效性能够被不确定的解释共同体赋予意义论断)。如果特殊语言习惯性地认识到的"这种"语言基本规则,这是不可能的,正是通过这些规则意义—意向才可以被公开表达。每一种特殊语言都是公开表达意义—意向的一种制度,因为每一种特殊语言都趋向于表达

---

① John R. Searle, *Speech Acts*, p. 17.

任何可能的意义意向，因此它是以偶然和历史的形式为主体间有效意义的可能性条件提供了一种准先验的建制。

由此可见，主体间有效的意义不能被还原为前语言的意向，因为它们是对真正的意义—意向的必然公开的表达，从经验发生学的角度来看，这是意义的起源。阿佩尔认为必须提防这种观点，即把意义还原为前语言的意向，这在近年来复兴的哲学心理学或心灵哲学中很流行。

三 语用学转向不是意向性转向或心理转向：对格赖斯和塞尔的批判

在阿佩尔看来，格赖斯和塞尔"意向论"的意义理论代表了当时的心理学转向。这种理论的首要特征是"对语用学转向的意义理论的颠覆"，基本主张是通过将意义还原为个体行为者的合目的理性行为的意向来贬低可共享的"永恒"意义的语言制度。也就是说，行为者试图通过语言工具达到以言取效效果，即通过听者或在听者中引起一些反应，这些反应超越了仅仅理解言语行为中公共的意义的以言行事效果。因此，意义约定和主体间有效的"永恒"意义产生于策略性的互惠原则，即通过个体行为者的目的理性行为之间的相互协商而形成的规则。

1. "意向论"的意义理论

意向论的意义理论并不与说话者的真正意义—意向相矛盾，尽管在人类交往中确实存在心照不宣的策略性行为，如通过修辞或其他方式来暗示某种结论或体现某种情感态度。斯特劳森认为，必须将纯粹以言取效行为中的意向和以言行事中的意向区分开来。后者是为了形成可理解和可接受的有效性论断，相反，前者是为了获得成功，取得说话者希望在听者那里取得的预期效果。[①] 直接的（纯粹的）以言取效行为只是将语言作为说话者的工具来使用，表面上是为了达到理解，其实是为了取得心照不宣的策略性目的。因此，以言取效行为必须以以言行事行为为基础。原因如下：

首先，必须承认，以言行事行为在某种意义上也是为了获得成功，是为了在听者中达到以言取效效果的手段。因此，知识性陈述希望在听者那里产生某种信念，命令希望被遵守并产生一些反应，论证是为了说服对手并使其产生信念。但这种以言取效的意向并不是斯特劳森意义上的直接

---

① Strawson, "Intention and Convention in Speech Acts".

（纯粹）以言取效行为中的意向。因为这种以言取效行为以可共享的意义论断层面的理解为基础，在这种理解的基础上才能被听者所接受和判断。这样，知识性陈述在产生一个信念之前要被接受为真的，在服从一个命令之前要确认它是合法的，获得某种信念的论证首先要被认为是有效的和合理的。

阿佩尔认为，哈贝马斯在这个问题上的思路是正确的。哈贝马斯提出了四个普遍的有效性论断，即"意义论断""真理论断""真实论断"和规范性的"正确论断"，它们与以言行事行为相结合，形成了人类言语的"约束力"，从而达到了与策略性一致相反的人类行为的"交往一致性"。当然，只是改变通常所用的术语是无济于事的，如"以言行事效果"和"以言行事行为"既包括对言语行为的理解，又包括在"约束力"的基础上在听者那里产生的效果。"我因此说服你"这样的说服行为既不是以言行事行为，也不是斯特劳森意义上的直接（纯粹）的以言取效行为。为此需要进行三种以言取效效果的区分——

1. 偶然产生的以言取效效果。
2. 通过对语言的心照不宣的策略性使用而产生的以言取效效果。
3. 通过言语的"约束力"产生的以言取效效果。

其次，有必要给出斯特劳森对行为和意向的区分与格赖斯的"意向论的语义学"之间关系的评价。其实，斯特劳森试图发展格赖斯的路径，进一步完善格赖斯的机械论。因此，斯特劳斯认为，说者和听者之间知识和意向的相互作用事先要为说话者自我指称性的意义—意向所反思，通过这种反思来杜绝心照不宣的策略性以言取效行为对听者的欺骗。但是，只要原则上在说话者的以言取效意向和听者所获得的有关说话者意向的知识之间是不对称的，就不可能杜绝这种心照不宣的策略性的以言取效意向。而这种不对称性是格赖斯和斯特劳斯哲学中所蕴涵的，因此，为了避免这种纯粹的以言取效行为，就要求说话者不再将语言仅仅看作一种工具（也就是一种表达自己的心照不宣的意向的工具，是不受公共语言规则所约束的工具）来取得一种以言取效效果。

为了认识真正的意义—意向，也就是为了表达说话者和听者都能够理解的意义，说话者必须将其意向限定为以言行事行为的意向，从而获得可共享的意义。为此，说话者必须使自己和听者对其意义—意向的理解建立在约定性的语言意义的基础之上。语言的约定意义给出了主体间有效意义的可能性条件，这是论证的先验条件，这种立场完全不同于这样的哲学态度，即通过诉诸心理的、历史的、进化的前语言的意义—意向的优先性来阐明语言的意义。尽管可以从发生学角度解释语言的产生，但语言是共享意义的可能性条件，并不仅仅是表达意向的工具。

2. 塞尔的"意向论的语义学"

在塞尔后期思想的发展中，由以言行事行为表达的真正意义—意向和直接（纯粹）以言取效行为中的意向之间的区别似乎失去了意义。他取消了前期在交往意向基础上对意义—意向的说明，也就是说，他不再坚持在践言式—命题式结构中的意义理论。相反，塞尔坚持先于交往和先于语言的意义范式：

> 交往就是在听者那里产生某种效果的活动（在此明显是将以言行事和以言取效效果糅合在一起），但说话者可以不在乎在听者那里产生的效果而表征事物。一个人可以在这样的情况下作出一个陈述，或者他并不期望在听者那里产生某种信念，或者并不期望听者相信说话者相信他自己所说的东西，或者甚至没有使听者理解其所说的话的念头。①

在这里，塞尔放弃了前期的以言行事意义理论，同时放弃了对语言学转向的语用学完成。他认为，在构成意义时"心灵的意向状态"如"信念，欲望，意向"等比规范的意义—意向表达的语言的意义约定更根本，也就是说，塞尔试图以心灵哲学作为语言哲学的基础，他的主要论证如下。

首先是准胡塞尔式的观点，即作为实在的语言表达根本不能传达意义，如果它们不被先于语言的意向所激发，也就是说，先于语言的意向是语言能够表达意义的先决条件。另外一个重要的论证是，以言行事行为

---

① Searle, *Intentionality*, p. 164ff.

（如命令或承诺）的"满足条件"主要是心灵的"意向状态"的"满足条件"：

> 因此，我的陈述是真的当且仅当所表达的信念是正确的，我的命令被遵守当且仅当所表达的希望和欲望得以实现，我的承诺被坚持当且仅当我所表达的意向得以实施。①

当然，意向性是言语的一个必然构成要素或前提，它是语言使用的必然前提。或者换句话说，一种完备的语言哲学同时也是一种完备的心灵哲学。在这个意义上，语言学转向中语义学阶段的抽象错误必须通过对语言学转向的语用完成才能得以克服。

言语行为理论的独特价值在于对心灵的自我指称，这是近代批判哲学的基础，但自从弗雷格和罗素以来被逻辑语义学所否弃，某种意义上通过奥斯汀的践言式语句被重新发现和恢复。塞尔对"指示性命题中的自我指称性"的分析进一步发展了奥斯汀的理论，他认为，"指示性表达"话语内涵了"弗雷格式的意义"，因为它表达了"意向内容"，表明了说话者所指称的对象和话语本身的关系。

尽管塞尔的意向理论有助于纠正语言学转向中语义论阶段的抽象错误，但其后期理论却又妨碍了对语言学转向的语用学完成。因此，为了完成语用学转向，就要批判塞尔后期思想中的"心理学转向"。

后期塞尔放弃了前期的"表达原则"，因为他只看到了以言行事行为对心灵的意向状态的依赖性，而没有考虑到相反的作用，即意向状态的意义也依赖于以言行事行为对这种意向的表达，也即对意向的清楚的语言表达。可对塞尔上面的论证做如下反驳：

> 在第一个准胡塞尔主义的论证中，塞尔忽略了，如果没有假定语言的意义结构就不可能把物理实在看作语言实在。也就是说，在不假定意义差别的结构前提下，心灵的意向状态能够成为明确表达的意义意向，这种意义差别的结构可以被约定和公开地限定为作为实体的语

---

① Searle, *Intentionality*, p.164ff, 11.

言结构。因此，似乎孤独的人或心灵能够通过公共有效的意义意向赋予纯粹物理的语言实体以意义。

塞尔对意向性和语言意义之间的关系提供了一种片面的说明：

> 由于语言意义是意向性的一种派生形式，所以它的可能性和局限性由意向性的可能性和局限性来决定。由意向性所派生的语言的主要功能是表征能力。本质上不具有意向的实体可以通过意向性地宣布它们如此如此而拥有了意向，……新的语言游戏是对意向性前存在形式的表达。①

但是，塞尔自己在《言语行为》中又认为，建构公共有效的意义时语言的约定性规则是必不可少的。他区分了"建构性的规则"和"规范性的规则"，前者是人类文化和不同语言的所有"制度事实"的可能性条件，后者作为技术性技巧的规则直接干涉像吃或跑这些自然行为。因此，如果在建构（制度性事实的）意义时，语言的约定性规则是不必要的，那么就可以取消建构性规则，只接受合目的性理性行为中的规范规则。这正是意向论的意义理论的代表人物的观点，他们试图通过先于语言的人类行为的目的来解释语言的永恒意义的公共有效性。他们看不到形成公共意义的以言行事行为和依附于公共意义的直接（纯粹）的以言取效行为之间的不同。

再来看塞尔的第二个论证。乍一看它似乎很有说服力，也就是以言行事行为的满足条件如陈述、命令、承诺等主要就是心灵的意向状态的满足条件，如信念、希望、目的性意向。在阿佩尔看来，这个论证是片面的或模糊的，其模糊性在于"满足条件"这个概念。这个概念暗示了在以言行事行为和意向状态之间具有一种对应的和片面的依赖关系，而阿佩尔认为，它们之间具有双重的依赖关系和差别。

塞尔认为，我的陈述是真的当且仅当所表达的信念是正确的。但是，如果我的信念的正确性意味着可公共检验和确证的主体间有效性，那么就

---

① Searle, *Intentionality*. p. 175.

必须坚持下面的命题:"我的信念是正确的当且仅当我的相应的陈述被证明为真的即主体间有效的。"否则,对信念的正确性的证明也就为这样的事实提供表征性证据,即一些信念中确信的而实际上未被解释和不能被解释的现象实际上是被给予的。这在某种意义上给出了信念的满足条件但它没有满足陈述的真理论断。可以结合哈贝马斯的"形式"语用学的一些原则来阐明这个观点。哈贝马斯从塞尔的"表达原则"中得出了这样的结论:言语行为和清楚明白的人类语言具有践言式和命题式的"双重结构",这种双重结构语句能够清楚地表达普遍有效论断,即公共或主体间有效的、对交往性的言语行为具有"约束力"的论断。这些有效性论断是:

>陈述中命题部分的真理论断。
>言语行为所表达的心灵的意向状态的准确或真实论断。
>作为社会行为一部分的交往行为的规范的正确性论断。
>以言行事行为的预期效果的意义论断,这是其他三个有效性论断的前提。只有通过以言行事行为分享了公共意义其他三个有效性论断才能被满足或成为可能。①

在此,对有效性论断的满足和实现完全不同于后期塞尔的以言行事行为或"心灵的意向状态"的"满足条件"。而且正是在这一点上展示了两种立场之间的差别,一种是对语言学转向的语用学实现,另一种是接受了心理主义和方法论的唯我论而回到语言学转向。

意向状态的满足条件和言语行为的公共有效论断的满足条件之间既有差别又相互依赖,如"命令"和潜在的"愿望、欲望"之间的关系,有关命令的有效性论断和有关私人的愿望和欲望的意义不同。仅仅通过满足潜在的欲望和愿望并不能满足有关命令的有效性论断,因为作为规范的正确性论断包括涉及命令的有效性论断必须得到公认,如果必要的话必须被合法化,而作为心灵的意向状态的愿望或欲望的实现只需要承认涉及命令的有效性论断。因此,言语行为的公共意义不同于心灵的意向状态,它必

---

① TTS, p. 168.

须提供听者理解和接受信息的原因。在陈述中真理论断提供了这种直接原因,而有效性论断并没有为祈使句提供原因,只是言语行为给出了遵循的原因。在这种语句中是祈使句之后的"权力"保障了语句的践行,"权力"会对没有遵循的行为予以惩罚。

因此,在意向状态的满足条件和言语行为的满足条件之间似乎只有差异,而根本没有相互依赖性。但对意向状态的满足条件只是言语行为的可接受性条件的一部分,后者必定传达一种超越了意向状态的满足条件的约束力。

因此,有关命令的以言行事行为必须以某些将要被实现的愿望或欲望为前提,但要实现的愿望或欲望多数情况下都要通过具有"约束力"的言语行为来表达。即使最私人性的愿望或欲望的意义也需要根据语言来解释,从而才能成为某种具体意向状态的意义。

很明显一个人不会在不期望得到听者理解的前提下作出一个陈述。因为如果形成一个陈述,那么说话者一定要受到与言语和公共意义论断相关的普遍有效论断的约束。即使孤独的判断(如对某一事态的知觉判断),也可以被解释为"灵魂与自身的无声对话"(柏拉图语)。显然,在语言学转向之后,这种"无声的对话"可以被看作是通过言语对规范的公共对话的内在化。否则,不能理解一个孤独的知觉判断如何参与到公共世界解释中。

总之,阿佩尔认为塞尔在关注先于语言和先于交往性表征的意向状态时,他似乎回到了从笛卡尔到胡塞尔的意识或心灵哲学的方法论的唯我论。与此不同,以格赖斯为代表的意向论发展了一种交往理论,通过策略性的以言取效理论整合了约定性理论。在某种意义上,这种立场和塞尔的心灵主义相对立,它并没有把意义还原为先于交往的心灵状态,而是还原为交往间的工具性行为的目的(目的理性)。尽管有这些不同,但二者在语言学转向中的作用是相同的。二者都必须放弃以符号或语言使用中的意义意向为趋向语用学转向,因为后者和语言学转向相矛盾。也就是说,二者都忽略了语言的先验建制功能,即通过以言行事行为建构主体间有效意义的功能。

在塞尔后期和其他"哲学心理学"代表人物的思想中,体现了完全放弃语言学转向的先验性的特征,他们企图超越心灵的意向状态而把意义理论奠定在脑科学的基础之上。当然，我们并不反对关于语言、心灵和脑之间的关系论。但问题是如何理解一个比另一个更根本的论述。无疑，按照生物进化论的优先性规则，语言和意义产生较晚，而且不可否认，大脑的发育是心灵和语言的可能性的生理条件。但是，在阿佩尔看来，语言学转向是一个先验转向，也就是说，它为主体间有效性的可能性条件问题提供了新的解答方式。显然，这种脑科学无法与现代语言哲学的先验论相抗衡，正如它无法与心灵或意识哲学的先验论相抗衡，因此，这种脑科学当然不能在对大脑的讨论中回答有效性论断的可能性条件问题。

由此可见，第一哲学的先验功能并不能由语言学转向中的纯粹语义论来实现，无论是先验语义学，还是具有语用学转向趋向的言语行为理论。只有在先验语用学的框架内，语言学转向的先验语用学的完成才能够实现第一哲学的先验功能。

四　先验语用学中语义学和语用学的交叉

至此所涉及的理论（塞尔和普特南的理论）不能从符号学和认识论的角度充分说明外延、内涵和意向之间的实际差别及其意义的连续性。而以皮尔士符号学为基础的先验符号学能够正确地识别符号所指的真正对象，这也揭示了哲学中的语言学转向可以由语用学转向来实现，也就是在符号指称的语义学维度中加入语用学维度（见图5.1左边）。

从皮尔士的符号学解释在发现"B"及其最初命名时的识别过程中，发现者可能对他的同伴这样说："在那边的大树下有个看起来如此这般的东西（具体描述知觉特征及其构成现象结构的性质之间的关系）。根据这些知觉特征，我不知道如何来确定它可以归于哪一种普遍概念。也就是说，根据如下演绎的推理形式不能把这种东西归于某种概念之下："有一种东西如此这般；而如此这般的东西应该是'A'的特例。"因此，为了以后在重新识别的基础上作出更新的确定，我就给它命名：因此我把这个东西命名为"B"。我把"B"的外延限定为"任何与那边的那个以如下的现象结构（通过一幅图片或一组现象特征具体化）引发了我当前经验的东西相同的东西。"[1]

---

[1] TTS, p. 151.

从符号学角度对最初命名的解释超越了以前的解释，因为它借助了两类非概念性的符号（用皮尔士的术语即"指示和图像"），在命名活动中它们以某种方式与作为普遍概念的符号（用皮尔士的话即"象征"）相结合而发生作用。这三种符号类型一起构成了命名活动中"意向内容"的内涵（在塞尔的意义上）。为了证明特定物质的存在及其产生的因果影响就需要语言指示词如"这"，它们由符号使用者的意向赋予其意义。通过进一步使用指示词如"那儿""现在"等表明了现象与符号使用者之间的时空关系，从而具体描绘命名活动中的指称情景。最后，像"我""因此"这些指示词表明了对命名的言语行为的实施，使得命名的言语行为成为交往的一部分和进一步交往的出发点。

指示词的使用再次证实了前面的分析即"最初命名"是一种"指示性定义"。但是，语言指示词需要图像（如图片）或皮尔士符号学中所谓的语言的准图像作用支持和补充。图像的作用是皮尔士符号学的一大特征。语言的图像在命名活动中起着描述的作用，通过这些图像概念的发现者描述构成所命名的物体的现象结构特征。语言图像对构成现象结构的特征的描绘是为了给出"Baboo"的指示性定义，因为这些特征并不是关系无涉的"如此这般"（即皮尔士范畴中的"第一性"）的纯粹现象。也就是说，这些现象不是可能的特征，而是发现者的意识所告知的特征，正是这些"指示"的作用吸引了发现者的注意力。（指示的作用相当于皮尔士范畴中的"第二性"，它表示"我"和"非我"之间的二元或二位关系。）

但是语言图像在概念的创造者那里发挥这样的作用，即作为准图像它们描述现象的特征。通过这种准图像作用概念的创造者在知觉范围内获得了意义证据（meaning-evidence），而那些抽象的概念创造者则忽略和超越了图像的作用。因此，知觉范围内的准图像作用并不足以将所描述的现象归于某一类普遍概念之中，而是在抽象的逻辑运作之前把握和展现指称物的特征。因此，语言图像不能在关于事实的抽象命题的范围内发挥作用，而只能在属于现象证据的知觉判断中发挥作用。

正是语言图像的描述作用支持和补充了命名对象的外延的指示性定义，这种描述并不是概念归类，而是在为以后概念归类做准备时使得指示性定义具有了认知的相关性。这种符号学的解释超越了对最初命名中的定义的纯粹指示性解释,这显然与克里普克和普特南的路径以及塞尔的指示性定义中有关意向内容的内涵概念相一致。它包含了确定指称时因果和意向两个方面,尤其赞同克里普克的论断,通过命名可以把握个体和自然事物的真实本质,而且可以将事物的本质和作为严格标志符的名称结合起来。

符号学路径和本质主义的实在论的结合使得皮尔士的符号学和普特南和克里普克的指称实在论相一致,在这个意义上可以说,这种符号学路径并不是代表一种与20世纪哲学的语言学转向相反的路径,而是语言学转向的一部分,那么在先验语用学的意义上怎样才能把后者解释为对语言学转向的语用学实现呢?

在阿佩尔看来,以皮尔士对康德的"先验逻辑"改造为基础的先验语用学代表了一条道路,即不同于传统唯名论和本质主义实在论或者常识实在论和先验批判主义的第三条道路。通过符号学的概念先验语用学能够超越和综合语言学转向中的语义学的观点和先于语言的本体论和先验哲学立场(包括康德主义和胡塞尔的现象学),前者的基础是概念符号的作用(或抽象的语形—意义框架)。从对指称问题的讨论或对三个意义概念的讨论中看到这一点。

阿佩尔认为,在皮尔士的符号学中,一方面,语言的指示和图像通过把语言确定或限制到因果有效的知觉对象及其结构特征上而超越了任何概念符号的作用。语言的这种非概念符号与具体的知觉情境有关,它们从符号学的角度为人类认知提供了必不可少的证据基础。用皮尔士的话来说,这种符号作用表现为"我"与具有因果关系的"非我"之间的二元关系(第二性)以及有关现象(第一性)的一元的(关系无涉)如此这般(suchness)。因此,皮尔士的符号学反驳了这样的论断(逻辑语义学和语义学的科学哲学,包括波普尔),即证据可以仅仅还原为心理感受,因此当所有主体间有效的知觉结果都需要语言解释或理论给出时,认识论的证据就消失了。皮尔士的符号学在第一性和第二性的意义上给出了现象的特征,在这个意义上他从现代语义学中挽救了胡塞尔的明证现象学的真理内核,尤其是亚里士多德的论断,即知觉判断是不可动摇的。而且皮尔士对知觉判断的特征给出了进化论的解释,它是符号信息的自然过程和符号解释过程之间转化的载体和界限,前者没有受到人类的影响,而后者则构成了规范的符号学科学逻辑的主题。

另一方面，皮尔士的符号学也为先验语用学完成语言学转向提供了重要的论证。因为，与胡塞尔的先于语言的现象学观点相反，皮尔士的符号学坚持认为在第一性和第二性意义上的现象证据还不能等同于主体间有效的知识，只要它能从符号解释中分离出来，符号解释在第三性范畴的意义上完成了认知，也就是在直觉现象和知性或理性之间进行了概念性的中介（在此，皮尔士的符号学为从康德到黑格尔的认识论发展的批判性重构提供了基础）。因此，皮尔士的符号学与先于语言的实在—本质本体论的观点或自然主义的因果指称理论不同。因为在"最初命名"的指示性定义和对现象的结构性描述中发挥作用的指示和图像符号毕竟是语言符号，这就是说，它们以一种双重的方式与概念符号结合在一起。

首先，在命名活动中，为了在命名中建构意向内容的内涵，指示性定义和结构描述必须是三种符号作用的结合，即指示、图像和象征三者的结合。其次，必须清楚，为什么说语言的指示和图像只是准指示和准图像。在某种意义上二者都只在概念符号（如象征）之中发挥作用。因此，语言指示词如这、那、这儿、那儿、现在、那时、我、你等等并不像语言外的指示那样发挥作用，如烟是火的指示，脉搏是血压的指示。它们包含了更多的意向内容，因此可以在不同的语境中指称不同内容。而指示和图象之中也包含概念性的"第三性"要素，它可以决定具体情境中的"第二性"。因此，与相对立的"那"与"这"的意义是与具体情景无关的由此之为此的"thisness"和彼之为彼的"thatness"之间的概念性区分而确定的。

如前所述，三种语言符号之间的内在联系是在人类经验和科学进步中不断丰富语言意义的基础。必须强调的是，在命名活动中图像的意义和概念性内涵的结合在超出命名活动的范围依然有效。在皮尔士解释意义时所设定的不确定的符号解释过程中，为达到理想的"逻辑解释项"符号过程三个方面的结合发挥着规范性指导的作用。例如，"重"这个词最初是由以现象为基础的直指定义来界定的，经过牛顿和爱因斯坦的引力理论之后它得到了进一步的界定。在这个过程后面的阶段对词的丰富不仅要进行概念性的解释，而且要面对新现象和新情况，为此需要符号三个方面的结合。

因此，阿佩尔认为皮尔士的符号学路径结合了概念性和非概念性符号的作用，超越了抽象的语义论，挽救了现象学的明证性，蕴含了语用学转向的思想萌芽，孕育着先验语用学的胚芽。因此，"皮尔士的'实用主义公理'及其符号学理论在解释意义方面的规范的先验语用学路径优于维特根斯坦的语言使用的语用学方法，更不用说莫里斯的行为主义的语用学了。"① 在这个意义上，阿佩尔认为"'先验符号学'即先验语用学指的是皮尔士改造康德'先验逻辑'的一种纲领，也就是以符号解释的不确定共同体代替康德的知识的先验主体"②。在阿佩尔看来以皮尔士的符号学为基础的这种先验语用学纲领并没有形成和语言转向相对抗的路径，而实际上是语言转向的完成，理由包括两个方面。

首先，作为语言学转向标志的维特根斯坦的先验语义学的要点并没有被取消而是在命名活动中被拓宽了（只要考虑到最初命名中的意向性内容）。其形式如下：我因此把那儿的物质命名为"Baboo"，将其外延限定为任何与以如下的现象结构引起我的当前经验的东西相同的东西。因此，不再像维特根斯坦那样只关注描述事实的命题式语句，在此更要关注那些践言式语句，它反思性地描述从而践行定义和命名名称的言语行为。这样不仅描述了客观的事态而且描述了与此相关的历史情境和人的反应。③

其次，这并没有取消维特根斯坦的先验性。④ 因为原则上最初命名者在给出最初解释时他不可能超越自己的语言游戏的界限。为了保证从意向性方面对名称进行重新确定，最初命名中语言游戏的规则和范围在进一步的解释过程中保持着连续性，尽管在意义的确定中必定会有进步。因此，在解释和识别实在过程的任何阶段都不可能超越相关的语言游戏界限。只有在符号指称方面结合语用现象维度，才能强化语言学转向中的先验语用学思想中非超验因素。当然，识别和解释对象的先验主体不再是传统心灵主义和方法论的唯我论意义上的先验意识中的"我"。尽管先验意识中的"我"依然在意向性作用和康德意义上的知觉综合方面具有确定证据的作用。但是，先验语用学意义上的先验主体不能仅仅从经验证据和意义意向

---

① TTS，p. 151.

② Karl-Otto Apel, *Towards A transformation of Philosophy*, Routledge and Kegan Paul, 1980, pp. 81–82.

③ TTS，pp. 155–156.

④ TTS，p. 156.

性方面进行界定,而要从意义解释的主体间有效性方面对其进行界定。在原则上先验主体可以是符号解释和所有可得的真理标准取得终极一致的主体,是在意向性、现象、语句或理论的连贯性、设想或策略的实际成果等等之间一致的证据。

简言之,它可能只是符号解释的无限而理想的共同体,在论证中它能够形成关于实在的"最终观点"。对于符号解释的主体而言,实在就是指称物,不再被限定为康德意义上的不可知的自在之物,在皮尔士那里,它被限定为实际上从来没有被明确认识却无限可认识的东西。这个定义将常识(普通实在论、普特南和克里普克的实在论)整合到了先验语用学之中;因为前者与后者完全一致,前者认为实在独立于任何人的思想,后者认为实在作为无限可知的东西是符号解释的对象,这是意义批判实在论的观点。

第二节 语用学转向的实质:先验语用学的构想

一 从符号学到先验符号学

阿佩尔以语用学转向为基础对先验符号学的建构体现了对其他哲学路径的改造。这一改造经历了以下三个基本步骤。

第一,从先验符号学的角度解释皮尔士,对皮尔士意义上的三元符号关系进行先验语用学的扩展(见图5.2)。

皮尔士在符号学中研究中提出了符号逻辑,也就是符号关系的三元性或以符号为中介的知识问题。阿佩尔认为,皮尔士不仅强调了语言符号的优先性,而且预设了人类知识的方法论。符号学或语言哲学的优先性不仅表现在语言哲学以符号关系中的某些方面为主题,代表了符号学的一门特殊学科,而且在"科学分类"的意义上它预设了以符号为中介的人类知识的方法论。这又表明在规范符号学的知识逻辑中展现出的语言优先性。因为只有语言使得符号解释成为可能,而符号解释又形成了主体间的有效知识。

与其他语言分析哲学不同的是,在皮尔士的符号学中语言不仅作为知识的中介的符号,而且为了使语言能够在康德意义上的"直观"和"概念"之间起中介作用,为了对知识中的"因果性感知"进行仲裁,皮尔士的符号既包含了纯粹的象征性符号,又包括能够在语言象征功能和超语言(自然的)的"指示"和"图像"功能之间产生中介作用的符号。换

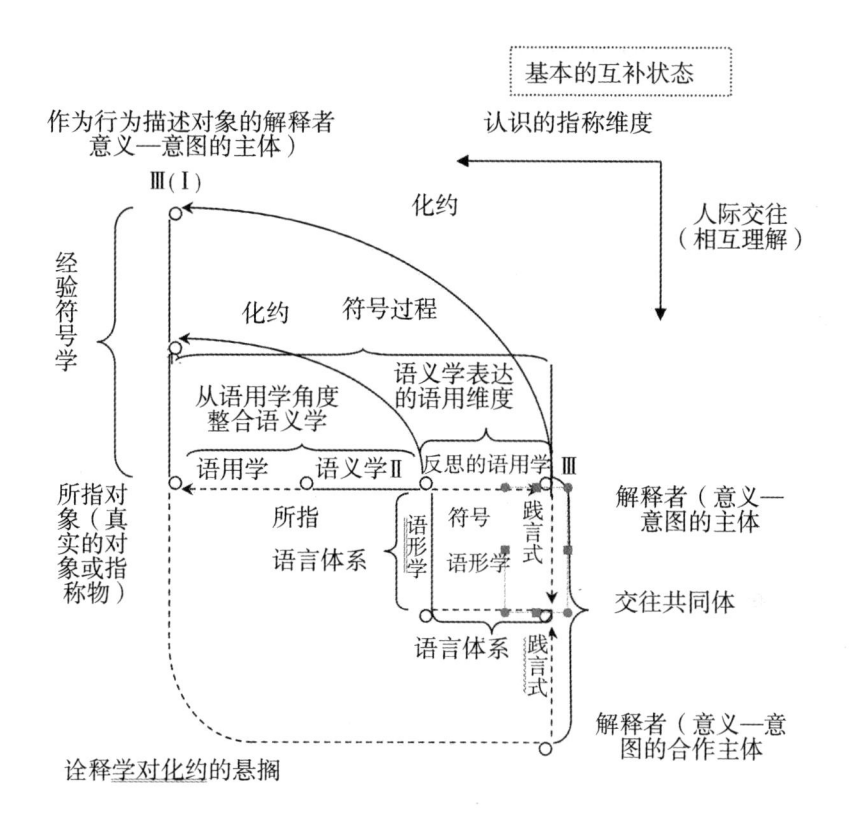

第五章 先验语用学的主题：语用学转向

[图：先验语用学符号过程示意图，包含以下标注]

- 基本的互补状态
- 认识的指称维度
- 作为行为描述对象的解释者（意义—意图的主体）Ⅲ(Ⅰ)
- 人际交往（相互理解）
- 化约
- 经验符号学
- 化约　符号过程
- 从语用学角度整合语义学
- 语义学表达的语用维度
- 语用学　语义学Ⅱ　反思的语用学　Ⅲ
- 所指对象（真实的对象或指称物）
- 所指语言体系
- 语形学
- 符号语形学
- 践言式
- 解释者（意义—意图的主体）
- 交往共同体
- 语言体系　践言式
- 解释者（意义—意图的合作主体）
- 诠释学对化约的悬搁

———— 在逻辑经验主义和行为主义（卡尔纳普和莫里斯）框架内对皮尔士式的符号过程的化约

- - - - - 在先验符号学的框架内对符号过程的先验语用学补充（整合）

图 5.1

TTS, p. 137.

句话说，在概念性解释的"第三性"，在"我"与"非我"之间因果性互动的"第二性"，以及纯粹直觉现象的关系无涉的存在"第一性"之间的中介。在这个基础上皮尔士符号学可以解决符号关系中的一个难题。根据皮尔士以符号为中介的知识逻辑，在符号三元关系的两端即符号的所指对象和符号解释者之间可能出现无穷倒退。因为其他符号可以代替符号的两种非符号关系项即所指对象和解释者，以符号表达的具有某种特征的

"直接对象"代替了符号指称的真实对象,这样"直接对象"指向了另一个更直接的对象,以此类推。同样,为解释符号的解释项指向了另一个符号,以此类推直到代替了真实的解释者。也就是说似乎外在的世界和解释者都可以被消解为符号或符号关系。如果符号关系中的非符号关系——真实对象和真实解释者——在原则上只是符号,那么符号的意义也要以同样的方式被消解。皮尔士符号三元性的意义在于强调具有象征作用的符号的同时,也强调发挥图像和指示作用的非符号关系,他认为后二者的作用是不可代替的,否则任何对象和关系都要被消解为符号。真正把这三种符号关系联结起来的是先验符号关系。

因此,阿佩尔认为在皮尔士的符号学中语言获得了前所未有的地位,不仅仅是中介和工具,在此它既不同于语言分析哲学中的语言,后者试图从逻辑的角度来分析语言从而解决避免传统的哲学问题,因此在分析哲学中语言是哲学的主题和中心;它也不同于结构主义对符号的研究,根据后者一切存在都可以消解为符号之间的关系。皮尔士以不同于分析哲学的视角强调了语言在知识构成中的作用,而另一方面由于他区分了三种符号因此避免了符号结构主义的相对论,从而避免了结构主义的符号化。正是在这个基础上阿佩尔扩展了皮尔士三元符号关系中的解释项,从交往的角度研究解释者之间的关系,以及解释者和符号之间的关系,将皮尔士的规范逻辑解释为先验逻辑。总之,一方面,阿佩尔沿着皮尔士的路径从方法论的角度强调了语言或符号在知识构成中的优先性;另一方面,他扩展了皮尔士对符号解释项的说明,试图通过对符号解释者及其解释的说明,从交往共同体的角度赋予语言以先天性。

第二,在言语行为理论的基础之上,沿着奥斯汀、塞尔和哈贝马斯理论的哲学路径,明确提出了以言行事行为中的践言式—命题式的双重结构思想(见图5.3)。也就是说,根据语句的双重结构,对符号关系的研究由原来只关注命题式的对实在的指称问题,转变为同时研究践言式语句所涉及的主体之间的关系问题,因此,言语行为理论使得符号学研究由一维变成二维,奠定了先验符号学的可能性,因为先验符号学的阿基米德点是主体间关系形成的交往共同体。

第三,对莫里斯符号学理论的发展。莫里斯1938年在符号学中引入语用学时,仅仅将其看作补充语形学和语义学的领域,所以早期他认为语言符号之间关系属于语形学的范围,建构语言是最基本的,当然这并不适用于自然语言。与建构性的逻辑计算语言不同,自然语言包括语言的语义指称和语言的使用,正是考虑到自然语言的这种特性,莫里斯后来又提出了语用学。阿佩尔认为,前期莫里斯没有考虑到在交往中通过约定性的语言符号和践言式语句的语义方面对语言的实际使用的制约。莫里斯尽管提出了语用学维度,然而他判定符号的标准依然只有一个,即命题式的路向,也就是对实在的指称,而没有考虑到另一维度,即符号解释共同体的实际使用所形成的践言维度,因此,在莫里斯那里就会造成践言性的自我矛盾。在此进一步明确了判定符号的两个标准,即符号使用的意义确定来自两个方面,一个是对实在的指称,另一个是语言共同体的约定,这二者的关系是相互交叉的,因为前者也包括语言使用者的意向性,而后者也受到语言指称的影响。它们的共同作用构成了实际语言使用的意义,这正是阿佩尔在先验符号学中所要说明的。正是在这个基础上,他认为语用学转向的内容包括两个方面,即在语用学中纳入语义学的内容,在语义学中纳入语用学的内容。在这两者的作用中,阿佩尔认为语用学的维度即符号解释者共同体的作用赋予了语言以先天性,从而使得以符号为中介的知识具有普遍有效性,也就是说,先验符号学是知识普遍有效性的条件。

后期莫里斯认识到,以符号为中介对知识的研究和反省式研究语言符号本身是互补的,也就是说,符号关系中的命题式语句和践言式语句之间是互补性的关系。换言之,对自然的认知交往(确定了符号的"直接"价值)和人类"解释共同体"中的交往性交往(确定了符号的"隐含"价值)之间具有互补性。至此,我们可以看到,语用学转向的实质在于,不仅关注符号学原本的研究范围,而且扩展到与符号的主体相关的语用维度,二者都需要考虑进去。

不过,在阿佩尔看来,莫里斯的语用学忽略了如下问题:以言行事或以言取效意向中的践言的自我反思知识能否在经验主义或行为主义的符号学中加以讨论?能否借助于从元语言角度对语用学维度的语义化来研究?如果没有关于具体意向的反思性或语用学方面的知识,那么在言语行为或以符号为中介的行为的诠释学理解方面就不会形成有效性的知识论断。而且,即使放弃了方法论的行为主义而赞同行为理论化的概念,仅仅经验主义的符号学概念仍然不适合提供一种符号理解方面的规范诠释学或哲学规范化立场。例如,科学家在弄清一个模糊概念的意义时(如爱因斯坦对"两个事件的同时性"意义的确定),科学家当时的立场并不是经验语言学家或社会学家的立场,他们对根据语言使用和具体情境确定符号解释的实际效果感兴趣。在此,科学家的立场是科学交往的参与者的立场,他对思想实验中的表征效果以及对符号意义的规范性的正确解释感兴趣。也就是说文本的解释者对正确判断有效性论断感兴趣,同时也要从诠释学角度进行考虑文本作者的实际意向性。

显然,符号解释者不能停留在对以符号为中介的行为进行观察和描述,他要在被解释的符号中——实际的话语或文本——建立一种交往关系,这种关系的基础是假定符号解释者最终可以达成的主体间一致。这也就意味着不能抛开实际的、交往性的、自我反思的符号解释的先验诠释学和先验语用学的维度,它作为主体—合作主体关系构成了作为符号解释中的先验主体的(不确定的)交往共同体。总之,必须取消莫里斯符号学对符号过程的先验维度进行的经验主义还原。显然,只有通过这种方法符号关系的三元性才能在第三范式的意义上成为以符号为中介的知识可能性的条件。

因此,阿佩尔建构先验语用学的出发点就表现为两点。

(1)有关以言行事或以言取效行为意向性的自我反思知识根本不能在经验主义或行为主义的符号学中加以讨论,也不能借助于从元语言角度对语用学维度的语义化来加以研究。如果没有关于具体意向性的反思性或语用学方面的知识,那么在理解言语行为或以符号为中介的行为方面就不会形成有效性的知识论断。因此"先验语用学"不仅研究符号过程的经验事实,而且研究以符号为中介的"纯粹形式化"的语形学、语用学和语义学的建构行为。

(2)三项性符号关系中的符号解释者明显不能只限于对以符号为中介的行为进行观察和描述,他要在被解释的符号中——实际的话语或文本——建立一种交往关系,就符号解释者的预期所达成的主体间一致决定了这种交往关系。也就是说,在先验语用学的维度上要取消对符号过程的先验维度进行的经验主义还原,要从不确定的解释共同体的角度研究意义同一性和真理一致论的主体间条件。因此,符号关系中实际的、交往性的、自我反思性的符号解释的主体—主体际关系构成了作为符号解释中的先验主体的（不确定的）交往共同体。

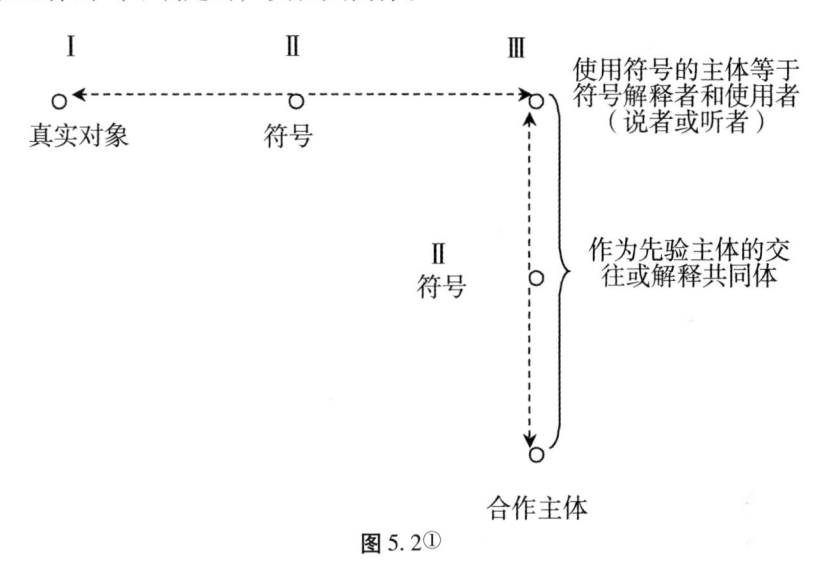

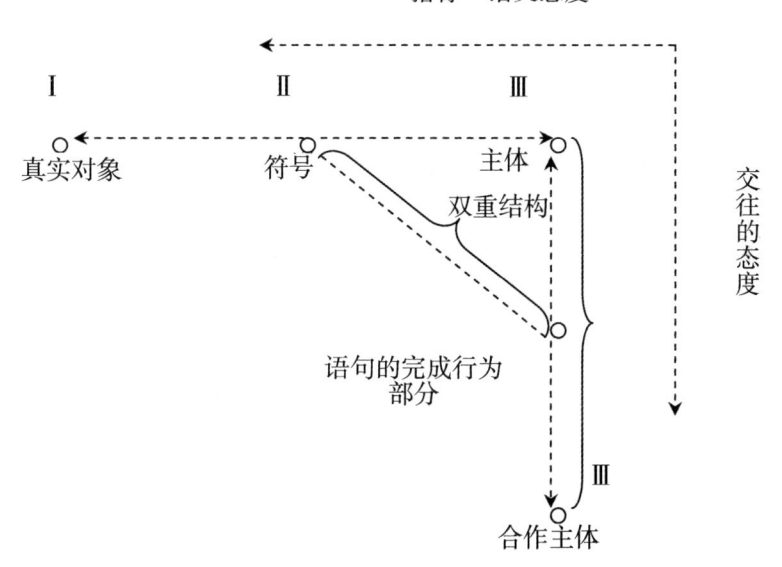

图 5.2①

图 5.3②

---

① TTS, p. 246.
② TTS, p. 247.

二 从意识的先天性到语言的先天性

诉诸不可超越的直观确定性是近现代哲学的基本方法论特征。笛卡尔的"我思故我在"是代表这种方法论的第一个范式。不过在笛卡尔那里，普遍思想的先验特征还没有从经验内省或形而上学的自我知识中划分出来。康德完善了这种方法论，在他那里普遍思想贯穿于主体的所有表征，"先天的知性综合"形成了先验演绎的"最高点"。在这个意义上，不可超越的先验自我意识对于德国观念论甚至新康德主义和胡塞尔的先验现象学都具有根本的权威性。因此，自笛卡尔开始的近代哲学范式的方法论特征是自我意识的先天性。海德格尔以所谓"更深层的"先于反思的不可超越的"生活实践"或"在世"反对方法论的唯我论。按照这种观点，对我们来说是可理解的并且也是有意义的生活世界的先在性，并不能被看作纯粹反思性意识的意向性结果；毋宁说，就意识的纯粹自我反思而言，生活世界的"意义"先天地预设在身体中，在以知识为导向的实践旨趣中、在世界中此在的真实性和历史性维度上。

在阿佩尔看来，海德格尔的路径依然遵循了在方法论上先验自我意识的不可超越性这种思路，因而这种通过诉诸先于反思的生活实践来反对方法论的唯我论是不充分的。因为他们所强调的先于反思的生活实践的优先性并没有克服而是预设了不可超越的反思意识的先验性。因此，虽然在某种程度上生活实践的先天性和意识的先天性是对立的，前者是有效性反思的先天性，后者是构成意义的先于反思的先天性，但它们是反思性的自我意识和先于反思的生活实践之间的对立，二者都属于不可超越的方法论模式。

因此，阿佩尔试图以语言的先天性真正地代替方法论的唯我论即意识的先天性，这种语言的先天性也就是以符号或语言为中介的主体间有效思想的先验语用学的先天性。它的特征是，一方面与构成意义先天性的先于反思的生活实践相关；另一方面与形成有效性反思的先天自我意识的反思性相关，即与自我意识的先天性和生活实践的先天性都有关联。因为语言的先天性不仅是理解世界的主要条件，而且它形成了论证性话语中有关自我反思性思想的主体间有效性，那么它也是对理解世界的生活世界前提进行彻底反思的前提。总之，语言的先天性具有以上所说的那些方法论的根本特征。

阿佩尔先验语用学中的语言的先天性与前面所述的不可超越性观点都不同。它的先天性来自主体间的交往，作为符号解释者的认知主体必须将自己理解为先天的、真实的、理想的交往和解释共同体的参与者，这不仅要指涉以语言为中介的世界解释，而且要指涉他或她的自我理解，因此，要指涉为语言所解释的证据。由符号解释者所形成的交往共同体是一种先验的视域，也就是说，每个人就他或她是人类社会的一个成员而言，他总是已经被包含在交往共同体之中了，交往共同体可以充当"制度的制度"。在进行制度的建构中我们总是已经被置于规范性前提的网络之中了，它要求个体进入形成有效性论断的过程当中，而在交往性的相互作用和交往论证中可以不断提出有效性论断。

先验符号学为什么能够以语言的先天性代替意识的先天性？因为在阿佩尔看来，先验符号学是一种对当代哲学中不同哲学形态进行改造后的哲学形态，它融合了不同的哲学路径。第一，它融合了海德格尔之后的诠释学（伽达默尔），但是诠释学中关于理解的时间性的真理和意义被纳入了先验诠释学的规范性原则之中，以此避免相对主义的嫌疑。第二，它吸纳了后期维特根斯坦的语言游戏理论，但是为了避免语言游戏的多元论，在先验符号学中预设了先验的语言游戏。第三，它借鉴了奥斯汀和塞尔的"言语行为"理论，但是从先验语用学的角度解释了言语的践言式和命题式的"双重结构"及其与"世界关系"。第四，它发展了洛仑岑（P. Lorenzen）的建构主义的语言语用学，但是从先验语用学的层面对作为语义学和语形学基础的言语行为进行了方法论的重构，从而将言语的践言式和命题式的双重结构及其与世界的关系预设为论证、教学和学习的前提。第五，它是对皮尔士的实用主义符号学的接受和发展，但是不再从自然主义—经验主义的角度进行理解（如莫里斯的行为主义的符号学），而是对皮尔士的"规范性的实用主义"尤其是他的符号学的探究逻辑进行先验符号学的解释。

先验符号学所融合和改造的这些哲学路径的共同点是，它们都通过诉诸语言的先天性（反对意识的先天性）和坚持思想、知识中的主体间一致性（反对真理符合论），来反对西方思想的必要前提：方法论的唯我论。方法的唯我论不仅建立在洛克的思想基础上，即认为思想的有效性主要取决于"私人思想"的有效与否,而且这也是康德哲学所假定的,基于"普遍意识"之上的先于语言的规则能力能够确保知识的主体间有效性,它在原则上并不要求一种主体间共享的语言意义和交往性的理解。因此,康德没有超越方法论的唯我论,他至少没有考虑他者的"共同意义",因为在康德看来,与他者的"一致"只是真理的"主观标准",而只有知识与自身或知性和理性的普遍规则相一致的"形式标准"才是康德赞同的真理的客观性标准。因此,在研究者的不确定的解释共同体中通过交往性的符号解释决不可能获得客观真理。

因此,对当代哲学中的"语言学—语用学—诠释学"转向进行先验符号学解释,一方面是为了避免方法论的唯我论,另一方面也是为了避免在反对方法论唯我论时出现的相对主义问题,例如后期维特根斯坦通过社会的"习惯"或"生活形式"来反对理性和逻辑的自主性时,陷入了相对主义。此外,如果思想和知识的有效性取决于以历史性语言为中介的交往性理解,取决于具体生活形式中的语言构成,那么一种偶然的生活世界的前提(海德格尔哲学中"世界中此在"的"真实性"和"遗忘"意义上)似乎必然会代替传统先验哲学的普遍逻辑。这样似乎验证了罗蒂的观点,即源于海德格尔、伽达默尔和后期维特根斯坦的诠释学—语言学—语用学转向的融合是在"非先验化"和拒斥所有普遍有效性论断的过程中实现的。问题是,语言学—语用学—诠释学的转向是否一定和非先验化相关?与语言先天性相关的历史偶然性特征必然会导致非先验化和后现代主义的后果吗?

如果沿着非先验化的思路来理解语言的先天性,那么在知识的有效性条件问题上诉诸语言的先天性就会明显导致与海德格尔的生活实践和生活世界的不可超越性同样的矛盾。因此,如果要说语言在先性中的偶然性特征,那么它似乎进一步证实了不可超越的反思意识的有效性和理论优先性。因为如果它只是一个偶然的事实,那么语言先天性明显就会为能够单独确定普遍有效性的反思性意识所取代。因此,对语言先天性的非先验化解释不能说明,为什么可以将语言的先天性预设为论证的先天前提。如果论证的先天前提是哲学所无法超越的,那么它就是哲学研究的普遍有效性的可能性条件。因此,只要思想和知识中的语言先天性是哲学论证不可超越的,那么偶然性特征就不能完全充分地决定语言先天性的所有特征。

实际上，无论是后期维特根斯坦、罗蒂或语言学—诠释学—语用学转向的任何代表人物都在通过诉诸哲学论证的普遍有效性来反对普遍论断和原则的可能性和必然性。如果一个人真的放弃了论证的普遍有效性，那么他就会停止哲学研究。总之，如果对当代哲学的语言学—诠释学—语用学转向进行非先验化的解释就会陷入"践言式自相矛盾"——一方面反对普遍有效论断，另一方面又必须使用它，正如"我（正在写下如下字句）认为我不会写字"一样。由此阿佩尔认为，不应该在"非先验化"的意义上解释以上所提到的当代哲学的转向，而应该在对古典先验哲学进行批判性改造的意义上解释它们。因此，阿佩尔和罗蒂的哲学路向不同，二者都反对传统的先验哲学，而且赞同上述五个哲学路径的转向。但罗蒂通过"非先验化"的途径将这些转向结合起来，从而彻底反对普遍性论断和先天性；阿佩尔则是在对其改造的基础上来反对它，他要用语言先天性代替意识的先天性。

因此，先验符号学或先验语用学正是对诠释学—语言学—语用学—符号学转向进行先验哲学的解释，从而使之分别成为：（1）先验诠释学；（2）先验语言游戏理论；（3）对言语行为理论的先验语用学解释；（4）建构主义的语言语用学；（5）先验符号学，包含了先验诠释学和语用学。阿佩尔说："历史地看，先验符号学是对当代哲学中的语言语用学和语言诠释学趋向的合法补充。这也就意味着它不是以'非先验化'的形式出现，而是在对传统形而上学进行了彻底的语言和意义批判之后，在考虑到了诠释学所强调的思想对语言、文化传统以及历史的依赖等等这些因素之后，而对先验哲学进行的一种改造与重构。"[①]

三 从语用学转向到"第一哲学"

从以上的分析可以看出，在语用学转向基础上的先验符号学或先验语用学的目的在于进行了一种哲学范式的转换，即从心灵主义转向语言分析，也就是从起源于笛卡尔的先验方法论的唯我论转向对解释世界的符号解释共同体的准先验功能的认可。先验符号学也追问主体间有效知识的普

---

① Karl-Otto Apel, "Transcendental Semiotics and the Paradigms of First Philosophy", 阿佩尔 1998 年 10 月在香港的演讲。

遍可能性问题，不同的是近代以认识论为中心的意识哲学将主体间有效知识还原为一种意识证据，即使语言转向中的语形学和语义学研究也将其还原为一种科学的逻辑，它们的共同特征是从先于语言的意识或逻辑来寻求主体间有效知识的可能性条件，二者都不适用于经验的科学知识，因此，在这个意义上，语言转向的语形学和语义学阶段依然没有摆脱近代哲学的范式。与此相反，先验语用学在科学家的解释共同体的论证话语中寻求主体间有效知识的可能性条件，以解释共同体间达成的一致代替了意识明证和逻辑的自洽。"先验符号学力图将思想或认知的先验主体转变为先验交往共同体，从而将先验意识哲学转变为先验语言语用学。"[①] 因此，阿佩尔的整个哲学工作就旨在使先验符号学成为当代哲学范式中亚里士多德意义上的第一哲学，从而融会诠释学和分析哲学的发展，彻底完成语言学的转向。

阿佩尔以皮尔士的符号关系的三位性出发来批判性地重构第一哲学的三个范式，从而认为，先验符号学是语言转向的完成，代表了另一种第一哲学的范式。如果承认皮尔士的思想，符号关系的结构同时是以符号为中介的知识结构，那么在判定第一哲学时根据它只考虑三元符号关系中的第一位（Ⅰ，实在），第一位（Ⅱ，符号）和第三位（Ⅲ，解释者），或所有三个方面，可以区分三个主要的哲学范式，即本体论的形而上学、认识论的先验哲学和先验符号学。以客观的"存在"为主题是第一范式的本体论的形而上学的特征；将第一位和第三位结合起来形成关于对象意识的主客体关系是认识论的先验哲学的特征；将所有三个方面结合起来形成以符号为中介的世界解释是先验符号学的特征。

就第一个范式而言，康德以前的本体论的形而上学既没有将三元的符号关系，也没有将二元的主客体关系看作有关"存在"的知识的有效性和可能性的条件。当然，这并不是说在这种范式中没有知识论、语言理论或符号理论，而是说，没有在反思的层面将以符号或语言为中介的知识关系和符号关系看作对世界进行客观化的前提。第一哲学的这个范式面临以下两个问题：首先是古典的真理符合论的难题（aporetics），其次是原则的终极证实问题。

---

① FTS, p. 53.

第一个难题在于,本体论上必须从认知的外部主客体关系来考虑心灵(命题)和事物或事态之间的符合关系,因此这种符合关系表现为对主体与世界中被客观化了的事物之间的关系,而且也要沿着这样的思路检验真理。而康德认为,关于对象的知识不能与任何除了对象知识本身以外的任何他物相符合。本体论形而上学的基本难题在于,作为所有对象知识的可能性条件的知识的主客体关系在原则上不能被还原为一种物质世界中(intramundane)的主客体关系。

与此相关的是第二个难题,即原则的终极证实问题。本体论范式中在客观化的命题逻辑关系层面,从来没有被给予一个不从任何他物中衍生出来的终极原则,而所有形而上学的基本特征都面临这种问题,因为它们都建构在自明的无争议的公理之上。

第二个范式通过对思维和知识的不可超越的主观条件的先验反思来解决符合真理观和终极证实问题,这是由奥古斯丁和笛卡尔所创立、由康德发展的哲学范式,其特征在于对存在本身的客观性进行反思,原则上存在可以被看作是意识的先验主体性的联结。与此相应,在康德及其后的观念论者那里先验主体性的自我反思发挥着终极证实的作用。

胡塞尔是第一哲学第二个范式的代表,他通过有关主客体关系(关于意向性的意识行为与所与现象之间的关系)的先验现象学来解决真理和终极证实问题。在此,作为意向性意识的"我思"发挥着终极证实的功能。真理符合论体现在意向性意识通过现象的自我给予性对有关事物意向实现证据的反思。

胡塞尔以这种方法避免了第一哲学的第一个范式面临的难题,即在对知识的主客体关系进行客观化时导致了无穷后退。在胡塞尔的现象学中"猫在席子上"这个陈述的意义—意向的实现取决于对现象知觉的符合,也就是要获得陈述与实在相符合的证据。因此,在生活世界中可以取得主体间可理解的陈述和现象之间相符合的证据。

然而问题是,现象学的证据,无论是以意义为中介的知觉证据还是"明确的或绝对的直观"(胡塞尔语)意义上的证据,都是通过语言而解释的证据。这是胡塞尔所忽略了的。只有当语言解释的主体间有效性以科学证实为基础,作为现象的自我所予性(self-givenness)的证据才能相当于真理。因此,这与确定现象证据不同,在这个意义上确定真理从来都不仅仅是我的意识的事情，相应的有效性论断必须要能够在符号解释者的共同体中达到一致。

就第三个范式而言，先验符号学构成了第一哲学的第三个范式：它将符号或以语言为中介的知识的三元关系而不是二元关系看作知识的有效性和可能性的先验条件。

那么，先验符号学对传统先验哲学进行改造意味着什么呢？一方面，当代的"语言学转向"并没有实现从第二范式到第三范式的转换，它是由以三元的符号关系为基础的"语用学转向"来完成的。当然，以莫里斯为代表的经验语用学也不能完成语言学转向的任务，只有反思性的先验语用学才能实现这种转向。另一方面，对传统先验哲学的符号学改造并不能仅仅局限于把"符号形式"看作"先验知觉综合"的符号中介条件，或者把康德的"现象"解释为"符号"，也就是说这并不是对先验哲学的彻底改造。因为在最初（皮尔士）的符号学改造中只考虑到了符号关系中的 I 和 II，而作为符号解释的 III 或者在康德那里为先于交往的综合能力即"普遍意识"所代替，或者干脆没有被考虑（如维特根斯坦在《逻辑哲学论》中那样）。

因此，一种先验语用学的改造是必需的，它整合了先验语义学对知识的主体功能的改造，也就是说，主体功能为符号解释者共同体所代替。这体现了对传统先验哲学中的"先验的"或方法论的唯我论的克服，因为传统先验哲学从来没有看到共享的语言符号的意义是主体间有效性意义和知识的可能性条件。

经过改造之后的思想和知识不仅依赖于具体、"自然"的语言的意义约定，而且取决于不同语言游戏的不同规则。然而语言间的对话（首先是依赖于翻译的哲学对话）表明，我们必须认识到，所有自然语言都具有以与事实相反的、以主体间意义为目标的开放性。因此，后期维特根斯坦提出的"意义在于用法"的思想在哲学上并不令人满意。它至少应该补充以皮尔士意义上的规范语用学的"逻辑解释项"思想，也就是说，所有自然语言的语词意义都蕴涵了意义的终极、普遍有效。而且，肯定性的言语行为也表明，作为解释者的听者和作为语言使用者的说话者都预设并且超越了"语言的使用"。因为具有普遍有效性的语句不仅预设了某种语言符号意义的约定性的有效性，而且预设了所有语言符号的潜在的普遍有效性。通过对以符号为中介的知识的主体功能的先验语用学改造，可见语言依赖性和普遍有效论断之间的辩证关系："作为符号解释者，认知主体必须先天地将自己理解为真实的、与事实相反的、理想的交往和解释共同体的参与者，这不仅体现在以语言为中介对世界的解释中，而且体现在他自己的自我理解中，甚至通过语言来解释笛卡尔、康德和胡塞尔的'我思''我想'时也一样。"①

因此，如果以三元符号关系为基础的先验符号学改造先验哲学，那么就能够解决有关真理和原则的终极证实问题，这也是第一哲学第三范式的特征。

首先，皮尔士所提出的在可错论的前提下，在不确定的研究共同体中可达成终极一致的规范性思想为解决真理问题提供了思路。一方面，通过不断接受批判，这种真理标准先天性地超越了任何实际中达到的一致；另一方面，基于不同的相互冲突的真理标准研究共同体中论证的一致性也在不断地被更新。这样，先验符号学不仅可以在共同体一致的基础上提供真理，而且避免了无穷循环的问题。因此，共同体的"取得一致"代替了自我认识论的终极预设的主客体关系。

其次，对第二个问题的解决是，将话语中符号解释的主体功能中的"我思"转变为"我认为"。这样，论证的语用前提就得以确定了，有关这种前提的争论就导致了论证中语用的（践言式）自我矛盾，论证的这些前提相当于终极的基础性原则。但这并不表明逻辑推衍的明确前提像在形而上学范式中那样是教条化的；先于语言和交往的有关"我思"的假定也不能被理解为独立于语言解释，正如在古典先验哲学那里一样。因此，正如在后期维特根斯坦那里，哲学论证中语言游戏的"范式确定性"是被反思性地确定的。当然，与通常的语言游戏不同，这种语言游戏不是历史偶然性的语言游戏，而是一种反思性的语言游戏，它可以对所有可能的语言游戏作出论断。总之，哲学家必须承认，论证话语中的语言游戏是根本的，因为它是不可超越的，否则就会导致践言式自我矛盾。

通过从符号学角度与传统的"第一哲学"进行比较，阿佩尔认为先验符号学是继康德的认识论哲学之后的第一哲学。因为从三元性的符号学

---

① TTS, p. 244.

的角度来看，亚里士多德意义上的形而上学或本体论只考虑了符号关系中的真实存在 I，即将专名和通名如何指示和指称存在看作哲学的主题；康德意义上的纯粹理性批判的先验哲学的主题是先验的主体或意识 III 如何将存在 I 看作认识的对象，并不把语言或符号作用看作主体间有效的世界解释的先验条件；只有先验符号学将存在 I 看作是以符号 II 为中介的解释世界（解释者 III）的可能对象，因此，它将三元的符号关系看作哲学的主题。

第六章 先验语用学的"阿基米德点":交往共同体

第一节 交往共同体的必要性:论证的规范前提

古希腊哲学家认识到,从逻辑—数学的角度不能证明最基本的命题,即逻辑—数学思想的公理,由此,终极证明的问题就出现了——逻辑—数学式论证本身不能保障前提的真,也不能保障证据规则的有效性,而只能保障从一定前提到结论的推理为真。在认识到逻辑—数学证明的局限性之后,哲学的终极证明自有其独特意义,然而 20 世纪后半叶以来,哲学对终极证明的追求似乎变得过时了,以波普尔为代表的批判理性主义用对信念的批判来代替对信念的辩护,用可错性和证伪原则来代替证实和对确定性的追求,批判理性主义对近代以来的理性主义和先验哲学发起了责难。

一 批判理性主义与哲学的终极证明

在德国以汉斯·阿尔伯特为代表的批判理性主义者认为,以莱布尼茨的充足理由律为基础的证明会导致"三难困境":

(1)"无穷后退"。因为在证明中寻求终极原因的过程是无限的,在得到一个终极原因时必然还要追求更终极的原因,以致无穷;

(2)"演绎中的逻辑循环"。在证明过程中,论证需要求助于本身需要证明的命题,这个过程不仅无法提供确定的基础,而且还导致了逻辑循环;

(3)"证明的中止"。由于对充足理由律的任意悬搁而导致了证明的中止。①

阿尔伯特认为,自亚里士多德以来的哲学传统以直觉或经验的"明见"(evidence)为基础寻找清楚明白、令人信服的证明前提,从来没有想到在证明过程中的某个任意点会中止证明,也从来没有想到会将充足理由律悬置起来。在阿尔伯特看来,传统哲学中的论证前提从根本上来说是值得怀疑的,诉诸直觉或经验的"明见"必然会导致证明的中止。因为确定的、无须证明的命题只是一种"独断",以这种命题为前提的证明无疑是从"独断"出发的证明。因此,阿尔伯特提出放弃充足理由律而崇尚批判的方法,也就是说,所有命题都要接受批判,没有作为绝对前提的命题,以此批驳传统哲学对确定性的追求,从而以批判理性主义的"批判性检验"原则代替传统理性主义的"终极证明"原则。

针对批判理性主义的哲学主张,阿佩尔从以下几个方面证明批判主义原则不能代替证明的原则,相反,通过对批判理性主义的批判可见,如果取消终极证明原则,批判理性主义就会陷入困境。

1. 从纯粹逻辑的角度或语形—语义的框架来看,哲学的终极证明问题会出现"三难推理"。因为逻辑—数学证明既不能保障其证明前提的真,也不能保障证明规则的有效性,它只能保障肯定性真值即真理从前提到结论的转换,或者否定性真值即谬误从结论到前提的转换。阿尔伯特通过以形式逻辑来推演传统理性主义的终极证明原则导致了三难推理,从而反对传统哲学中关于普遍明见性的假定。笛卡尔已经指出,被亚里士多德作为公理的"直接、明白的基础"需要在哲学的终极证明中寻求其明见性。由此可见,终极证明的问题是哲学的基本问题之一,但却不是一个纯粹形式逻辑的问题。在阿佩尔看来,反对传统理性主义的明见性假定与三难推理无关,相反,三难推理问题反过来证明了哲学的终极证明问题。因为,与逻辑—数学的终极证明不同,哲学的终极证明即充足理由律的问题是以逻辑为工具寻求明见性,充足理由律从一开始就是一个认识论原则,

---

① Karl-Otto Apel, "The Problem of Philosophical Ultimate-Justification in the Light of a Transcendental Pragmatic of Language (An Attempted Metacritique of 'Critical Rationalism')", in *Ajatus*, 36, 1976, p. 143.

包含了与认识的主体（意识）相关的语用维度。因此，哲学的明见性假定无法在形式逻辑的框架内获得，否则就会出现证明中止的问题。阿佩尔要表明的是，对明见性的追求不仅不会导致证明的任意中止，而且对于哲学论证是必不可少的。当然，阿佩尔并不是要捍卫传统理性主义的哲学立场，即笛卡尔以来的意识哲学把真理的追求还原为明见性追求。在他看来，这种意识哲学在意识的领域内寻求明见性，它无法解释如何将这种意识的明见性运用于主体间有效的命题。但是，以波普尔为代表的批判理性主义者认为寻求命题的主体间有效性是科学哲学的方法论目标，这只是科学逻辑的事情。

阿尔伯特在谈论批判方法论的特征时也认识到，不能将科学理论仅仅还原为形式逻辑或数学方法的推演，或至多是人工语言的语义建构。阿尔伯特要求对语形学、语义学和语用学区分的基础上考虑认识论中的语用因素，即构成了表达内容的语言或超语言的事态，如构成了人类认知活动的事态，这不仅包括个体的单独反思和观察活动，而且包括在社会互动中的批判性讨论。阿尔伯特由此认为，对传统认识论的批判以及在"充足理由律"和"批判性检验原则"之间的选择是在语用学的前提下进行的。

在此基础上，阿佩尔认为，一方面，不能从卡尔纳普和亨普尔的角度来看待这个问题，他们认为科学知识的语用维度与科学论断的有效性问题无关，只能在经验的、心理学的和社会学的层面进行探讨。另一方面，应该将对传统的批判及其两个原则之间的原则问题和主体间有效知识的可能性条件问题联系起来，无论这两个原则是否真正是矛盾的，但它至少与科学信念的有效性条件有关。因此，阿佩尔提出用对主体间有效知识的可能性条件进行反思的先验语用学来补充逻辑语形学和语义学。以此为基础，阿佩尔批判了阿尔伯特对传统理性主义的批判。

阿佩尔认为，终极证明中的三难困境产生于形式语言即语形—语义的构造框架内公理化的语句系统之间的推演，这种推演的前提是先天地抽取了言语行为中论证性语言中的语用维度。也就是说，只有抽取了感知和参与论证的主体，这种主体在论证中表达了怀疑和确信的态度，才会将对明见性的寻求看作是对证明过程的悬置，才会出现终极证明中的无穷后退和逻辑循环。因为通过语形—语义的抽象，语言和知识与生活世界没有了任何客观或主观的关联性，因此，证明过程只是从所假定的真语句到其他真语句的演绎过程。而在阿佩尔看来，这种从前提性的真语句即公理到真语句的推演过程是将证明过程客观化了。在这个意义上，阿佩尔认为逻辑经验主义以及批判理性主义都忽视了从先验语用学角度对认识论主体的解释，他们只是将主体还原为经验心理学的对象，因此，他们只是通过语句来证明语句，在这种证明中只遵循因果律。而先验语用学考虑到了参与论证的认识主体，也就是说它不是从外部"说明"主体的行为，而是从内部去"理解"它。先验语用学将经验明见性看作确定"基本语句"内容的一个维度，因而并不是将直觉明见性如感觉—知觉看作命题意义和真理的不可怀疑的基础，相反认为，经验明见性在"命题行为"中和语言使用相关，与语言使用者和解释者有关，因此，它是准制度化了的"语言游戏"或"生活形式"。

因此，在阿佩尔看来，不仅要从涉及数学和人工语言形式逻辑角度以语义学为基础考虑充足理由律，而且要从认识论的角度考虑到语用学的维度；也就是说，不仅以形式逻辑为基础从语言的角度，而且还要从超语言的维度考虑命题的有效性。因此，与逻辑经验主义的传统不同，阿佩尔认为科学知识的语用学维度和科学论断的有效性问题有关，因此，不只是在经验主义、心理学和社会学的角度谈论语用学，它"应该和康德意义上的主体间有效知识的可能性条件问题有关，因此和哲学的知识批判有关。"[1] 由此，在阿佩尔看来，在当代哲学中并不是终极证明问题本身走向了消亡，而是在逻辑语形学和语义学的基础上需要补充以先验语用学的维度，它的作用是对主体间有效知识进行反思。终极证明也需要涉及两个维度即经验证据和语言使用，而不是像逻辑经验主义那样只从经验证据和形式逻辑的角度关注终极证明问题。

这就涉及近代认识论和20世纪的语言分析哲学。在阿佩尔看来，"很明显，如果坚持近代认识论的路径将真理还原为意识证据，那么为什么明确的信念还会受到怀疑或批判呢？如果遵循当代语义分析的科学逻辑

---

[1] Karl-Otto Apel, "The Problem of Philosophical Ultimate-Justification in the Light of a Transcendental Pragmatic of Language (An Attempted Metacritique of 'Critical Rationalism')", in *Ajatus*, 36, 1976, p. 148.

通过语句或命题来证明语句或命题，外在于语言的证据只是形成命题约定的因果动机，那么批判本身通过诉诸证据就预设了证明"①。因此阿佩尔认为，只有在先验语用学的前提下才可以摆脱这种两难处境，在此尽管意识证据和以语言为中介的知识的主体间有效性属于不同的真理路径，但它们在科学的语言游戏中也是相互交织的。

因此，一方面，不能只在先天的意识证据的维度上考察康德意义上的"先天综合判断"的主体间有效性，另一方面，也不能只在人类知识的经验层面证明其有效性。因此，可以在言语论证（verbalized arguments）的主体间有效性路径和理性主义路径之间寻求中介，因为理性主义路径是通过诉诸外在于语言的意识证据来证明信念的，只要将二者结合起来，终极证明就仍然是可能的。如何才能将二者在先验语用学中结合起来呢？这就需要交往共同体的中介作用，"它一方面为命题证明提供了意识证据，另一方面在语言使用过程中将意识证据和命题的经验证据融合在一起"②。

2. 批判理性主义的可错论原则并不必然导致哲学放弃对确定性和明见性的追求。皮尔士首先提出了可错论原则，以此作为经验科学的方法论前提，这个原则也被用作标准，区分现代经验科学和柏拉图以来的基础主义哲学。阿佩尔承认，可错论原则不仅可以应用于逻辑、数学这些形式科学也可以运用到先验哲学中，但这并不表明，经验科学和形式科学就不需要确定的明见性，也不应该像阿尔伯特那样认为"可以怀疑一切"③。因为即使皮尔士自己也意识到，经验科学中怀疑论原则并不是可以怀疑一切，怀疑必须从确定的信念出发，这些信念是怀疑所要怀疑的东西的标准，也就是一种可能的明见性。同样，后期维特根斯坦在《论确定性》中认为："如果你试图怀疑一切，那么你就不能怀疑任何东西。怀疑本身

---

① Karl‑Otto Apel, "The Problem of Philosophical Ultimate‑Justification in the Light of a Transcendental Pragmatic of Language (An Attempted Metacritique of 'Critical Rationalism')", in *Ajatus*, 36, 1976, p. 154.

② Karl‑Otto Apel, "The Problem of Philosophical Ultimate‑Justification in the Light of a Transcendental Pragmatic of Language (An Attempted Metacritique of 'Critical Rationalism')", in *Ajatus*, 36, 1976, p. 156.

③ Karl‑Otto Apel, "The Problem of Philosophical Ultimate‑Justification in the Light of a Transcendental Pragmatic of Language (An Attempted Metacritique of 'Critical Rationalism')", in *Ajatus*, 36, 1976, p. 151.

预设了确定性。"① 也就是说，怀疑或者批判的语言游戏本身没有意义，如果它不能以不可动摇的确定性为前提。换言之，在每一个有效的语言游戏中交往伙伴都抱有确定的信念，无论这种信念是普遍原则还是偶然事实，它们都是有意义的语言使用的"标准"或"范式"。

阿佩尔由此认为，日常生活和科学中的证明都要诉诸使得语言游戏有意义的某种明见性。因为"有关假设的一切检验、一切证实或否证都早已发生在一个体系之中。这个体系并不是我们进行一切论证时所采用的多少带有任意性或者不太可靠的出发点，而是属于我们称之为论证的那种东西的本质。这个体系与其说是论证的出发点，不如说是论证具有生命的活力"。② 因此，批判理性主义者将"诉诸明见性"等同于"诉诸教条"或者"诉诸任意的决定"，从而要以"批判的思想"代替"基础或证明的思想"，这未免有些片面和过于冲动。即使批判本身要有意义它也需要得到辩护，也需要在原则上诉诸明见性。

阿佩尔通过澄清可错论的意义进一步表明坚持可错论并不必然取消明见性，相反，如果要坚持可错论就要坚持明见性和基础的观念。在阿佩尔看来，皮尔士在协调自己的可错论原则和实用主义的确定性原则时遇到了困难，最终他也没有解决这个问题。如果在科学语言游戏和哲学反思层面进行区分，那么皮尔士的这两个原则就不再矛盾了。对于每一个科学语言游戏来说，怀疑和批判都是有意义的，只要通过诉诸不可怀疑的明见性它们能够得到充分的证明。同时，在普遍反思层面，哲学所关注的每一个语言游戏都体现了可错论和普遍怀疑的原则，但这并不是根据经验的理由来怀疑一个经验科学命题，而是开启一种怀疑的可能性，从方法论的假定上为怀疑的理由提供辩护。

经过这种区分，阿佩尔一方面在经验科学层面维护了皮尔士和批判理性主义意义上的可错论原则，另一方面也表明，这种怀疑和批判需要借助于确定的明见性得到辩护。究竟为什么可错论原则和诉诸明见性的充分证明原则不再矛盾了呢？

---

① Ludwig Wittgenstein, *On Certainty*, trans. by G. E. M. Anscombe, and G. H. von Wright, Oxford: Blackwell, 1969. §115.

② Ludwig Wittgenstein, *On Certainty*, trans. by G. E. M. Anscombe, and G. H. von Wright, Oxford: Blackwell, 1969. §105.

阿佩尔认为，这需要在近代认识论或意识哲学与20世纪的语言分析哲学之间进行适当区分并建立中介。因为，如果沿着近代认识论的思路将真理还原为意识的明见性，那么，为何清楚明白的信念还会遭到怀疑或批判？同样，如果沿着当代科学逻辑的思路只是通过语句（命题）来证明语句（命题），超语言的明见在"基本语句"的约定中只具有因果动机的作用，那么，批判本身需要诉诸明见性的证明就是不可思议的了。阿佩尔认为，只有将意识的明见性和以语言为中介的主体间有效论证看作真理的不同范例，只有这二者在科学语言游戏中融合起来，以上的二难困境才能得以解决。因此，在先验的语用学框架内，在知识的主体间有效性和诉诸明见性的证明之间进行中介的基础上，诉诸明见性的终极基础证明就是可能的。

但是，知识的所有明见性都与接受批判性反思的具体语言游戏相关。因此，在哲学反思的层面，批判主义原则似乎优先于充分证明的原则。根据批判原则，作为具体语言游戏前提的明见性原则上要不断地接受修正。因此，要有一种相对于所有科学语言游戏的哲学语言游戏，正是由于哲学语言游戏的这种明见性，科学语言游戏的明见性原则上才能不断地接受修正，这似乎开启了哲学终极证明的新视角。

3. 阿佩尔阐明了可错论原则如何能够应用到哲学证明中。的确，哲学论证也需要遵循可错论的原则，这是因为，即使论证中的逻辑推演本身也是可错的，况且还有一些哲学证明不仅仅局限于逻辑推演，因此，先验语用学对知识的可能性条件的反思也是可错的。但这并不表明，哲学的终极基础证明就要被可错论原则或普遍怀疑的原则所代替。

因此，哲学终极基础的假定要考虑可错论问题，但阿佩尔认为，不能因为可错论原则而否定哲学的终极基础，否则一种无限的可错论就会导致一种类似于"说谎者悖论"的自相矛盾。因为，如果可错论原则本身是可错的，那么它就不是可错的了，反之亦然。① 面对这种责难，批判理性主义似乎无法反驳可错原则的自我应用问题，因为他们将经验科学的这个方法论原则绝对化了，所以不能自我维护。在阿佩尔看来，当且仅当对可

---

① Karl-Otto Apel, "The Problem of Philosophical Ultimate-Justification in the Light of a Transcendental Pragmatic of Language (An Attempted Metacritique of 'Critical Rationalism')", p. 157.

错论原则进行如此限定，它才是有效的和有意义的；也就是说，可错性证明或批判本身得以可能的明证是应该先天地免于批判的，这样就产生了使得哲学批判和自我批判成为可能的不可批判的先验条件。那么这些免于批判的先验条件是什么呢？这似乎就包含了哲学的终极证明问题。

显然，这种不可批判的先验条件不应该是批判理性主义的批判原则和怀疑原则，因为这样会导致不可维护的自我矛盾。阿佩尔认为："关注先验语言游戏的先验语用学为哲学的终极证明提供了方法，因为先验的语言游戏包含了'范畴的明见性'，这种范畴的明见性在不自相矛盾时就不能被怀疑，而且如果不将自身设定为前提（窃取论题）就无法通过逻辑推演来证明它。"①从先验语用学的角度来看这种明见性就是论证的前提，在论证中它总是已经存在和被默认了的。

阿佩尔通过笛卡尔的怀疑原则来为作为语言游戏的必不可少的前提条件的终极基础进行辩护。根据笛卡尔的怀疑论原则，任何被认为真的（在真实的世界中）存在都有可能只是我的梦幻（在意识领域），那么任何不经过反思的语言游戏是没有意义的。如果任何存在都是我的梦幻，那么"我的梦幻"本身也就失去了其意义，因为作为语言游戏的范畴明见性，它预设了不是所有的东西都是我的梦幻。在阿佩尔看来，要想避免笛卡尔问题只需要将笛卡尔对实在世界的"普遍怀疑"代之以"语用的普遍怀疑"即"可错论原则"。因为在"语用的普遍怀疑"原则下，"我怀疑，所以我存在"本身是不能被怀疑的。

当然，在逻辑语义学意义上的三段论式推理并不能从"我思"推出"我在"，为了排除虚构的思维者，从"我思"到"我在"的推理必定心照不宣地预设了思维者的存在。当"我在怀疑时我的存在之所以不能被怀疑"是因为"我怀疑"使得"我不存在"这个践言行为不可能。因此，"我思，故我在"中所蕴含的"不可反驳的确定性"并不是以语形—意义系统中的语句推演为基础，而是以对思想行为的自我反思为基础，由于哲学话语中践言式的言语行为的自反性而使得这种自我反思成为主体间有效的哲学论

---

① Karl-Otto Apel, "The Problem of Philosophical Ultimate-Justification in the Light of a Transcendental Pragmatic of Language (An Attempted Metacritique of 'Critical Rationalism')", pp. 158-159.

证。例如,"我因此说我不存在"会由于表达它的言语行为的实施而遭到反驳。因此,"'我思,故我在'的明见性并不是来自笛卡尔方法论的唯我论传统中的认识论的'内省',而来自交往和自我反思的经验,因此,'我思,故我在'的不可反驳的确定性来自先验语用学的论证。因此,在哲学论证中有一种特殊的语言游戏,其中的交往共同体为'我思故我在'提供了明见性,共同体的成员可以检验或证实明证的主体间有效性。"①

当然,也不能以胡塞尔的"笛卡尔的沉思"的方式理解"我思……"的确定性,因为它不是从"交往的多元性"的角度,不是通过主体间有效的陈述来证明笛卡尔的论题。因此,"如果没有交往行为的语用中介,我甚至不能使自己确信笛卡尔的论证的有效性(即使柏拉图式的灵魂和自身的无声对话也需要交往行为)。因此,在'我思……'的证明中必须预设一个交往共同体,其中的成员可以检验证明具有主体间有效性。对原则上不确定的交往共同体的理想假定是有效的,即使最后的存在者也可以通过经验的一致性反思他自己的单独存在"②。在这个意义上,笛卡尔的怀疑原则也可以成为先验语用学的论证前提的一部分,它既是先验的证据,也具有先验的主体间有效性。

因此,在这个问题上,"阿佩尔的确是可错论原则的一个极其重要的例外,他沿着先验的路径,认为一些语用的前提是批判和论证性话语的必不可少的前提。因此只有在其本身免于怀疑的语用框架内哲学的怀疑才有意义。"③

因此,哲学论证中的"生命元素"(life-element)似乎可以成为一种先验语言游戏或制度,以此确定逻辑推理的规则以及先验语用学的"交往资质"。因为所假定的论证共同体是必然预设在所有论证中的规范理想,所以,先验语用学包含了主体间有效论证的终极基础。因此,先验论证中的这种"制度"(交往共同体)不是个体可以参与也可以不参与的

---

① Karl-Otto Apel, "The Problem of Philosophical Ultimate-Justification in the Light of a Transcendental Pragmatic of Language (An Attempted Metacritique of 'Critical Rationalism')", p. 162.

② Karl-Otto Apel, "The Problem of Philosophical Ultimate-Justification in the Light of a Transcendental Pragmatic of Language (An Attempted Metacritique of 'Critical Rationalism')", pp. 162–163.

③ Karl-Otto Apel, "What is Philosophy? The Philosophical Point of View After The End of Dogmatic Metaphysics", p. 2. 阿佩尔寄给作者的论文。

历史制度，它是构成所有人类制度的先验的元制度，因为它包含了理性约定的可能性条件。理性的人在自我理解和自我认同时必须成为这种制度中的一员，除非丧失自我认同（self-identity）能力如自杀。①

由此可见，先验语用学中理想的交往共同体的反思性在坚持可错论的前提下维护了哲学终极论证的合法性，只有在假定了先验语言游戏规则的明见性和主体间有效性的前提下才能进行理性的交往，才能赞同或反驳一个哲学论证。在不陷入语用学矛盾的前提下论证的这种语用学前提不能被质疑或怀疑，它是理性最根本的、可靠的以及绝对的约束性原则，它本身是无需证明的，不可反驳的论证前提。

二 一致性的交往合理性

伴随着"语用学转向"，语言哲学中逻辑语形学和逻辑语义学的合理性概念被以语用学为主题的合理性概念所取代了。这里的"语用学转向"指的是阿佩尔吸取了后期维特根斯坦、莫里斯等人的行为主义的语用学理论，结合了塞尔等人的言语行为理论发展而来的先验语用学理论，是对行为主义的语用学和意向性的意义理论的继承和超越。

通过先验语用学，阿佩尔表明，哲学的语用学转向和语言学转向是一致的而不是相矛盾的，先验语用学是语言学转向的完成。在这个框架内，公共的、永恒的意义和主观的意向性是互为前提、互相依赖的，而不是相互还原的，这样就为不确定的交往共同体所使用的语言构成了一种建制，它是知识的主体间有效性和意义与真理的主体间性的条件。这里"先验的"说法首先指的是欧洲哲学的康德传统，同时也包括经过语言学的、符号学改造的皮尔士哲学，以及维特根斯坦的先验语义学和塞尔等人的言语行为理论。在这种背景下，对知识的先验性反思并不纯粹是自我心灵的作用，即先于语言和先于交往的主体间有效性，而是分享了公共有效性论断的"我认为"的作用，这种论断的有效性在于它分享了语言意义，参与了语言游戏，尽管"我"的意义意向性具有特殊性和自我指称性。也就是说，先验性并不是由先于语言的心灵或意识来保障，而是由语言游戏

---

① Karl-Otto Apel, "The Problem of Philosophical Ultimate-Justification in the Light of a Transcendental Pragmatic of Language (An Attempted Metacritique of 'Critical Rationalism')", pp. 163-164.

的参与者在参与语言游戏的过程中所形成的交往共同体构成的。因此，交往共同体是先验语用学框架中的合理性理论的基础。而交往共同体中的语言使用之所以能够成为一种建制，语言交往共同体之所以能够保障知识的主体间有效性，其不可规避的前提是承认并接受交往合理性理论。

阿佩尔认为，在当前的哲学和社会学理论中有三种不同的相抗衡的合理性理论。

第一种是源于个体行为者的目的性行为的目的合理性。根据这种理论，语言的意义约定最终来自互动的个体行为者的目的合理性。与工具性合理性不同，目的合理性并不将和主体发生关系的其他人还原为工具性行为中的自然对象，而是看作互动的伙伴。阿佩尔称这种目的性理性行为以及相应的遵守规则的能力或合理性为策略性合理性。例如，战争中的敌对双方或商业谈判中的伙伴之间的相互关系就是这种策略性行为。如果以一种限定和可控制的方式制订相关的游戏规则，那么游戏伙伴之间的互动就形成了策略性行为的模式。必须注意的是，在互动模式中，游戏行为者之间的关系并不一定是敌对的，也可能是合作的，这依赖于具体游戏者如何看待自己和其对手或伙伴之间的关系。

第二种理论以哈贝马斯的"交往行为理论"为代表，反对将人与人之间的交往互动的合理性还原为个体行为者目的性行为的目的合理性。与第一种合理性理论不同，这种理论坚持一致性的交往互动合理性，认为在语言交往过程中通过讨论如何能够形成有效性论断，言谈者也知道在什么条件下即"理想的言语情景"能够产生客观有效论断，因此，交往合理性就是在理想的言语情景下为了达成一致而参与论证的能力，这种合理性否定了在交往中为说话者和听者共同分享的约定性的语言意义可以还原为个体说话者的先于以言行事的意向性。阿佩尔认为，交往合理性构成了更高级的行为和合理性类型，它不能被还原为策略性行为或合理性。因为，就游戏双方的互动形成的纯粹策略性合理性的确蕴含了遵守规则的行为的互动性，以及游戏伙伴之间的平等性。但它并没有蕴含，而实际上排除了就游戏规则达成一致的观念，也就是就游戏内可能的目的、方式和行为条件达成一致。因此，策略性行为的观念排除了通过交往而就话语达成一致以及分享其意义的思想。

第三种是卢曼（Niklas Luhmann）的"功能结构的系统理论"。这种理论否认在行为理论的框架内研究交往合理性的可能性,相反,任何一种人类行为的合理性包括交往互动的合理性都被社会系统的功能合理性所取代或整合。

为了在不同的合理性理论之间进行区分和选择,阿佩尔认为我们必须首先弄清楚的是,在西方哲学传统中,合理性概念是指对信念和行为进行反思的能力,以及为信念和行为提供基础的能力,因此合理性理论是社会科学中对人类资质进行经验—历史重构的规范性条件。现代哲学中的目的合理性和功能合理性理论认为,即使那些仅仅能够引导目的性行为的信念也可以被称为合理性,因此,目的和功能合理性概念指的是在通过知识把握客观化进程中取得最大化效益的能力。

与此相反,阿佩尔认为,在语言中以达到一致为目标的行为不能被还原为客观世界中以成功的干预为目标的行为,因此,这种合理性概念泛化了理性的作用,弱化了理性的普遍性、基础性,基于此,交往合理性旨在为知识和社会批判寻求普遍的、超越具体语境的哲学基础。以哈贝马斯为代表的交往理论强调,在对话中只有通过自由地接受其他说话者的有效性论断而形成的协作能够实现言语行为的以言行事目标,因此,为达成一致提供基础的能力反映了一种体现在日常交往实践中的合理性形式,即交往合理性。根据交往合理性理论,论证的规则并不仅仅和具体的文化和社会环境有关,如果参与论证我们就必须与事实相反地假定,"理想的言语状况"的条件一定能得到满足,这些条件包括所有参与论证的人具有平等的权力,它为论证提供了规范的准绳,否则讨论就失去了意义。

在此基础上,阿佩尔强调体现交往合理性的是论证的语用假定,这是论证的基础和前提,从先验语用学的角度来看,如果论证合理性的先天前提没有陷入先验语用学的自我矛盾,那么它就不能被取消。也就是说,论证的先验前提或规范的前提是必不可少的,如果它自身没有构成先验语用学的自我矛盾,那么它就是论证中必要的预设。在这里先验语用学的自我矛盾表明了命题内容和提出命题的意向性内容之间的践言冲突。例如"我因此断定我没有真理论断""我因此认为我不会汉语""我因此声明我不存在"或"我因此告诉你,你不存在"等等。

先验语用学意义上的自我矛盾或自身冲突是阿佩尔理论中的一个重要概念,通过这一概念可以表明为什么在论证中需要规范的普遍性前提,以及为什么一致性交往合理性理论能够保障知识的普遍有效性。

先验语用学的自我矛盾应该和经验语用学的自我矛盾以及形式逻辑的矛盾区分开来，经验语用学的自我矛盾指的是一个人的话语和所涉及的事实之间的矛盾，逻辑矛盾指的是命题之间的矛盾，如 A 和非 A。与经验语言学的区分表明，先验语用学的自我矛盾和经验一致性无关，而是理性论证中的自我一致问题。与形式逻辑的区分表明，即使论证中的自我一致也包含信息性的内容，这些信息性的内容也是哲学所要研究和说明的对象。因此，在自我矛盾的陈述"我因此声明我不存在"中，就包含了不能从三段论推导而来的信息性内容，也就是说我的存在与否是经验信息，不是从逻辑推衍而来的。同样，由于否定了论证中的有效性论断而产生的践言式自身冲突包含着信息性的内容，正是通过这些内容践言式自身冲突涉及了理性对话的先验语用学前提。因为，与形式逻辑的矛盾不同，实际论证的自我矛盾并不是由于对变量的任意定义而产生的变量之间的形式化的矛盾。因此，通过与经验语用学的自我矛盾和形式逻辑的自我矛盾相对比表明，先验语用学的自我矛盾表明了命题式构成和践言式构成之间的矛盾，从符号关系来说即符号与其所指对象的路径和符号解释者共同体路径之间的矛盾，即命题和言语行为的隐含意义以及有效论断相冲突，从而和论证的先天前提相冲突，正是在这种冲突中这些前提成了哲学反思和说明的前提。因此，先验语用学的自我矛盾和形式逻辑的矛盾之间的区分代表了哲学和数学—逻辑合理性之间的区分。因此，论证或言语中的践言式—命题式"双重结构"间的一致就是人类理性的一致。

在避免先验语用学的自我矛盾的前提下，以理性对话的先验语用学前提为基础，与哈贝马斯一样，阿佩尔认为有以下四种普遍有效性论断和论证前提：

（1）主体间有效性和永恒意义的论断。它以约定性的语言符号为载体，即可以在语言中预见，却不能通过语言完全认识。这种普遍的意义论断是最基本的理性有效性论断，因为它是所有言语中的普遍有效性论断的前提。

（2）真理论断。它通过肯定性的言语行为直接和命题有关，但它以存在命题的方式间接地和各种言语行为有关。这种论断可以为论证中的正确性论断所补充。

（3）真实性或精确性论断。它与表达心灵意向性状态的言语行为有关。

（4）与道德相关的正确性论断。它与言语行为的交往需求有关，为人类行为的协调提供了部分约束力。①

在这四种普遍有效性论断中，只有第一种论断体现了践言式和命题式结构之间的一致，第二种论断则表明命题式结构当中言语和对象之间的关系，第三种论断体现了践言式结构当中符号解释者的心灵意向性状态。这四种论断的共同特征是，在考察一个真理论断时，在原则上预设了一个不确定的理想的论证共同体。也就是说，它在论证双方享有同等权力和责任的意义上预设了理想的交往规范。

因此，为了对论证的必要条件进行先验语用学的反思，就需要先天地证明一些确定性论断，它们是论证有意义的可能性条件。在阿佩尔看来，"我因此告诉你，在原则上我没有真理论断"这种罗蒂式的论断是自相矛盾的话语，因为即使仅从言语行为这个角度来看它是真实的，但结合命题式的维度来看，就形成了"在原则上我没有确定的论断"。换言之，从践言式角度来看，可以认为它的确表达了说话者的意图是真实的。但从命题式的角度来看，如果它是和事实相符合的，也就是说如果认为这句话也被包括在它本身作出的论断之内，那么这个论断本身也不是真理论断，那么实际上导致了无限制的可错论；如果从命题式角度来看它和事实不相符合，那么就导致了自相矛盾，例如"我认为我不存在"——命题式和践言式语句之间的矛盾就体现在这句话当中。

从这个意义上来说，可以认为说谎者悖论的产生是因为只是从命题式角度而没有从践言的角度来看这个句子。例如"所有克利特岛的人都是说谎者"这句话，悖论在于，如果这句话的内容是真的，那么说谎者本人也应该被包括进来，他在说这句话时也是在说谎，所以这句话是假的；如果这句话的内容是假的，那么说谎者本人也没有撒谎，因此这句话就是真的。从践言冲突来看，悖论的产生是因为混淆了践言式和命题式语句，

---

① TTS, p. 168.

这句话应该是这样的:"我断定所有克利特岛的人都在说谎"。

在阿佩尔看来,实用主义的语言哲学家所理解的践言式自身冲突,"认为由于自我指涉的语言使用,在'所有人说谎'或'我在说谎'这样的陈述中能够显明自身,所以不会产生说谎者悖论。但是,这种陈述也是悖论性的,因为在作出陈述时,说话者同时否认并取消了他的论断的真,因此否定了他在说出真理。我们也要注意,禁止践言式自身冲突的规则并不能像一致性规则那样被作为一种命题逻辑的公理被引进。相反,对任何可认知理论或系列公理的引进都已经预设了言语的践言的自我一致……因此,践言的自我一致是思考和论证的无法逃避的要求"①。

因此,阿佩尔认为无限制的可错论是自相矛盾的,因为一个人是否在断定或提出一个真理论断应该是确定的事情,所以这样无限制的可错论导向了一种悖论。因为在他认为我们的践言式行为是不确定的时候,他忽略了这样的事实,即他正在使用这种论断来提出一种论证。因此,阿佩尔反对以罗蒂为代表的无限制的可错论者,而主张论证的确定性的规范性前提和先验语用学基础。

现在的问题是,首先,践言式语句如何才能不产生践言式自身冲突?由什么来保障?正如在实在论的语言哲学那里,语句的真是由它是否符合了它所指称的对象来判定和保障的,在践言式语句当中,什么能够保障它的真实性,如当我实施言语行为时,通过论证的确定的前提,我能够知道我在断定、承诺或否定。其次,如何才能知道命题式和践言式语句是一致的呢?阿佩尔认为:"哲学基础虽然没有预设任何其他陈述所依赖的真实性陈述,但它预设了这样的陈述,如果取消这些陈述就形成一种践言式自身冲突。"② 从这种论述中可见,是论证的前提保障了不产生践言式自身冲突,那么,这些论证前提又是什么呢?"我的方法是将自身所依赖的东

---

① Karl–Otto Apel, "Challenge of a Totalizing Critique of Reason and the Program of a Philosophical Theory of Rationality Types", in *Reason and Its Other: Rationality in Modern German Philosophy and Culture*, ed. Dieter Freundlieb and Wayne Hudson. Berg, 1993, p. 29. 引自 Marianna Papastephanou, "Communicative Action and Philosophical Foundations: Comments on the Apel–Habermas Debate", in *Philosophy and Social Criticism*, vol. 23, No. 2, 1997, pp. 65–66。

② Karl–Otto Apel, "Challenge of a Totalizing Critique of Reason and the Program of a Philosophical Theory of Rationality Types", in *Reason and Its Other: Rationality in Modern German Philosophy and Culture*, ed. Dieter Freundlieb and Wayne Hudson, Berg, 1993, p. 48.

西看作基础的方法；如果要避免践言式自身冲突就要确定这样一些不能被反驳的前提。它不是对世界进行本体论—宇宙论的说明，而是提供了论证性理性的自我辨明。"① 由此可以进一步看出，这种前提是不可反驳的，而且也不是传统对世界的解释和说明，但它是论证有意义的条件，是某种具有先天性的确定性论断。它或许是由不确定的交往共同体所形成的一致，这种一致使得语言成为一种建制，正是这种建制是论证不可逾越的前提。

由此可见，如果要避免践言式自身冲突，就要达到命题式和践言式之间的一致。要达到这种一致，就需要一些论证的前提，这些前提是不可避免的和不能反驳的。那么，这些前提由什么来保障呢？在阿佩尔看来："尽管笛卡尔和康德的方法论的唯我论以及胡塞尔的先验主体，的确受到了新时期的科学发展及其社会科学中以资产阶级为代表的'独立个体'这种主体观念的冲击，但是人类主体在原则上毕竟能够担负有效性论断的先验主体的功能，只要他或她是不确定的交往共同体的一员，分享了公共的语言符号意义。"② 因此，阿佩尔要通过语言或交往问题对先验哲学进行中介化，这样，就有两个根本性的哲学主张：一是后期维特根斯坦的语言游戏概念，二是由皮尔士所创立，经过了罗伊斯和米德发展的"不确定的探究者共同体"。阿佩尔认为维特根斯坦和皮尔士的"共同体"概念的共同点在于，一方面，保留了康德先验观念论的功能意义（即可以为康德之先验演绎的"极点"和"综合判断的最高原理"确定一个等价物；根据这个最高原理，经验的可能条件同时也即经验对象的可能性条件）；另一方面，他们又隐含一种康德的先验观念论与实在论的中介化。在这个意义上，阿佩尔所改造的先验哲学是这样的："在我看来，一种当代的先验哲学的首要任务是对论辩活动本身的意义的反思，从而也包括对意义的

---

① Karl‐Otto Apel, "Challenge of a Totalizing Critique of Reason and the Program of a Philosophical Theory of Rationality Types", in *Reason and Its Other: Rationality in Modern German Philosophy and Culture*, ed. Dieter Freundlieb and Wayne Hudson. Berg, 1993, p. 49.

② Karl‐Otto Apel, "The Problem of Philosophical Ultimate‐Justification in the Light of a Transcendental Pragmatic of Language (An Attempted Metacritique of 'Critical Rationalism')", pp. 164—165.

蕴含的反思。这对于所有论辩者来说显然就是终极的和不可回避的东西。"①

因此，哲学的无法回避的、先验的预设是包含了普遍有效性论断的论证。如果哲学没有被取消那么这些先验的预设就不能被怀疑。由此可见，检验一切哲学论题的标准是其命题内容和它们完成行为表达的有效性论断之间是否具有一致性。如果二者之间不一致那么这个论题就要被取消，因为论题中与命题内容有关的意义论断已经被否定了，如"我不会写字"这个论题中的命题内容和践言式论断之间是不一致的，因为当我写出这个论题时我已经在写字了，那么这个论题的命题内容否定了论题的意义论断，这个论题是没有意义的。因此，"践言式和命题式一致性的检验为意义批判提供了一个最彻底的标准。而且我认为意义批判是哲学的语言转向之后先验的理性批判的首要方法，反思的先验语用学体现了这种意义批判的方法。"②

三 交往共同体的优先性

从先验语用学的角度来看，交往共同体能够为论证提供规范的前提，从而避免论证中的践言式自身冲突。这种交往共同体具有两个方面的特征。

首先，在交往行为中个体行为的互动或"合作"是以真正的一致性交往为目标的，它不同于以目的性交往为目标的互动概念，也就是以纯粹工具性的语言使用为目标的互动概念。③ 在此，潜在的目的性交往互动为了自身的效率，为了实现最终的游戏目标必须预设真正的交往互动的优先性。这是因为，在交往中以语言为中介的人类行为的合作不是受语言工具控制的互动行为。这种交往行为的前提是言语行为中有效性论断的规范性"约束力"，正是规范性约束力使得交往对方能够接受以言行事行为中的以言取效的暗示，从而达成交往中的一致。也就是说，在交往合理性的前

---

① 阿佩尔:《哲学的改造》，孙周兴、陆兴华译，上海译文出版社1997年版，第158页。
② Karl-Otto Apel, "What is Philosophy?", p. 9.
③ Karl-Otto Apel, "The Rationality of Human Communication: On the Relationship between Consensual, Strategic, and Systems Rationality", in *Graduate Faculty Philosophy Journal*, vol. 18, No. 1, 1995, p. 10.

提下,交往双方在以语言为中介的交往中都受到了规范性前提的约束,从而在约束下达成取得一致。因此,在交往行为中,语言理解的共识力量,即语言自身的约束力能够把行为协调起来,而在以目的性交往为目标的策略性行为中,协调效果取决于行为者通过非言语行为对行为语境以及行为者之间所施加的影响,因此,在策略行为中,缺少以言行事力量的言语行为把协调行为的角色给了语言外部的力量。

其次,在交往共同体中语言不是作为工具,而是一种建制。[1] 在目的合理性即策略性行为中,以言行事的约束力已经有所减弱,语言退缩成了信息媒介,仅仅是使用的工具而已,在交往合理性的理论中语言使用形成了一种规范的规则,正是这种规则保障了以言行事行为和以言取效行为中的说话者和听者之间的交往得以可能。在交往中语言意义不能被还原为目的意向性,而是真正公共的主体间共享的意义,与目的性交往不同,一致性交往强调主体间共享的公共语言意义,它不能被还原为先于语言的意向性,而目的性交往中的语言使用只关注听者对说话者的意向性的理解,听者要理解说话者的意向性,而说话者则不需要理解听者的意向性。因此,言语中有意义的东西被看作说话者试图在听者那里取得以言取效的意图,这就不能排除听者在理解说话者的真正意义—意向性时被欺骗的可能性。所以,它不能区分以言行事和以言取效行为之间的差异和不同关系,而这些差异和关系反过来是研究真正公共的即主体间共享的言语意义和只能在听者那里产生以言取效效果的目的意向性之间的差异的前提。而交往共同体中的语言意义在原则上还要依赖通过语言约定而产生的公共的和主体间共享的意义。也就是说,语言的意义不只来自对意向性的互相理解,而且要通过说话者和听者分享公共约定性的语言意义而显示出来。

因此,交往共同体的基础是语言交往,一方面,语言是交往的中介,另一方面,语言使用使得交往能够达到一致。语言实际上是主体间有效意义的人类建制,因此,只有语言的意义约定为意义的主体间有效性提供了必要的条件,而意义的主体间有效性是真理论断的主体间有效性的必要

---

[1] Karl‑Otto Apel, "The Rationality of Human Communication: On the Relationship between Consensual, Strategic, and Systems Rationality", in *Graduate Faculty Philosophy Journal*, vol. 18, No. 1, 1995, p. 11.

条件。

那么如何才能确定必定有一种不同于目的合理性的交往合理性呢？如何才能借助于我们在原则上能够赋予规范的生活世界交往以有效性而表明有一种交往合理性？也就是说，如何能够由于交往合理性，我们使有效性论断对人类行为的合作具有一种非目的性的却是理性的"约束力"？生活世界中的交往从来不同于目的性的理性游戏，它不为当时的游戏规则所约束，却为主体间有效的"约束力"所束缚。而且我们在重构人类交往时已经过了启蒙阶段对理性的怀疑，不再怀疑所有由约定而形成的人类有效性论断的约束力具有主体间有效性。因此，如果在有关人类交往的合理性论证的层面，我们没有陷入先验语用学的自我矛盾，我们就不能拒斥这些前提。当然，先验语用学反思的结果并不是直接赋予约定性论断以主体间有效性，从而使之对生活世界中的言语具有约束力。

在意义论断的基本层面，严格的先验语用学反思表明，只有通过理性话语对约定性意义进行说明的合理性才是预设在所有论证中的合理性。同样可以表明，人类言语中的真理论断只有借助于考虑到了科学进步的结果的理性话语才能在原则上被赋予有效性。基于这样的考虑，阿佩尔认为，皮尔士包含"逻辑解释项"的语义学优越于维特根斯坦的实用主义的语义学。因为根据皮尔士的说明，在论证话语的层面我们必须假定，在原则上通过理性的解释过程能够确定每个意义论断的"逻辑解释项"，在理性的解释过程中考虑到了在扩充我们的语词方面的科学结果。这与实用主义的和诠释学的必要假定并不矛盾，即人类通过使用语言已经分享了被认为普遍为真的世界观。在此可见，语言的建制作用在于人通过使用语言具有了普遍真的东西。这种真来自语言的积淀，而不是来自外在的实体或内在的意识。在此，语言不仅是传递真的工具，而是如果没有语言就没有真，在某种意义上这类似于自然主义的语言观，我们不需要追溯先于语言的本质和渊源，也不需要从语言之外的世界寻求根据，我们所要寻求的普遍性、规范性和客观性就来自语言本身。语言本身为知识提供了一种建制，既不需要语义上溯，也不需要语义下行。阿佩尔不但拒斥了从先于语言的意识或意向本身寻求知识的合理性依据的路径，而且摒弃了从语言之外的实在世界寻求知识的普遍性和客观性依据路径。这样，先验语用学完全从语言和语言共同体出发，以语言活动取代传统第一哲学的主题，成为当代哲学中的第一哲学。

第二节 语言交往共同体：先验性的保障

20世纪几乎所有哲学趋向都受到"语言是知识的有效性和可能性的条件"这一思想的影响，充分体现了语言哲学在当代哲学中的影响力。维特根斯坦早期的"全部哲学就是语言批判""语言的界限就是世界的界限"的论断，以及后期认为哲学是语法研究、语言游戏等思想，奠定了语言转向的基础，开创了语言哲学的先河。其后，维也纳学派的基本理论及其寻求有意义的科学语言标准的努力推进了语言哲学的发展，尤其是卡尔纳普将传统哲学中的本体论和先验问题转化为建构形式语言的语法—语义框架的问题。同时，欧陆哲学中体现语言转向的是新康德主义和现象学的转向，这两个转向分别开始于卡西尔的"符号形式的哲学"和海德格尔的语言思想，伽达默尔的哲学诠释学进一步发展了海德格尔的思想。

在阿佩尔看来，我们不应该仅仅局限于语言是描述的可能性和有效性的条件，更应该注意到，后期维特根斯坦反对私人语言的论证为我们打开了从交往和社会互动方面思考语言的主体间维度的视野。这种交往和互动哲学可能导致对理论和实践哲学的先验基础的完全转变，即先验的语言交往概念替换了先验的自我意识。

一 先验的语言游戏

在阿佩尔看来，以逻辑原子论和逻辑实证主义为代表的分析哲学以一种严格的形式（以逻辑为基础）复兴了传统关于语言和事物关系的基本思想，这两个阶段的语言概念可以被看作英国经验主义和源自莱布尼茨的数学普遍性的结合，即经验主义和逻辑主义的结合。在这里，语言观念不再是洛克意义上的表达个人内心活动的"私人观念"，而是莱布尼茨意义上的具有计算功能的语词概念，这种计算语言由于其逻辑形式的主体间性而是先天的。这种语言的基本记号含义精确，结构简单，揭示了命题的逻辑形式。因此，在分析哲学家看来，通过对意义证据的直觉探查（主观的—唯我论的内省）并不能消除科学和哲学中的不清楚和误解，只有通过语言体系中的语形—语义的一致才能消除这种模糊和误解，在计算语言体系中语言的使用者将所有的理性讨论都还原为一种"计算",也就是"盲目的"或"符号化"的思维,它不需要语义内容从直观上来保障其有效性。这种路径的"先天性"在早期维特根斯坦的《逻辑哲学论》中明显地体现出来了。

如果像早期维特根斯坦那样假设,日常语言蒙蔽了普遍语言的逻辑形式,而深层语法的逻辑形式能够通过基本语句以及从逻辑上将有意义的语句还原为基本语句,从而为所有的基本事实提供一种主体间有效的表征。如果接受了这种假定,那么可以肯定,洛克所提出的赋予语词意义的私人思想如何能够交流的问题,以及私人经验的主体间有效的问题就不再出现了。当然,如果要消除这样的问题那么个人经验和语言交往需要完全摆脱语词意义的构成。在本体语义学的语言体系中意义产生于客观的世界"事实",语言使用者称之为可能"事态"的要素。而且对于所有的语言使用者来说"事态"的"形式"(语言和世界的逻辑形式)也是先验的,因此唯我论的问题就为这种假定所解决了,如果没有假定语言交往过程中的语词意义和事物意义的内在一致,那么每个(普遍)语言使用者都先验地面对同一世界。正如维特根斯坦自己所说:"这里可以看到,严格贯彻的唯我论与纯粹的实在论是一致的。唯我论的自我收缩为无广延的点,保留的是与它相关的实在。"①

至于主体经验和意向性以及语词意义的交往问题,《逻辑哲学论》几乎没有涉及。早期维特根斯坦对主体间问题的解释可以概括如下:"交往是人与人之间的信息传播过程,为此目的人们要借助于共同的符号代码或语言体系对他们的私人思想进行编码,正是这种共同的符号或语言体系的结构保障了意义的主体间性。"② 然而,这似乎表明,能够交往的只是为语句结构或形式所代表的先验主体间的事态结构或形式,信息内容只有为私人所解释,语言结构没有影响其内容,反过来,它也没有影响语言结构。也就是说,只有事态的形式可以交往,而具体内容则是私人解释的事情,它和主体间的结构是无涉的。

当然,这种把数学普遍性转变为技术性的语言交往模式所面临的困境

---

① 维特根斯坦:《逻辑哲学论》,贺绍甲译,商务印书馆1996年版,第86页。
② TTS, p. 98.

是，如何解释语言体系的演变、社会交往以及社会文化进化过程之间的相互作用。正如早期维特根斯坦所承认的，普遍本体语义体系（或所有系统的深层结构的语言思想）在原则上和人类交往或语言的结构相矛盾。《逻辑哲学论》中的结构矛盾也体现了这一点。言说或交往一种语言（或语言的结构）既不可能也不必要，这种语言结构先验地保障了有关世界的信息的主体间性。因为每一个交往的参与者已经预设了语言的结构，语言的先验结构使命题得以可能，因此表达者也不可能就语言的结构说出什么有意义的命题。正如维特根斯坦所说，逻辑"只能显示自身"。因此，不能就语言或语言结构本身进行交往，也就是说不能反省地研究语言，不能研究语言自身，也没有必要从主体间交往和语用学的角度研究语言。语言交往只是一种信息交换过程，这种交往依赖于语句的结构，反过来语句的结构或深层语法是不能被交流的。

在这里，阿佩尔认为，由罗素提出、经塔尔斯基和卡尔纳普详细阐述的语言和元语言（一个无穷的等级）相分离的思想，并没有解决《逻辑哲学论》中的矛盾。因为从一开始，逻辑语义学的基本前提就被限定在人工语言框架之中，它自身需要为自然语言所解释，因此自然语言必须履行逻辑语义学的元语言等级中没有预见的最终元语言的作用。

的确，将莱布尼茨主义和现代的语言结构主义相结合是一种进步，同样，以语言分析哲学的意义概念代替亚里士多德式的超语言的意义观念以及洛克的心理主义的意义观念也是一种进步。但是，只要分析哲学的语言体系仅仅建立在逻辑和本体论的基础之上，只要它没有同时被看作人类交往的建制（也就是作为一种内在化的语言交往的思想的客观化和外化），那么在语言领域中它就没有考虑意义意向性问题，因此在这个问题上它又退回了先前的方法论的唯我论。因此，在阿佩尔所批判的语言分析哲学中，语言交往不是语言体系和私人思想之间的辩证中介，它不能被看作思想和知识可能性的先验条件，而只是以公共语言系统为媒介传播私人思想的过程。这种技术化的还原忽视了语言交往的重要性，没有认识到在写作和编码中，作为思想的构成机体的语言是沟通私人思想和公共语言的非反思性条件。

以卡尔纳普和莫里斯为代表的逻辑实证主义的第二个阶段也没有从先验的主体间语言体系中排除方法论唯我论，尽管不再通过私人解释（通

第六章　先验语用学的"阿基米德点"：交往共同体

过内省的经验)来具体化语言体系，而是通过客观描述作为公开行为的语言使用，从而将抽象的语言体系和实际的语言交往结合起来。因为，如果在严格行为主义的意义上，对观察材料的外在观察和描述代替了对言语行为的意向性的理解，那么观察者就必须放弃他和被观察的人之间的前科学的交往关系。行为主义者将相互交往的合作主体仅仅还原为自然对象，从而在原则上不能确定言语是否是观察的对象。因此阿佩尔认为："以严格的行为主义为基础的语言学或社会科学是不可能的。此外，还需申明的是，严格的行为主义的语用学并不能超越传统经验主义的唯我论思想，相反它进一步证实了这种思想。"① 其原因在于，为了彻底避免理解私人意向性和私人解释的问题，行为主义者必须将自己的态度普遍化，也就是必须以观察和描述伙伴的言语行为来代替交往。这是一种科学还原主义的精神，观察者变成了方法论的唯我论者，因为他需要一种在原则上没有共同体的、可以私人地使用的科学语言。

因此，在阿佩尔看来，行为主义和内省主义与理想的逻辑语言体系的结合（先验语义学和语用学）只是近代方法论唯我论的两个补充形态。二者都忽视了语言交往的先验性是交往双方相互理解各自的意向性和经验的先验条件。同时表明，科学主义和方法论的唯我论是常识性的语言和交往观的基础，也就是将语言和交往看作先于语言的思想能力的工具。在语言分析哲学的前两个阶段即逻辑原子主义和逻辑实证主义阶段，哲学家们试图以逻辑为工具结合经验主义和理性主义，从而重构语言概念，避免方法论的唯我论和形而上学的弊病，而在阿佩尔看来，"他们最终仍然没有摆脱方法论的唯我论，因为他们都忽略了语言交往共同体的先验性在抽象的逻辑形式和实际的语言使用之间的中介性，忽略了交往共同体的先验性是知识普遍性的先验条件"。②

阿佩尔通过反思后期维特根斯坦得出的最重要的结论是哲学的语言游戏理论。在《哲学研究》第23节，维特根斯坦对语言游戏作出了如下的陈述："'语言游戏'一词的用意在于突出下列的事实，即语言的述说乃

---

① TTS, p. 101.
② TTS, p. 101.

是一种活动，或是一种生活形式的一部分。"① 但是，阿佩尔对维特根斯坦将语言游戏的意义完全归结为语言的使用，归结为对语言规则的理解和遵循表示不满。在他看来，哲学不应该关注那些具体的、多样的、丰富的语言游戏，而应该阐明理想的语言游戏，这种理想的语言游戏表征着所有实际语言游戏的可能性的先验条件，由此引出了理想的交往共同体问题，理想的交往共同体以一种独特的方式在理性假定和给定事实之间保持着适当的张力。

在《哲学的改造》第二卷"先验诠释学的语言概念"一文中，阿佩尔指出，哲学家不仅要将人类的语言游戏看作客观发生的事实进行经验的描述和观察，而且要将其看作自己可以实践，可以从批评和规范话语的角度进行反思的东西。总之，作为语言批评者的哲学家必须明白，在描述语言游戏的过程中他自己拥有一种特殊的语言游戏，它反思性和批判性地与所有可能的语言游戏相关联。因此，哲学家总是认为他能够在原则上参与所有的语言游戏，能够进入与相应的语言共同体的交流，也就是说，哲学家自己为了描述语言游戏需要一个语言游戏，它与所有其他可想象的语言游戏之间保持一种特殊的关系，这种关系必定是一种交往和批判性反思的关系。正是由于这种特殊的语言游戏，在独立于不同的甚至不可比的生活形式的前提下，原则上我们能够和所有的语言游戏和生活形式进行交往，因此，"必须假定一种语言游戏，它在原则上能够在不依赖于不同的、相互矛盾的生活形式范畴的前提下使所有的语言游戏和生活形式得以可能。所假定的语言游戏能够提供判定所有其他语言游戏范式的规范"。② 换言之，所假定的这种语言游戏是其他语言游戏可能性的条件，它代表了一种理想的规范，是一种理想的范式。

当然，这种假定似乎与维特根斯坦的反本质主义语言观相矛盾，也就是说，所有的语言游戏没有共同的本质，只有一定的家族相似性，也就是没有对于所有的语言游戏来说具有先天有效性的共同的本质特征。阿佩尔认为，一切语言游戏的共同性在于，一个人通过学习一种语言如在社会化的过程中学习母语，他也掌握了普遍语言游戏或人类生活形式的深层结

---

① 维特根斯坦：《哲学研究》，李步楼译，商务印书馆1996年版，第17页。
② TTS, p. 103.

构。因此，当一种语言被习得时，与语言使用密切相关的生活形式也成功地进行了社会化，这样，某种类似语言游戏的东西即人类生活形式也就被习得了，也就是说，人类获得了反思自身的语言或生活形式以及与其他所有的语言游戏进行交往的能力（competence）。因此，这里假定的特殊的语言游戏不仅与维特根斯坦关于语言本质的论述不矛盾，而且还可以证明"私人语言"的不可能性。在维特根斯坦看来，遵守规则原则上是一个公共事件，而且遵守规则要和现存的语言游戏相联系，但是在遵守规则的过程中原则上引进一个新规则也是可能的，尽管这个新规则还没有被现存的语言游戏范式中的交往共同体确定为规则。阿佩尔认为，这种情况通常发生在那些还没有为社会所理解的发明家和革新者以及提倡新的道德和社会生活形式的空想家那里。面对这些情况，我们不能假定一种"私人的语言游戏"，而必须假定一种由理想的交往共同体所实践的理想的语言游戏，由此对那些变革者所遵循的规则进行评判。可见，必须有一个超越现有生活形式和语言游戏的理想的语言游戏，它能够评判具体不同的语言游戏。

因此，只有理想交往共同体中的理想的语言游戏，才能被假定为人类普遍遵守规则的指导性范例（control-instance）。任何遵守规则的人都将理想的语言游戏看作他参与其中的语言游戏的真实可能性，将其预设为有意义行为的可能性的条件。① 对语言游戏反思的目标在于使得每一位有资质的言谈者获得参与具体语言游戏的普遍能力。有谈话的能力也就意味着在原则上能够向任何人谈论任何事。基于这样的要求，哲学家就不应该满足于对所有可能的语言游戏进行经验的描述，不应该仅仅从事实层面展现不断成功地重复的确定的交往过程。哲学家在对语言游戏进行经验描述和展现的同时要考虑到一种规范，其作用是批判那些不符合规范的语言游戏。这种规范体现在交往共同体的理想中，它不仅无所不包（all-embracing），而且为论证中的"有意义的"行为提供保障。然而，体现在理想的交往共同体中的这种规范并不只是来自对语言游戏本身的分析，甚至也不是对有效的主体间语言交往的前提的反思，而是它自己表现出一种哲学

---

① Karl-Otto Apel, "Der transzendentalhermeneutische Begriff der Sprache", in *Transformation der Philosophie*, Vol. II. Frankfurt, 1973, S. 346.

的假定。

正是这种在实际的语言游戏中,还没有被认识到的理想的语言游戏可以被反事实地(conterfactually)预设为理解人类生活形式的可能性和有效性的条件。它以一种隐含的形式被预设在一切有意义的人类行为中,它以一种明确的形式被预设在有效的哲学论证中,这种理想的语言游戏被称为先验的语言游戏。它至少以一种隐含的形式蕴含在一切有意义的人类行为中,同时以一种明确的形式体现在有效的哲学论证中。当然,这些人类行为正是由于理想的语言游戏才可能有意义,哲学论证也因此才有效。"我将这种理想的语言游戏称为先验的语言游戏,它也可以为维特根斯坦的私人语言不可能性论断作辩护,它在普遍或先验的语言交往语用学的意义上和人类的交往能力思想相一致。"① 阿佩尔认为,他的这种思想并不是空穴来风,可以从哲学史中找到理据。

在欧洲大陆哲学方面,洪堡反对从亚里士多德以来的传统语言概念,他将语言本质限定如下:"语言一定要被看作是直接体现在人那里的,因为作为澄清意识时的理性产物,语言完全是无法说明的……语言不能被发明,如果它不是事先就存在于人类理解中的。为了能够使人理解一个语词,例如一个被清楚表达的指称概念的声音,语言整体在结构上已经显现在主体那里了。在语言系统中没有单个的语言,每个要素都是整体的一部分。语言必然来自人,以必然而渐进的方式,语言有机体决定了思维能力的功能,当然它不是作为废弃了的东西而存在于灵魂的阴影中,而是一种规律。将这种现象和其他现象相比,可能会使人想到动物的自然本能。"② 在洪堡看来,语言不是作品,而是一种活动。因此,"它的真实定义只能是一个发生学的定义。它是不断重复的精神活动,从而能够通过声音表达思想"。③ 洪堡认为,一方面,对人类语言能力的这些界定是对生成语法的一种暗示,另一方面,他也预见了一种与认识论相关的比较语言学的纲领。洪堡认为,"从思想和语词的相互依赖性可以看出,显然,语言不仅应该被看作表征已知真理的手段,而应该被看作发现未知真理的手段。它

---

① TTS, p. 104.
② TTS, p. 94.
③ TTS, p. 94.

们的不同不在于声音和符号,而是世界观的不同"。①

在英美哲学方面,罗伊斯试图发展不确定的解释共同体思想,将语言交往共同体中形成的意义约定的合理性看作人文主义方法论的合理性,从而为社会科学和人文科学提供一个符号学的基础。此外,在某种意义上米德的符号互动思想可以被看作先验的交往语用学,它是符号学实用主义的发展极点,因为他并没有把语言交往现象还原到集体可观察行为方面,而是相反,如果认识到了由人际互动而形成的互动性,那么就可以认识和理解作为符号互动的人类行为。此外,通过将自己置于情境之中以及从他人的眼里将自己理解为"自我",米德表明了理解他人的起源的同时性,在这一点上,他的确超越了代表方法论的唯我论的内省主义思想,但他并没有以对行为的外在观察代替内在的观察或内省,而是超越了笛卡尔的认识论,因为他认为自我反思和理解他人都是同一现象的两个方面。在这个方面,他的立场十分接近狄尔泰的诠释学概念,人类自我理解和理解历史世界是相应的过程,也接近海德格尔的存在主义诠释学概念,它以共在和自我理解(Mitsein and Selbstverstandnis)的同时性起源为基础。在这个意义上可以说,米德从社会学和生物学方面对符号互动的分析超越了大陆传统的诠释学,尤其认为语言中"有意义的符号"作为人类互动的一种建制而发挥作用,因此也是理解和自我理解的一种建制。

因此,经过先验语用学的哲学转变,"交往共同体"是符号学的解释主体。那么,理想的交往共同体究竟是一个要达到的目标,还是一个判断实际认知的规范?在阿佩尔看来,首先它是一种知识的规范,其次它也是一个目标,"正是由于它是一种规范的思想所以它也是一个目标,却是一个从来无法达到的目标"。② 因此,理想的交往共同体是一个假定,它体现了一种元规范,即理想的交往共同体的所有成员都拥有平等的权利和共同的责任,但理想的交往共同体观念本身是一个理想而不是一种特定规范。

---

① TTS, p. 94.

② Sander Griffioen ed., *What Right Does Ethics Have?*, *Public Philosophy in a Pluralistic Culture*, VU University Press, 1990, p. 19.

二 先验的语的言交往概念

先验的语言游戏一方面是批判形而上学的语言分析的最终前提,另一方面它是从语言哲学的角度改造传统第一哲学思想的基础。之所以作为终极前提,是因为维特根斯坦式的语言游戏理论并不能解决传统的"第一哲学"的问题(如真理、本质等),只有以交往共同体为基础的先验语言游戏才能解决这样的问题。哲学家和社会科学家必须既参与所有给定的语言游戏同时又必须能够与所有的语言游戏保持批判性距离,只有在先验语言游戏中这才是可能的。

至于先验语言游戏的优先性,在阿佩尔看来,先验语言游戏继续了后期维特根斯坦对柏拉图式从本体论角度将语词意义实体化的批判,而且赋予了这种批判以新的涵义,使之能够解决传统的第一哲学问题。因为仅仅像维特根斯坦那样通过实际的语词使用并不能真正地解决本体语义学和语形学所面临的问题。维特根斯坦在《哲学研究》中通过语言游戏中语言的实际使用来批判传统的形而上学,如通过描述"什么是勇气?""什么是正义?"或"什么是真理?"这些语词的使用,来代替传统关于这些概念的本质的争论。然而阿佩尔认为,这种对语词的实际使用的描述并未回答我们如何理解"勇气、正义和真理"这些概念的意义问题,尽管从方法论上来说这是一种进步,即将"什么是勇气?"等本体论问题转化为语用学的语词使用问题,这样至少可以打破所有语词都应该像专名那样有指称的形而上学幻想。但是,要解决或消解由"本质、定义、思想、概念和意义"这些哲学术语所引发的哲学并发症,我们就不能期望通过描述语词的实际使用来直接回答柏拉图关于事物的本质的问题,而要通过假定在理想的交往共同体中所有参与语言游戏者就语词使用所达成的一致。换言之,尽管为了可理解性哲学定义必须考虑到既定的语词使用(正如哲学论证必须从既定的前提出发),但它也要考虑人类经验和论证的最新发展,因此,它在一种既定的语言游戏中预设了适用于所有理性存在者的理想的语言游戏结构,况且其先验性也是来自这种适用于所有理性存在者的理性。

基于以上观点,阿佩尔认为,先验的语言游戏为从语用学角度解决事物"本质"问题提供了规范性解释,也就是说,先验语言游戏中的规范维度是语词意义的先验条件,当然,从语言交往共同体最终达成的一致来解决传统关于"本质""概念"的问题必须面对由维特根斯坦的语言游戏的多元性和洪堡的"人类语言结构的多样性"中所引发的准先验问题。

在维特根斯坦看来,与其说"本质"体现在语词的实际使用中还不如说它体现在使用的语法规则中;在洪堡看来,我们对世界的本质结构的理解总是已经受到不同的语言结构所设定的不同的"世界观"的影响。所以,"内在形式"(洪堡)或"语词使用的语法规则"(维特根斯坦)的多元性如何与我们在理想的语言游戏中就概念使用所达成的最终一致的假定一致呢?不同的语形—语义系统或各种深层语法形式在语词使用的规则方面是否具有不同的取得一致的方式?如果这样的话,那么它是否先天地决定了所假定的普遍一致是无毫意义的?这些具有相对主义倾向的反对意见是基于这样的考虑,建构一种理想的科学语言的想法并没有形成莱布尼茨所假定的那种哲学的普遍语言(lingua universalis sive philosophica),相反却再次证实了"语义框架"的先天的多元性。这种结果和新近科学哲学如库恩和费依阿本德所捍卫的理论或范式的约定主义和多元论的主张一致。

阿佩尔认为,这些问题是作为第一哲学基础的先验语言交往共同体概念所要面临的难点,也就是说,先验的语言交往共同体概念所主张的这种终极一致观念如何面对相对主义的指责,这种理性的普遍一致性是否是具有普遍必然性的人类知识的必要条件?"阿佩尔则将先验性的希望寄托在语用学方面,也就是在语用学和先验性之间建立一种令人信服的关联性。"[1] 因此,这种理想的语言游戏的先验性来自语言交往的先验性,"正是交往的先验性使得约定合理性成为可能,或者语言交往的先验性,因为没有其他的交往能够给予这种理性约定的可能性"。[2]

在哲学史上,语用学和先验性似乎是两个相互矛盾的范畴,因为前者是经验性的,与先验的范畴无涉。因此,阿佩尔也清楚地意识到,对语言的语用学方面的探讨并不能够必然地得出先验性的存在,也不能说交往共

---

[1] Rudiger Bubner, *Modern German Philosophy*, trans. by Eric Matthews, Cambridge University Press, 1992, p. 76.

[2] Karl-Otto Apel, "The Apriori of Communication and the Foundation of the Humanities", in *Man and World*, vol. 5, no. 1, 1972, p. 8.

同体中的语言是保障知识可能性的先验条件。不过，我们必须使用语言来达成理解，只有在语言使用的过程中才能达成人与人之间的理解，因此语言是主体间理解的一个必需的建制，但这也不能证明语用学能够提供某种先验性。基于以上考虑，阿佩尔试图从历史人类学的角度对语言交往共同体如何将先验性和语用学结合起来给予解答。

阿佩尔从历史人类学的角度出发，论证了在先验语言游戏中，由语言之间的交往而形成的交往共同体是语词意义的先验条件。人与人之间沟通的可能性和知识有效性的真正条件是先验的语言游戏，后者的实在基础和发生性出发点就在于人类种族生活的基本事实中。在他看来，今天和数千年前一样，在不同的语言系统中存在着不同的甚至不可通约的"内在形式"或"语形—语义结构"的差异，语言游戏或社会文化生活形式之间的这种不可通约的差异——尤其是研究原始文化的专家们所强调的这种差异——随着现代文明的发展不再是不可通约的了。生活形式或语言游戏的多样性并没有消失，它为科学技术的语言游戏所控制，尽管科学技术有其复杂性和多面性，但无疑它促进了生活形式的统一。在这样的前提下，人类语言的语义构成尽管还保留着体系结构的多样性，但显然，它也要使自己适应在科学技术的语言游戏层面所进行的统一化过程。东方（如中国和日本）和欧洲的语言的体系结构不同甚至不可通约，但通过实践中的相应表达，它们都可以清楚地阐明科学技术文明的所有核心思想。而且，不同的社会文化生活形式中的隐秘领域尽管在口头表达方面通常认为是不可翻译的，但是，为了实现不同文明之间的理解，通过有关社会文化结构和内在世界观的多样性的诠释学知识，这些领域之间也可以间接地被翻译或解释。问题是何种解释是具有最终一致性的解释呢？

从人类文明理解史中得出的最重要的结论是，在语形—语义的语言体系和语义—语用的语言游戏之间，既要进行区分，又要保持辩证的中介。语言体系尤其是根据人工构架的范式而形成的理想化的语言体系被看作是形成概念的不可通约的条件。而在语言游戏方面则完全不同，因为这些语言游戏可以被理解为交往或社会互动的实际单位。换言之，在乔姆斯基意义上的语言（语法或语义）能力层面，试图综合语言产生的不同方式显然是不可能和毫无意义的，但是在交往能力的层面试图在不同语言共同体成员之间达成更好理解绝不是不合理的，因为交往能力不仅依赖对语言能力的实施,而且依赖语用的普遍性。① 而且,在语用维度上,交往的历史进步甚至会影响语言的语义构成,尽管这种语义构成依赖于不同的体系结构。

这种可能性的原因(在交往能力的层面不同系统的语言是可以理解的)在于,自然语言的结构不同于人工语言系统的形式或结构,但它并没有独立于实际的解释。因此,对于自然语言来说,一方面,由于"内在形式"的塑造,长期以来自然语言形成了语言使用、社会互动和世界解释体系,另一方面,在语言使用的语用维度成功的交往效果使得语言的语义系统结构发生改变。沿着黑格尔和洪堡的思路,这种双重影响可以被解释为"主观精神"和其异化对象"客观精神"之间的历史—辩证的互动。在当前的历史时代人的交往能力摆脱了由语言体系的制度化所造成的对象化和异化而重返家园。这样就可以理解为什么说通过交往能力尤其是对语言体系结构和语用普遍性的内在的反思能力的发展,就可以克服所谓的系统结构的不可通约性。

在语用学和诠释学层面上的先验的语言交往概念表明,尽管通过语言使用对意义以及所有的私人意向进行中介化是必不可少的,但传统有关事物本质的主体间有效概念的假定,最终可以通过理性存在者所构成的不确定的交往共同体的交往过程而得以实现。沿着这个思路,阿佩尔认为,从语言分析的角度对哲学史中第一哲学的改造达到了新的高度,通过将语言交往的先验性和人类理性观念相结合来解决古老的本质和意义问题。在语用学和诠释学层面上的先验的语言交往概念表明,尽管在意义的确定中要结合语言使用的维度,但最终可以通过不确定的交往共同体成员的交往过程而就事物的本质形成主体间有效的概念。正是在这个意义上,阿佩尔认为,以先验的语言交往概念为基础的先验符号学可以成为当代的第一哲学新范式,可以成为沟通诠释学和分析哲学的"桥梁"。

三 先验的语言交往共同体的哲学意义

阿佩尔从后期维特根斯坦的语言游戏理论中获得了一种语用学路径的启示,同时他也认识到诉诸理想的语言交往共同体的必要性。此外,塞尔

---

① TTS, p. 106.

的言语行为理论以及莫里斯的符号学三分法都得到了阿佩尔的肯定，他又吸取了皮尔士论述科学家共同体的思想，然而所有的这些哲学家都没有关注语言行为中语用维度的先天性，但在阿佩尔看来，只有正确地看待语用维度才能纠正传统语言分析中的片面性。因此，阿佩尔对语言活动中的语用维度具有无限的先验寄托。

不过，如何在语用学和先验性之间建立一种令人信服的联结是一个难题。因为从语用学和先验性的任何一个维度进行分析，都不能将二者合理地结合起来，也就是说，无论如何强调语言的语用维度的重要性，也不能从其中推导出任何与此相关的先验事态。语言在交往共同体中所发挥的作用不具有使某物成为可能的先验条件的地位。当然，为了能够彼此达成理解我们必须使用语言。但是，这样的论证似乎有循环论证之嫌。只要将人与人之间的理解归功于语言使用，那么语言就是主体间理解的一个必不可少的建制。这种简单的自明之理似乎不能由此推导出语言所具有的先验性。显然，有某种规范的要素与先验语用学的交往共同体模式相联系。在此要强调的不是人类在相互谈话中要使用语言，而要认识到，人类以某种方式发生关系时总要遵循一定的语言使用规则。因此，为了认识到存在于所有语言游戏中的家族相似性，就不仅仅要描述可能的语言游戏的多样性，而且要挑选出一种每一个人都要参与的语言游戏，它能够对所有其他各种形式的语言游戏进行衡量。而只有考虑到理性的独特性才能探知这种人人都要参与的语言游戏。

任何能够清楚而有意义地说话的人在言谈中都要遵循确定的规则。这些规则不仅支配语词的使用和句子的结构，而且统辖所有言语活动的参与者之间的关系。言语的语用维度超越了语言的范围而扩展到对待谈话伙伴的标准问题，将对话伙伴看作理性和平等的，这一原则毫无例外地适用于所有对话伙伴。人人拥有平等权利的共识似乎产生于对语言游戏进行精确分析的基础之上。由此关于传统德性伦理学的基础的难题似乎迎刃而解了，当然，这只是一种假象而已。阿佩尔正是从他所界定的那种有代表性的、有约束力的特定的语言游戏出发论证语用学的先验性特征的。

阿佩尔所谓的理性的语言游戏模式是指论证，而不是阿谀奉承、威逼利诱、撒谎等等这些言语活动，任何参与论证的人都是在就理性标准达成一致的基础上进行论证的,这种理性标准是任何人都要服从的。例如,研讨会上的科学争论或学术论争之所以能够理性地进行,是因为事先确立了清楚、明白、宽容等这些所有参与者都遵守的论证规范。这种情况就很明显地表现了语言使用的特殊形式,这种语言使用是以理性为目标,而不是以自我为目标;是为了共同解决对所有参与者都很重要的问题,而不是对个体起到一种修辞的效果。如果语言游戏的参与者能够遵循这种理性的规范,那么它也就能够被认识和接受。当然,语言游戏的参与者要遵循理性的规范,并不能由此推断,每一个对话,每一种语言游戏都必然是理性的,一种语言游戏中的语言规则可以为评价其他的语言游戏提供标准。相反,我们恰恰无法为理性的语言游戏提供一种评价标准。制度化(institutionalized)的语言游戏,如提问、劝告、命令,它们追求不同的目标,如增加知识、完成共同的任务,等等。此外,在日常语言行为中如碎屑的唠叨、礼貌的对话以及其他各种修辞性语言都有不同的目标,但这些语言活动并不都是基于参与者平等的准则之上,清楚明白的理性原则也不适用于这些言语活动。

那么,有什么理由将在高级文化层面参与者平等参加的理性讨论模式提升为普遍的规范呢?答案在于我们必须关注"反事实条件",并且充分认识到普通的言语并不符合这种理想(理性的规范)。但是如果我们将自己看作对话的伙伴,并且保持我们自己以及其他对话伙伴的人类尊严,那么我们就要提出这种"理想的条件"。当然,这种回答是不能令人满意的,因为它已经预设了我们要质疑的东西,一旦我们接受理性为规范,那么我们的行为就要符合这种规范,即使实际交往中的其他行为并不总是支持这种规范。任何试图进行理性对话的人所遵循的规则必然是毫无例外地有约束力的和有效的。然而问题是,什么促使我们决定实施一种理性的对话呢?如果说理性本身具有这样的责任,我们作为理性的存在者不能逃脱这种责任,那么在这个论证中存在着一个跳跃。因为这样的话,遵守理性的对话规则不是先验反思的事情,也不是从基本的对话条件中得出的内在结论,而是对作为对话的前提的理性的自明性和强制性的说明。当然,这种推导是不允许的。阿佩尔的先验语用学的目的在于将语言哲学的术语转换为古典康德式的先验哲学,这种先验哲学最终以理性的自明性为基础,尽管它可表现为实践中具有约束力的道德法则。

乍一看来，从语用学到先验有效性的这道桥梁没有更多的支撑，无法构建，但可以由从外部引入的规范因素进行构建。因此，引起争议的不是是否需要理性的对话规范，因为它当然是需要的。争论的焦点是，从先验语用学的角度来看，这种规范是否只能产生于对语言游戏的分析，答案是断然否定的。因此，这种先验性来自外在的理性的规范，而不是语言游戏本身。

在此需要明确的是，从康德的先验性到阿佩尔的先验性概念的演变，是一种从先天的先验性到在先的先验性的转变。在康德那里先验先于经验，是理性主体的一种先天的关于认识方式的知识，它是认识论的终极基础，能够说明认识的合理性和有效性。也就是说，这种先验性是给定的，而不是生成的。在分析哲学和诠释学的传统中，就先验性问题分别形成了两条进路，一是以皮尔士为代表的经验语用学的先验论，二是以狄尔泰为代表的以语言为中介的相互作用中经验交往的先验论。在此背景下，以哈贝马斯和阿佩尔为代表提出了语言交往共同体基础上的交往的先验论，强调通过语言交往共同体而形成的规范性对于认知个体来说具有一种先验的作用，因此，这是交往理性基础上的先验性，是建立在皮尔士的实用主义基础上的一种先验实用主义。可以说，阿佩尔的理论是对康德的先验路径的一种皮尔士式的翻版。

阿佩尔认为："我力图重构人类论证和逻辑可能性与有效性的伦理学前提。这种尝试不同于康德的古典先验哲学，因为它不再在'对象意识和自我意识的统一'中也就是以'方法论的唯我论'方式寻求'极点'——先验反思的出发点，而是在意义理解和真理一致方面的'解释的主体间统一'中寻求'极点'。在原则上由参与有意义论证的成员组成的不确定的共同体可以达到这种解释的统一。从这个角度来看，我的尝试可以被看作是对先验哲学的一种改造。"[1]

由此可见，阿佩尔这里所说的先验性已经不再是康德意义上的纯粹先天的先验性了，而是来自语言交往共同体的能够保障知识的有效性的一种

---

[1] Karl-Otto Apel, "The a priori of the Communication Community and the Foundations of Ethics: The Problem of a Rational Foundation of Ethics in the Scientific Age", in Karl-Otto Apel, *Selected Essays: Ethics and the Theory of Rationality*, vol. 2, ed. by Eduardo Mendieta, Humanities Press, 1996, p. 36.

在先的先验性。它和皮尔士和狄尔泰的先验性的区别在于，前者是在自我反思的层面由不确定的语言交往共同体的作用产生的，而后者则没有看到人类语言交往中的先验结构，因此没有给出理论理性和实践理性之间的根本性的统一。下面我们再看看阿佩尔的先验语用学对康德先验哲学改造的意义和作用。

康德在先验论中试图将将经验主义和理性主义结合起来，尽管最终他只证明了理论理性本身的局限性，但他认为理性认识在科学面前应有自己的独立性，而且理性能够赋予科学知识以合法性。同时康德的哲学也是一种主客体对立的哲学形态，这种先验的主客体关系为先验哲学和经验科学进行了划界，因此，他面临着经验和先验之间的二元问题，即先验自我和经验自我之间的统一，物自体与现象界之间的统一问题。康德之后对这个问题有两种路径的解决方式，一是德国唯心主义传统中的黑格尔绝对化了自我的辩证运动，从先验自我意识的自我实现来理解历史和自然界的起源。因此经验科学不再能够从理性认识中得到合法性的辩护，在这个意义上它没有继续康德苦心经营的通过寻求科学知识的可能性条件，从而将经验科学和先验认识结合起来的思想，而是回归了独断的形而上学。① 另一是实证主义的路径，他们则相反地抛弃了康德的先验主体及先验问题，将经验主义的客观性绝对化，坚信科学主义或唯科学论，不再把科学理解为一种科学的认识形式，而是把认识和科学等同看待，它不再讨论认识如何可能的条件问题，更不用说科学和认识二者的结合了。在这个意义上，它又退回到康德的认识论反思的阶段之前了，形成了一种纯粹方法论的绝对主义。因为他们都抛弃了康德在经验科学和哲学的客观有效性之间的划界和综合，而仅仅局限于从某一维度进行探讨，因此导致了或者绝对唯心主义的还原或者科学的自然主义的还原论。

在阿佩尔看来，我们应该保留康德在经验科学和哲学之间的划界思想，也就是在以规范为趋向的自由行为领域和由因果法则决定的自然进程的领域之间的划界，而对康德的先验哲学进行一种符号学的改造，这种改

---

① Karl – Otto Apel, "Transcendental semiotics and Hypothetical Metaphysics of Evolution: A Peircean or Quasi – Peircean answer to a recurrent problem of post – Kantian philosophy", pp. 371 – 372.

造将保留与各种经验研究相关的先验哲学的规范性在方法论上的优先性。① 因此阿佩尔的先验语用学从自我反思的层面重新思考科学的可能性条件问题,试图将科学和认识结合起来。与康德不同的是,阿佩尔不再是诉诸纯粹理性的作用,而是通过交往理性将二者结合起来的。因此,先验语用学也就是以语言交往的共同体概念代替康德的知识的先验主体概念。这样,康德认识论中的主客体关系就被转变为主体间交往和论证式话语之间的互补关系。"经过这种改造,康德先验哲学中的先验性维度在语言解释和综合推理方面就可以为哲学中的可错论和改良论所接受了。同时,符号过程的先验功能也就是以符号为中介的世界解释被看作是综合推理的目标和长期有效性的规范基础。"②

第三节 交往的先天性与人文主义的基础

尽管自狄尔泰和新康德主义以来,有关自然科学和人文科学的关系问题,即理解和说明的关系问题,就一直为人们所关注,但这个问题至今并未过时,因为我们依然没有解决这样的问题——人文科学需要模仿自然科学的方法,还是需要发展一种与自然科学的方法相补充的方法和旨趣?通过批判性地考察新实证主义的"统一科学逻辑",阿佩尔提出了"先天交往"的概念,并以之作为自然科学和人文科学互补的基础和前提。

一 逻辑实证主义中的方法论唯我论前提

乍一看来,现代科学逻辑以科学语言的建构为基础,不应该以方法论的唯我论为前提,因为罗素—维特根斯坦—卡尔纳普哲学以莱布尼茨主义的普遍的科学语言为前提,这似乎相当于承认了语言交往的先验功能是人类知识有效性和可能性的条件。尤其是卡尔纳普从私人经验的语言到主体间的"物理主义"的"事物语言"的转变,似乎从原则上超越了方法论的唯我论传统。但在阿佩尔看来,这种认为物理主义—行为主义的语言能

---

① Karl - Otto Apel, "Transcendental semiotics and Hypothetical Metaphysics of Evolution: A Peircean or Quasi - Peircean Answer to A Recurrent Problem of Post - Kantian Philosophy", p. 367.

② Karl - Otto Apel, "Transcendental semiotics and Hypothetical Metaphysics of Evolution: A Peircean or Quasi - Peircean Answer to a Recurrent Problem of Post - Kantian Philosophy", p. 376.

够客观化人类的主体间现象的哲学形态也包含了方法论的唯我论,这与假定意义和真理只是私人的意识经验的内省的哲学传统并无二致。这两种哲学形态的共同基础在于这样的假定:客观的知识不以通过交往的主体间理解为前提,传统的主观主义哲学坚持这种知识观而根本不认为语言是主体间有效性的条件,现代逻辑经验主义也跨越了语言的交往功能而通过客观性和普遍性假定语言是先天主体间的,而正是这种由客观性保障的主体间性使得科学逻辑的普遍的"事物语言"成为方法论的唯我论的新的表现形式。

形式化语言是科学逻辑的普遍科学语言的具体形态,原则上不能在主体间交往的意义上被使用。只有有关事态的语句以及形式化语句之间的逻辑联结词才能成为这种形式化语言,而"话语"或"言语行为"不能被形式化,因为日常语言不能仅仅从形式体系的语形学和语义学规则中获得其意义,而只有在具体的生活情景中,在语言的实际使用中获得其意义。因此,科学逻辑的统一语言首先无法表达言语中的私人标志符(identifier),如"我""你""我们"等等,这些直接表达了主体间交往的情景以及对这种情景进行反思的言语行为。这些包含了人类"交往能力"的言语在科学逻辑的形式化语言框架中只是不参加交往的观察者对"直接行为"的描述,这种描述并未表达对说话者意向的理解。因此,逻辑地建构的科学语言注定只能描述和解释纯粹对象的世界,它不适合表达语言的主体间维度的交往。当然,如果在科学逻辑的框架中形式化的科学语言的建构者和使用者能够假定理解人类意向的交往,而且交往中的人不再通过形式化语言被还原为行为的描述对象,那么,科学逻辑就能够避免方法论的唯我论。问题是,科学逻辑的统一科学以及普遍语言思想使得逻辑实证主义不能从方法论上反思主体间交往,不承认理解是人文主义的真正方法,无法承认人类不能通过形式化语言还原为行为的描述对象。正是由于逻辑实证主义的科学逻辑试图通过统一的科学语言客观化整个世界,包括交往的维度,所以科学逻辑无法避免方法论的唯我论前提。

现代"科学逻辑"中究竟是否存在终极的形而上学前提呢?众所周知,"科学逻辑"排斥任何外在或超越科学主义的"主导性的知识旨趣"。阿佩尔认为,没有反思终极先验前提的现代"科学逻辑"实际上继承了传统认识论的一个心照不宣的前提,即孤立的知识主体能够客观化整个世界。也就是说，认知主体在没有获得通过符号解释或主体间理解而形成的知识的前提下却能够获得关于世界的客观知识。因此，现代语言分析哲学仍然具有一种方法论的唯我论倾向。可以从以下几个方面纵观语言分析哲学的形而上学背景或新实证主义的先验前提。

首先，逻辑实证主义的先验前提是与观察事实相关的逻辑本身，这是逻辑实证主义的最初信念，而现在我们则认为逻辑实证主义的前提是莱布尼茨的两个形而上学的原则，即以逻辑为基础的"推理的真理"和以经验为基础的"事实的真理"。因此，理想的科学语言以一种明确的方式将数学逻辑和经验事实结合在一起，这是逻辑实证主义对形而上学进行语义批判的基础，从罗素和前期维特根斯坦以来这种先验的基础就隐含在语言分析哲学的前提当中。一旦逻辑实证主义开始批判这种形而上学的先验前提时它们就失去了理论的基础，因此在科学逻辑中它们无法实现以下两个理想的假定：（1）建构作为普遍科学语言的语形学—语义学框架；（2）独立于观察语句框架中所蕴含的理论背景而客观地复制事实的观察语句。

其次，科学语言总是要指称具体的事实，而观察性陈述也必然要受理论框架的约束，科学逻辑在这个基础上又提出了另一个先验的前提"约定"。根据科学逻辑的信念，建构作为科学语言的"语义框架"时需要约定，借助于元语言它可以解释"语义框架"如何运用到科学运用当中。从逻辑实证主义那里可以看到，约定是先于各种合理性话语的非理性的要素，因为它总是为语义框架的规则所假定的，约定似乎是某种孤立而任意的决定。因此，约定先于所有的理性活动，它既不能从计算的第一原则中推演出来，也不能从经验观察中归纳出来。新实证主义试图以行为主义方式，将科学语言的语用维度包括语义规则的终极约定，都还原为经验观察的对象，这注定是要失败的，因为即使可以通过行为科学的方式来描述约定，但描述约定的观察语句本身也需要约定，这样就会产生无穷后退。

因此，对于新实证主义的科学逻辑来说，约定的确被认为是先于所有科学合理性的终极前提。但问题是，科学逻辑意义上的科学合理性是否囊括了人类的全部合理性，以至于在这种合理性之外都是任意的非理性的存在呢？在阿佩尔看来，这种有限的合理性只有在这样的情况下才能得到合理性证明，即一个人在原则上能够单独地从事科学实践。因为在这种情况下，参与了理性的认知活动的约定的确是非理性的个人决定，但"约定"的本意并不如此。的确，后期维特根斯坦甚至指出一个人不能单独地遵守规则，以此说明他的约定主义。因此，他认为约定预设了语言游戏，但语言游戏却不能建立在约定的基础之上，这不同于人工的语义框架（以约定为基础）。在一个交往共同体中语言游戏为规则约定提供了基础，那么在交往共同体中是否存在先于科学的意义约定的合理性呢？即使那些有关语词使用的心照不宣的约定蕴含了意义和实际生活目标方面的主体间一致，更不用说经验科学中的有关定义，以及理论框架的明确约定了。必须明确的是，约定既不来自交往共同体成员的意图或动机，也不能为公理化系统中的逻辑所证明，因此它不是个体意志的任意行为，正是通过交往共同体成员之间的理解，交往共同体中的意义约定可以成为互动和解释世界的共同基础，同时在不断促进互动和世界解释的过程中提高自身。

问题是在先于科学的意义约定的合理性和人文主义的方法论之间是否存在内在的联系？美国哲学家罗伊斯在他的"解释"哲学中，认识到人文主义的非科学主义和非客观主义的基础。罗伊斯认为，科学的认知活动如知觉和概念这种人与自然之间的交往需要就概念的意义进行约定，而且像符号解释这样的涉及"解释共同体"中的人与人之间交往的认知活动也需要约定。罗伊斯的理论为约定的合理性提供了一个背景性框架。

在阿佩尔看来，约定是一种特殊的合理性，它不是科学活动的合理性，也就是说不是人类主体以一种可重复的方式作用于客观对象的合理性，而是有关主体间话语的先于科学和元科学的合理性，它以对概念的说明和对意图的解释为中介。当然，方法论唯我论式的哲学家不会接受这种合理性，他们认为一个人可以单独遵守一个规则，正如一个人可以单独进行科学研究。因此，阿佩尔称"这种使得约定合理性成为可能的前提是交往的先天性，或者语言交往的先天性，因为没有其他的交往能够赋予这种理性约定的可能性。"[1]

当然，纽拉特、亨普尔、奥本海默和恩斯特·内格尔等新实证主义者也承认，科学中有"理解"活动，但他们认为理解就是"移情"，是将观

---

[1] Karl–Otto Apel, "The Apriori of Communication and the Foundation of the Humanities", p. 8.

察材料"内在化"的方式,也就是人类行为对刺激的反应。在新实证主义者看来,通过这种内在化的移情一个人能够通过自身的经验发现行为的规则,并且将这种规则应用到其他被观察的行为中。比如一个人可以理解为什么他的邻居停止了桌子上的工作,而去点燃了炉火,他可以理解邻居突然感到冷,所以这样做。以此为基础,新实证主义者认为,作为科学的方法,理解的价值在于,理解只是一种心理旨趣,是发现说明人类行为的法则的启示性手段,它在科学中只具有边缘性作用,它只是说明的组成要素。

纽拉特是第一位反对将理解作为科学方法的实证主义者,他在《经验社会学》(*Empirische Soziologie*,1931)中认为:"移情、理解以及诸如此类的活动可能有助于研究者,但它对科学陈述体系的参与是微不足道的,正如一杯好的咖啡,它只有助于研究者完成其工作。"[①] 为此,阿佩尔将新实证主义者的理解理论称为"理解的咖啡论"。也就是说,移情式理解不是对人类行为进行说明和科学理解的必要条件。新实证主义没有认识到所有对对象的认识都要将理解预设为主体间交往的方式,建构统一科学的语义框架以及语言分析的这种方法使得逻辑实证主义将理解的旨趣排除在其方法论之外。他们力图在语义框架内一劳永逸地预见主体间理解的结果,将科学看作是用科学语言对客观材料的描述和说明。因此,他们没有认识到,建构语义框架只是促进主体间交往的一种间接方式,它总是要依赖自然语言交往中的意义理解和解释,因此新实证主义者没有意识到,蕴含在语义框架建构中的不仅有非理性的特别约定,而且有对哲学和科学传统进行解释和批判的理性话语链条。因此,统一科学逻辑在解决人文主义方法中的缺陷在于,新实证主义以方法论的唯我论为前提,这样使得它只能通过推理和观察来解决认知问题,也就是只能解决人与对象世界之间的认识问题,而无法解决理解和解释的认知,也就是无法解决交往共同体中人与人之间的交往而形成的认知问题。

二 交往的先天性和人文主义的基础

在阐明了语言分析哲学中的方法论的唯我论倾向和"统一科学"纲

---

① Karl-Otto Apel, "The Apriori of Communication and the Foundation of the Humanities", p. 8.

领的缺陷之后，阿佩尔认为，"语言交往的先天性实际上是理解社会功能和人文主义方法论的充分基础"。① 这个观点包含两个方面的内容：一是互补理论，人文主义框架中的主体间交往具有补充科学逻辑中的客观性的作用，二者是互补的关系，从而反对各种形态的科学还原主义；二是语言交往的先天性诠释学和人文主义具有一种方法论的限制作用，也就是以语言交往为基础在自然科学和人文主义方法之间可以形成一种辩证的中介。

首先，在阿佩尔看来，尽管自然科学是对时空中客观对象的描述和说明，但它是以交往共同体中的理解和解释为先决条件的，因为一个人不能单独地遵守一个规则，因此也不能单独地实践一种科学。因此，交往中的理解和解释是对说明和描述的补充。这是一种"互补"的方法，客观化的认识和主体间理解性认识之间的关系是既相互补充也相互排斥。所以，广义的科学哲学和人文主义科学必须考虑两种主要的十分不同但又互补的认知旨趣。其中之一是现代科学逻辑中的科学认知旨趣，即描述和说明世界中的客观材料的旨趣，在这种认知旨趣中，科学认知和生活实践之间是一种技术性的关系。另一种主要的认知旨趣是促进主体间交往的旨趣，这与客观化的科学旨趣相补充。

如果说客观化的科学和生活实践是一种技术性的关系，那么人文主义和生活实践之间的关系则补充了这种技术性关系。这体现在两个方面：首先，在狭义的意义上，诠释学的方法可以确保对人与人之间的意义—意图的理解，这包括对科学家和技术人员以及专家与社会之间的相互理解。其次，从广义来说，人文主义方法可以提出世界观和生活方式，也就是为实践提供终极价值和目标，这些为探讨和确定美好生活提供了标准，为科学技术的应用提供了指导性方向。因此，在阿佩尔看来，"我不能设想人文主义的这种功能在任何时候可以为实证主义的方法所代替，即将理解和解释还原为客观化的科学的方法"②。随着科学技术成为推动社会发展的主要生产力，主体间理解的作用也日趋增强，因为自然科学和人文主义方法之间是一种互补的关系，二者总是在成正比地变化着。

---

① Karl‐Otto Apel, "The Apriori of Communication and the Foundation of the Humanities", p. 28.

② Karl‐Otto Apel, "The Apriori of Communication and the Foundation of the Humanities", p. 30.

其次，尽管以交往为基础的理解对于客观化的自然科学方法必不可少，但这并不表明人文主义从来不需要客观化人类行为。一般认为，文本解释是诠释学科学的主题，作为解释对象的文本是作者意图的客观化体现，也体现了人与人之间的交往。但是，如果文本被看作历史学家从中获得历史事件的资料，那么它的作用就会改变，因为历史必须是对一定时空中的人及其行为的客观化。历史和社会科学不仅追问行为和制度的意义和理由，而且要探讨它们发生的原因。因此，人文科学也不仅仅只关注理解问题，因果说明也是人文主义的主题，这二者也是相互补充和限制的。与行为主义的社会科学只强调因果性的统计说明在社会建构中的作用不同，以哈贝马斯和阿佩尔为代表的批判或解放的社会科学将仅仅作为科学技术对象的人解放出来，使之成为交往共同体中的一员，因此，主体间理解能够促进科学技术的发展，避免对人的客观化。也就是说，这种批判—解放的社会科学不仅关注对意义—意向的理解，而且关注人类生活历史客观化过程中的准自然主义的因果说明。因为人作为自然存在者并不能真正地根据自己的意识或决定来塑造自己的历史，只能在因果确定了的历史过程中形成历史，人的历史生活、社会生活甚至私人生活都以一种准自然主义的方式被客观化和说明。因此，理解和说明是既相互补充又相互限制。当然，限制以补充为前提。

以精神分析为例，阿佩尔说明了作为分析者的精神病医生，在分析对象精神病患者的行为上的理解和解释，要以因果说明为基础，因为精神病患者不能进行常人的交往，医生就要暂时放弃主体间的交往，对被分析者的行为和生活历史进行客观化，从社会历史的普遍规则来说明精神病患者的话语，分析和说明他的潜意识行为，这样才能真正地理解精神病患者行为的意图和意义。因此，阿佩尔认为精神分析既不是一种自然科学，也不是一种纯粹的诠释学，而是在交往性理解和对人类行为的准自然主义的客观化和说明之间进行一种辩证的中介。

由此可见，自然科学中的知识不只是因果说明的成就，它也是主体间理解的产物，人文主义不只需要理解的方法，而且要使用准自然主义的因果说明方法。因此，知识的客观有效性必然是客观主义的说明和主体间理解之间辩证作用的结果，语言交往的先天性使这种辩证的中介成为可能。"语言交往的先天性即不确定的解释共同体的先天性不仅是理解和说明的互补理论的基础,而且是交往性理解和因果性说明之间进行辩证中介的基础。"① 因此,语言交往的先天性既强调了人文主义的诠释学方法在自然科学中的作用,倡导自然科学和人文主义方法之间的互补性,而且认为诠释学方法也不是纯粹主观主义的,它不仅从主体间一致的角度理解和解释文本的意义,而且强调因果性的说明,因此这是在交往性理解和因果性说明之间一种辩证的中介化。

由此可见,通过对有关自然科学和解释学的方法论关系的理解和说明之争的研究,阿佩尔提出了先验认识论的范式。为了给科学认识提供基础,仅仅诉诸表征实在或证实假设的主客体关系是不够的,尽管主客体关系在近代认识论中具有重要的地位。除此之外,为了说明语词的"名义价值"——根据"名义价值"我们才能兑换知识的"现金价值",我们必须考虑认识的合作主体中的交往性理解。阿佩尔认为,主客体关系和主体与主体之间关系的基本互补关系是一切认知的基础。我们不仅应该在对科学进行客观化的认识论方面考虑科学的主体间的交往性理解的前提,而且在诠释学层面,我们应该认识到,在试图理解他人时,我们没有真正地将对象客观化,而是在与他人就世界中的某物进行交流。

---

① Karl-Otto Apel, "The Apriori of Communication and the Foundation of the Humanities", p.35.

第七章　先验语用学的融合实质

第一节　批判的诠释学

一　对伽达默尔诠释学的批判

伽达默尔无疑是20世纪60年代以来最重要的诠释学家，正如克莱姆（David E. Klemm）所言，"是伽达默尔而不是其他人应该为1960以来的诠释学讨论的繁荣和丰富负责"[①]。伽达默尔的哲学诠释学对诠释学中的"方法"进行了全面的批判，他试图根据施莱尔马赫、狄尔泰、贝蒂、布尔特曼、奥斯汀、塞尔和海德格尔的解释模式重构诠释学，对诠释学的本质进行一种范式的转换，正是在这个意义上，利科认为伽达默尔的诠释学"最终使自身成为一种批判或元批判。"[②]

伽达默尔对当代诠释学的影响如此之大的原因，就在于他提出了一系列有关理解的基础和真理的元批判问题，这些问题不仅使得诠释学理论转向新的范式，而且也使得伽达默尔处于现代和后现代思想的分界线上，也就是说，在伽达默尔的思想中体现了现代和后现代的张力和矛盾。正如韦恩斯海默（Joel C. Weinsheimer）所言，"伽达默尔有关艺术、游戏和真理的三位一体说可以被理解为或者是保守的或者是后现代的"[③]。在某种意义上，伽达默尔的诠释学构成了一种"带有报复性的相对主义……绝对的相对主义"，因为"作品只存在于表征中"，所有的实在都是诠释学的，

[①] David E. Klemm ed. *Hermeneutical Inquiry I*, Scholars Press, 1986, p.173.

[②] Paul Ricoeur, *Hermeneutics and the Human Sciences*, Cambridge: Cambridge University Press, 1981, p.76.

[③] Joel C. Weinsheimer, *Gadamer's Hermeneutics. A Reading of "Truth and Method"*, New Haven: Yale University Press, 1985, p.102.

在这个意义上诠释学是本体论的。因此,"尽管真理是伽达默尔哲学诠释学的基本概念,但在他的作品中这个概念也是最令人难以捉摸的……说'真理'不是什么比给出一个肯定的回答更容易"①。另外,在没有方法或规则的领域人类判断依然发挥作用,在揭示真理的过程中解释者能够作出"是的""就是如此"的判断。不但如此,他还发展了亚里士多德的"实践智慧"。因此,体现在伽达默尔思想中的第一方面是后现代的,第二个方面则是传统的,具有意识哲学的特征。正是由于这种矛盾性,一方面,以阿佩尔和哈贝马斯为代表的批判诠释学试图从规范的角度诠释伽达默尔的诠释学,将信念和社会实践的合理性建构在交往合理性的基础之上;另一方面,以罗蒂为代表的社会—实用主义的诠释学试图从社会的、实用主义的语境论角度发展伽达默尔的诠释学。

诠释学向元批判性反思的范式转换与黑格尔之后的哲学中的历史有限性问题密切相关,正是体现在语言批判、人类探究基础中的历史有限性的张力使得伽达默尔的元批判性诠释学具有一种二重性。通过阐明诠释学中的元批判可以弄清它与历史有限性之间的关联性及其内在的后现代性和传统性特征。

在前批判的层面,读者会发现自己确实在"阅读"文本而不是有意识地参与"解释",而诠释学的反思实际上是把读者从被文本的吸引中脱离出来。因此,"我们理解的越多,我们就越远离真正的存在。……解释削弱了艺术的作品。"② 可以设想我们正在忘我地沉浸在一部电影的情节中,主人公的喜怒哀乐完全左右了我们的情绪和身心。突然一个声音说:"没有人会想到导演使用了高清晰度画面的技术。"这个评论打断了我们对电影本身的全神贯注的投入,这个评论就是一种批判的方法。对于电影制片厂和出版商来说这些批判性的问题是必需的,如故事情节是否连贯?影片是否反映了时代精神等等。但对于读者来说,这些批判就会打断对作品本身的欣赏。

因此,读者和批评家的不同在于,读者可以完全沉浸在文本中,他为

---

① Richard J. Bernstein, *Beyond Objectivism and Relativism: Science, Hermeneutics and Praxis*, Oxford: Blackwell, 1983, pp. 15 – 52.

② Frank Stack, *The Experience of a Poem: Jung and Wallace Stevens*, London: Guild of Pastoral Psychology, 1987, p. II.

文本所控制，二者甚至可以融为一体。批评家则把文本看作他研究的对象，必须和文本保持一定的距离，要从文本中抽象和脱离出来。因此，批评家从外部来审视文本，而读者是进入文本当中为其指引。当读者只是读者时他不是一个批判性读者，当批评家仅仅是批评家时他也不是一个阅读的批评家，这都不令人满意，诠释学所要求的是既有读者的激情，又要与作品保持批判的距离。如果说批评家对文本的评价是一种批判性评价，那么对批评家所作批判的批判则是一种元批判。批评家的评价直接和电影或文本相关，即使是在一个比较高的层面和文本相关联，批评家也是就电影本身来评论电影的成功或失败。

　　元批判更多关注的是批评家所使用的评价标准，例如，无论是从经济效益还是从演员的表演来评价电影的成功与否。元批判的一个基本原则是，没有独立于当事人的目标和兴趣的"客观的"标准。因此，制片人的商业兴趣、导演的个人爱好、编剧的政治倾向这些似乎都可以成为评价的基本标准，那么决定哪一个是最基本评价标准的标准是什么呢？这涉及了诠释学的最深刻的问题，在批判的层面，批评家可以使用特定共同体所接受的标准作为评价的标准，提出文本是否具有历史的真实性？是否考虑到了读者反应等等这样的问题。而在元批判的层面，解释"成功"的标准是解释者对作者所形成的主体间一致的理解。因此，"文本就像没有权利、目标和兴趣的死人一样，读者和解释者根据自己的需要来使用它。因此，解释者的兴趣和目标而不是文本本身在解释中是决定性的。文本具有权利的说法只是一种掩人耳目的欺骗"①。

　　伽达默尔对这个问题的解决对诠释学的发展具有启发性的意义。一方面，他承认理性标准的选择要取决于共同体和传统的语境；另一方面，他又认为，通过"对话"理性标准能够达成一致。伽达默尔强调主体间性和解释共同体能够使得解释的标准和实践目的相关，同时又维护了文本本身在解释中发挥的决定性作用。

　　伽达默尔的哲学诠释学经历了从诠释学到彻底的元批判主义的转变，这体现在以下三个方面。首先是彻底的历史有限性问题，这包括从德罗伊森（Johann Gustav Droysen）和狄尔泰到胡塞尔到海德格尔哲学对历史有

---

① Anthony C. Thiselton, *New Horizons in Hermeneutics*, p.317.

限性问题的解决。其次是在主体间和个人理解中语言的建构作用，这继承了洪堡的"语言批判"思想。最后是对"方法的基础"的不满，由于这种不满而使伽达默尔试图超越客观主义和相对主义的哲学路径。

在解释的历史有限性和历史条件问题上，伽达默尔认为胡塞尔首先提出了"生活世界"的"前在性"，这决定了我们的认识目标和认识方式："生活世界的概念是所有客观主义的对手。它必然是一个历史的概念……涉及世界的所有有效性和存在的前在性的先验反思本身也被包括在生活世界之中。"①

胡塞尔自己为了避免这种历史主义立场的极端后果，他用现象学的方法"悬隔"了人类意识中的历史和社会因素。然而他迈出了关键性的一步，坚持事物只存在于意识的意向结构中，它们不能被作为存在的独立对象而得到认识。人在历史中存在的这种思想被海德格尔进一步发展，所谓的"客观的"东西包括有关"事实"的断言句都来自或取决于特定视域中的诠释学理解。

海德格尔的后期思想直接影响了伽达默尔。海德格尔通过比较"计算的"（以方法为基础）思想和"沉思的"思想或"释放"（releasement）来反对"客观主义"。尽管从其自身来看，每一种思想都是必需的和可以得到辩护的，但海德格尔认为"计算的"思想只是技术的或工具性的，是现代科学技术文化中的主导思想。而"释放"则为反思诗人的"放弃"（renunciation）提供了一种新的范式，海德格尔将这种观点和语言批判联系起来："诗人学会放弃的正是他以前所接受的有关事物和语词之间的关系的理论。"② 由此，海德格尔一方面认为传统的主客体相对应的思想只体现了一种技术的特征，另一方面他也肯定了语言的创造性，只有诗人的语言而不是"分析的"语言才是最根本的。

沿着海德格尔强调人类历史有限性的思路，伽达默尔反对作为方法的诠释学，正如海德格尔将"计算的"思想看作派生的、从属的，科学的方法，不能说明人在世界中的"状况"。同时，伽达默尔也从"世界"是艺术作品的映射和游戏所预设与创造的世界这两个方面发展了海德格尔的

---

① Hans-Georg Gadamer, *Truth and Method*, pp. 218–219.

② Anthony C. Thiselton, *New Horizons in Hermeneutics*, p. 319.

"世界"观。在《真理与方法》中伽达默尔谈道:"只有当游戏者在游戏中丧失其自身时游戏才实现了它的目标。……游戏有其独立于游戏者的意识的本质……游戏优先于游戏者的意识是根本性的……游戏的结构吸纳了游戏者。"①

正是伽达默尔对历史有限性的这种态度使得他处于现代和后现代的分界线上。一方面是后现代倾向,反思为自反性所代替。游戏者只关注游戏本身的规则和任务,用伽达默尔的话来说就是"游戏试图控制游戏者"。但是,游戏的本质在于不同的操作会产生不同的游戏,即使一个游戏的每一个步骤和以前的游戏都一样,但这两个游戏仍然是不同的游戏。因此,在伽达默尔的诠释学中,"没有判断正确解释的确定性的标准,也没有一个唯一的、正确的、规范的解释"②。另一方面是在伽达默尔的思想中也有"保守"的一面,他反对后期海德格尔对柏拉图以来的传统的否定,相反,他继续和发展了从苏格拉底、柏拉图、亚里士多德到黑格尔的"实践理性"。他认为,英国的经验主义和启蒙以来的理性主义把理性限制在纯粹理性的范围内,使实证主义的、理论的和个体理性脱离了传统和共同体。

阿佩尔赞赏伽达默尔对历史有限性的关注和对主体间性的强调,但他认为伽达默尔对理性观进行了折中和相对化:"伽达默尔的哲学诠释学的魅力在于对客观的历史主义方法论的批判,但当他把方法论的诠释学从真理问题中抽象出来,将判断的方式等同于解释的方式时他似乎走得太远了。"③ 阿佩尔所说的"方法论的诠释学"抽象是对伽达默尔将"标准"消解为判断本身的行为的挑战。在这个问题上阿佩尔认为伽达默尔犯了"科学主义"的错误,也就是说,伽达默尔似乎暗示了在自然科学中需要保留"客观的"概念,而在人文科学中似乎就不需要"客观的"概念。④

伽达默尔的哲学诠释学以诠释学的、历史的、语境的理解相对化了任何超历史的理性主义观点,他强调了诠释学、传统和效果—历史的普遍性,凸显了共同体中的实践理性,所有这些都为启蒙以来的理性主义传统

---

① Hans–Georg Gadamer, *Truth and Method*, pp. 92–94.
② Anthony C. Thiselton, *New Horizons in Hermeneutics*, p. 320.
③ Karl–Otto Apel, *Towards a Transformation of Philosophy*, pp. 62–63.
④ Karl–Otto Apel, *Understanding and Explanation*, p. xvi.

所忽视或漠视。此外,他还将主体间和共同体的重要性和真理联系起来。不过,伽达默尔忽视了"说明"、断言或规范性在诠释学中的作用,除了文本本身的"运行"之外没有文本解释的标准,这似乎难以摆脱相对主义之嫌。

与伽达默尔一样,阿佩尔也认为"理解"是普遍的,但他认为诠释学应该扩展对理性的理解,而不是将其相对化。因此,在诠释学方面阿佩尔试图调节伽达默尔诠释学哲学中的矛盾,避免历史主义所带来的相对主义问题。伽达默尔哲学的矛盾性体现在两个方面。一方面,他强调超越共同体的实践智慧的语言和效果—历史的普遍性;另一方面,他又强调文本理解中传统和历史的作用。如果强调理解的历史性和有限性就会面临社会—实用主义诠释学所导致的相对主义的困境;如果强调语言的普遍性和传统的连续性,那么伽达默尔的诠释学就为元批判诠释学提供了基础。阿佩尔的先验语用学避免了伽达默尔诠释学中的社会—实用主义后果,试图从规范性的角度发展伽达默尔元批判诠释学,避免诠释学所面临的相对主义危机。

二 超越相对主义和客观主义

一般认为,"意义"和"理解"分别代表了不同哲学思潮的主题。在欧陆哲学中,"理解"是诠释学的关键术语,这体现在从德罗伊森和狄尔泰的历史哲学或人文科学到海德格尔之后的解释现象学,而"意义"则与维特根斯坦或弗雷格之后的英美语言分析哲学相关联。

传统诠释学根据对事物的指称即根据超越意向性涵义的逻辑蕴含来理解意义,因此会涉及意义理解中的历史性问题。此外,在传统诠释学中除了语法和起源性解释的原则之外,还有一种依据讨论的主题进行解释的原则。早期人文主义诠释学在对经典文献的研究中建立了一种类似的独断性理论即根据指称或主题进行解释,从而为建构在不同范式作用之上的文献批评主义建立了规范的标准。在启蒙时代,科学真理和哲学理性成为了诠释学的规范标准。因此,在对文本进行历史—语言学解释时,正确解释的终极标准不是重构作者的意向性,而是文本的意义和理性相一致。根据理性判定文本主题的理解方式以及19世纪批判性的、历史—语言学的、心理学的教条诠释学都被诠释学的发展所摒弃。

狄尔泰试图建立价值无涉的客观主义诠释学，他建立了二元平行的科学和诠释学的客观性，将解释中精神"表现出来的客观性"看作理解的对象。伽达默尔反对这种客观主义的诠释学，他认为，理解意义不同于自然科学中的客观认识，它源于人与人之间就一定主题进行的交往。因此，理解文本或言语的意义也就是在对话中回答问题，而不是客观化和假设性地说明或恢复一个精神过程。因此，与认知性的自然科学相比，认知性的诠释学处于更高的反思层面。

从诠释学的历史可见，诠释学的理解标准经历了对外在对象的指称、理性、价值无涉的客观主义以及伽达默尔的历史主义的过程。问题是，这些标准都是从某一方面或某个角度进行诠释学的理解而没有结合先验语用学所提出的理解的三个方面：指称、约定和主体意图的结合，因此，它们都不可避免地陷入了片面性。

在阿佩尔看来，从语言学角度来看诠释学的理解在方法论上可以不考虑言语和文本中的具体有效性论断的证实问题，但问题是，从指称的角度确定言语和文本中的具体有效性论断是理解言语或文本意义的必不可少的前提。因此一个纯粹语言学家不能将阿基米德的流体静力学翻译成拉丁文，人文主义者也不能对它进行解释。它必须被数学家和技术师解释，尽管他们的语言知识很有限，但他知道阿基米德是如何说明流体静力学的。由此可见，一些以哲学史或科学史的解释为目标的哲学家认为，对事物的指称而不是把握个体意向性或精神过程是理解意义的关键所在。

因此，对事物的指称是理解意义的重要维度之一，在这个意义上，尽管伽达默尔和海德格尔之后的诠释学提出了历史过程思想或真理和意义的发生思想，从而避免了客观主义诠释学面临的难题，但它同时陷入了历史主义的相对论当中。根据伽达默尔的理论，我们只能从不同方面对历史文本进行不同的解释，却没有更深入、更准确的解释。在阿佩尔看来，海德格尔之后的诠释学缺乏规范化的思想，即以更深入的理解代替不同历史阶段的"不同的理解"。因此，在试图达成理解时必须考虑意义的三个维度，也就是语言约定、个体意向性和对事物的指称，这三个维度历史地相互交织在一起，从而形成诠释学真理中的"规范性思想"。阿佩尔以罗伊斯的先验诠释学作为德国诠释学发展的一种趋向，因为在他看来，罗伊斯的诠释学是在分析哲学的基础上结合了德国哲学的诠释学原则而建构的，它集中体现了框架中的互补性。

通过以指称为例的分析，我们可以看到，通过引入分析哲学中的意义理论，强调了理解中的指称作用，因为根据指称确定语言的意义是分析哲学的主题之一。这与先验语用学的"双重结构"和阿佩尔一贯坚持的命题式和践言的符号过程的互补性原则是一致的。因此，先验语用学正是在结合了主体意向性、语言约定和对事物的指称这三个维度的基础上形成了规范性思想。因为先验语用学考虑到了符号过程中的两个维度，即符号的命题式行为和践言式行为，而二者的相互作用、相互融合构成了理解符号意义的规范基础。

诠释学在对意义的理解中如果要继续语言学转向的传统（自海德格尔以来），避免历史主义的相对论问题，在规范的基础上理解意义，就要在先验语用学的框架内进行。因为先验语用学的意义批判原则能够克服那些历史—相对论的立场，能够纠正哲学诠释学转向所带来的片面后果。即使海德格尔和伽达默尔也认为，在诠释学的理解中需要预设一个历史的确定的前理解世界，而且解释者属于一定的文化传统或语言共同体，只有这样对意义的理解才是可能的。同时这使得普遍有效真理的论断以及普遍的有效正确性变得过时。在这个意义上说，海德格尔和伽达默尔对所谓的"世界中此在"的"前结构"分析是对普遍的哲学反思观点的弱化。因此，很明确，在海德格尔那里真理依赖于"理解此在"的"澄明性"，也就是要诉诸"此在的事实性"。

在阿佩尔看来，伽达默尔和海德格尔的思想与其初衷相反（将客观主义和历史主义结合起来），代表了诠释学中的一种激进的历史主义和怀疑论形态。因此他认为，在我们承认文本的意义超越了文本作者的意图的同时仍然要坚持施莱尔马赫和洪堡的原则，即语言作为一个普遍系统决定着个体思想，语言产生于具体言语行为，正是通过言语行为，个体思想实现了自身。因此，尽管语言具有相对自主性和历史真实性，但是也必须根据充分性和正确性的标准来界定诠释学的理解，它通过公共语言和个体意向性的相互"渗透"对意义进行理解。因此，海德格尔之后的诠释学以一种激进的方式提出了诠释学传统中关于理解意义的暂时性和历史性问题。

针对诠释学发展中的这种状况，阿佩尔认为，"新近哲学中的语言分析、语言实用主义以及语言诠释学转向所达到的成就可根据我提出的第一哲学新范式即先验语用学来进一步加以考虑。"① 阿佩尔认为，先验语用学是诠释学发展中需要参照的一种理想形态，它既避免了现象诠释学中的方法论的唯我论，又继续了康德的先验传统，它建构了规范的基础。在这里，可以看出阿佩尔试图以先验语用学作为第一哲学意义上的一个新范式的想法，也就是说，正如康德哲学以后的认识论范式都是在先验哲学的框架内发展的，在这个意义上，先验语用学力图为当代哲学的发展提供一种框架。

在分析哲学中，有三种主要的理解意义的视角，即语言约定、意向性和对事物的指称。日常语言哲学是语言约定主义的典型代表，如后期维特根斯坦根据语言的使用来理解意义，也就是根据语言的约定或不同语言游戏的约定来理解意义。格莱斯的理论可以代表意向论的理论主旨，他认为："根据说话者的情境意义，因此最终根据意向性观念可以说明永恒意义和应用中的永恒意义。"② 由此可见，意向性理论有两个要点。首先，言语中的意义结构要还原到先于语言的交往中的意义结构；其次，普遍交往行为的结构要被还原为目的理性行为的结构，即利用一些行为（如先于语言的和语言话语）作为方式或工具而在他人中产生某种效果。以指称为基础理解意义的最新代表性观点是戴维森的意义理论，他根据真值条件理解语句意义的方法不同于柏拉图主义的理论，在真理思想中，他将柏拉图式的规范性思想和与语言相关的经验主义方法结合起来，后者将命题意义建立在对事物指称的基础之上。因此，分析哲学中的"意义"理论通常是从这三个方面的某一角度进行建构的。

从先验语用学的角度来看，主体意向性、语言约定和对事物的指称，这三个方面对于理解意义都是同样重要的，它们是相互补充和相互限制的。而且理解意义的三个规范性原则之间并不矛盾，当然在对文本的语言学的和规范的批判性理解之间具有方法论的差异。在第一种情况下，语言约定是认知旨趣的主要关注点，而对个体意向性的理解及对事物的指称的考虑则只是启发性的。同样，在语言学的文本解释中所表达的作者意向性

---

① TTS, pp. 62 – 63.

② Paul Grice, "Utterer's Meaning and Intentions", *The Philosophical Review*, 78, 1969, p. 150.

是理解的关键性的标准或限制性的调节者,尽管口头上表达的文本意义超越了作者的有意识的意向性,只有这个问题上的专家才能掌握其中的重要蕴含。最后,在对意义的规范性—批判性的理解中,在对科学或哲学史的重构中,预先形成的所讨论主题的真知识标准决定了对相关材料或主题的选择,也就是在准交往性的话语中阐明这些概念,对这个学科的经典的关注是理解的关键。然而,我们在理解具体的话语时,理解意义的三个维度都在发挥作用。

因此,现代分析哲学和哲学诠释学的分歧在于研究问题的角度和方法的不同。分析哲学从研究理想语言的逻辑语义学出发,其目标在于建构自然语言的语义学和语用学,而现代诠释学是从历史—语言学解释的方法论发展而来的,目标是建构关于交往性理解的准先验哲学。然而长期以来,相互间的成见遮蔽或歪曲了这两个不同的哲学流派之间的相互交融性。直到最近诠释学或解释现象学才与语言和意义的分析哲学进行交往。而在英美国家也是直到最近,诠释学才成为神学家熟悉的话题。分析哲学家如蒯因、戴维森几乎不知道"翻译的不确定性"以及"彻底翻译"或"彻底解释"的问题在诠释学传统中也在讨论。① 而且分析哲学家几乎没有认识到,拒斥笛卡尔"方法论的唯我论"是诠释学的新发展,也就是海德格尔及其之后的诠释学发展的明显趋向。至于二者融合的领域,尽管可能还没有被双方认识到,它实际体现在理解语言意义的必要前提中。

通过以上的论述可见,诠释学和分析哲学为了克服各自的理论困境,二者的共同趋向是先验语用学。至少从诠释学和分析哲学的两大主题"理解"和"意义"理论的发展来看,先验语用学为避免诠释学中的历史主义的相对论和分析哲学中的还原论提供了理想的方法论。因此,从诠释学克服历史主义和语言分析哲学克服相对论的过程来看,它们不自觉地以语言为主题走到了一起,而先验语用学则集中体现了这种融合。也就是说,从德国哲学传统来说,不是从先于语言的主体状态寻求知识先天性的保障,而是从语言本身寻求知识的先天性保障。从分析哲学的传统来说,不再仅仅局限于从某一方面来研究意义问题,而要在确定了一定规范基础的前提下将各个方面结合起来研究意义。因此,在先验语用学中二者的互

---

① TTS, p. 52.

补性表现两个方面。其一，语言本身可以作为先验性的保障，从而克服了历史主义的问题。其二，理解意义也需要规范的基础，从而克服了相对主义的问题。

正是在这个意义上，先验语用学通过互补性论题展现了分析哲学和诠释学的融合趋向，代表了二者发展的一种理想的哲学形态，而且可以看出，先验语用学的融合性正是体现在它的互补性方面。另外，我们需要明确的是，分析哲学和诠释学二者的融合也只能体现在互补上，而不是二者的相互替代或完全的合二为一，因为哲学各个派别的发展总是处于一种互动过程当中，在某个时期它们或许呈现明显的对立状态，而在另外的阶段它们或许会表现出积极的对话状态。但是，无论如何哲学的发展总是多元化的。在这个意义来说，先验语用学也只是代表了分析哲学和诠释学融合的一种趋向，开辟了二者发展的新视域，是分析哲学和诠释学在互补中发展的新尝试，而不是一种终结性的哲学形态。

第二节 先验语用学的中介性

阿佩尔在罗塔克和诠释学的影响下研究了"理解"的概念史（出版于1955年的《概念史文库》），同时他也关注人文主义传统中的语言问题（《从但丁到维科的人文主义传统中的语言思想》）。正是在这样的背景下，阿佩尔试图将人文主义—浪漫主义的传统和语言分析哲学的发展联系起来，通过先验语用学建构融合诠释学和语言分析哲学的理论框架。

一 先验语用学的中介作用

（一）康德主义的符号化

阿佩尔哲学的旨趣是对康德哲学进行先验语用学的改造，他将20世纪西方著名哲学流派实用主义（皮尔士）、语言哲学（维特根斯坦）和存在主义本体论（海德格尔）结合起来，从而对先验的主体哲学进行了改造。因此，阿佩尔的哲学出发点是先验问题，然而在当时的哲学氛围中他的哲学首先要面临两种选择。

第一，可以遵循海德格尔的路径，理解的可能性条件问题作为被否弃的问题应该服从于"存在"的有限性：存在体现了理解的先验性。实际上，海德格尔由此出发超越了20世纪早期新康德主义和现象学所倡导的纯粹形式化知识的局限性。先验性被历史化和存在化了，但同时在严格意义上它也失去了先验性。海德格尔的"存在"本体论不再研究理解的可能性条件问题了，而使我们的理解屈从于我们的存在，最终将理解归于我们和存在的关系。因此，海德格尔式的先验本体论保留了知识的诠释学特征，它阐明了我们在世界中存在的实际模式，却回避了存在的可能性条件。

第二，在论述知识的可能性条件问题上完全回归到康德哲学，这不仅是海德格尔所批判的立场，也丧失了在当代诠释学和分析哲学发展中追问知识的可能性条件问题的意义。

上述两种情况都不是阿佩尔所要选择的，因此他尝试着通过整合诠释学和分析哲学、将康德主义符号化来开辟新的路径。当然，他不是从作为知识的主体间有效性的形而上学保障者的"主体"或"意识"出发，而是从这样的假定出发，即我们注定拥有一种主体间交往和理解的先验性（因为不能一个人遵守一个规则）。在这个意义上，从诠释学角度对先验哲学的改造开始于实际的交往共同体的先验性，它实际上和人类社会是同一的。

在这个基础上，阿佩尔引入了"理想的交往共同体"概念，当它被预设在每一个交往行为当中时它可以描绘事态。因此，阿佩尔试图结合哲学的新发展重提康德问题，而并不是力图解决康德没有解决的问题。阿佩尔认为康德先验哲学遗留下来的问题之一是先验的东西如何赋予了经验以客观有效性（尽管康德已经详细地讨论了这个问题）。康德以后的欧陆哲学从先验的角度力图解决这个问题，而英美的经验主义传统则试图从经验的维度入手，然而结果是欧陆传统从胡塞尔到伽达默尔的发展，除了试图弱化先验的维度之外并没有解决这个问题；相反，在英美传统中，首先他们很少谈论先验的问题，即使在维特根斯坦的逻辑哲学论中涉及了先验的维度，他也只是将先验和经验简单地、并不令人满意地结合在一起了。在阿佩尔看来，经验和先验之间最好的中介是语言交往共同体，因此，在这个意义上，诠释学和分析哲学的方法在先验语用学的交往共同体中得以中介化。

(二) 诉诸语言分析哲学

在某种意义上,"语言转向"对诠释学和分析哲学的影响为阿佩尔改造康德哲学作出了某种暗示,也就是说,不再通过先于语言的范畴,通过作为终极形式的知性的默默理解,来回答"先天综合批判如何可能"的问题,必须从语言的角度来看待范畴和知性,因为语言作为更普遍的视域,范畴和知性都是在语言中形成的,而且必须通过语言表达来确定。但是,以语言分析为主题的分析哲学悬搁了认识论,尤其是对象和话语之间的关系问题,只考虑语言本身。受"语言转向"的启发所建构的先验语用学则认为,"由于语言成为了共识的基础(fundamaentum inconcussum),哲学的领域也开始变为语言分析。在此语言分析和人文科学诠释学是一致的"。[1] 也就是说,语言分析是分析哲学和诠释学发展的共同背景和依托,这也是阿佩尔力图通过语言层面寻求二者沟通"桥梁"的根本原因。

从根本上说,阿佩尔是受到维特根斯坦和海德格尔的影响才通过诉诸语言来构思先验语用学的。在这个意义上,他们二人对于诠释学传统和分析哲学的合流具有主要的促进作用,是两个传统对话中的重要人物。海德格尔的诠释学和维特根斯坦的哲学都重视语言的先验作用,他们的思想都体现了语言转向的根本目标,即克服形而上学的形式。可以说,海德格尔和维特根斯坦在怀疑存在的意义时走到了一起。然而他们所采用的不同方式表明了诠释学和分析哲学方法之间的分歧。对于诠释学来说是理解的问题,需要怀疑的并不是本体论,而是我们对它的理解。因此,并不需要通过排除形而上学来发现存在的意义,而是要通过超越误解和"真正思考存在"的理解来发现存在的意义。因此,诠释学是历史—回忆的视角,这与分析哲学的路径相冲突。

维特根斯坦在一定意义上回应了海德格尔这种批判的—乌托邦的视角。维特根斯坦想知道传统是否有意义,他认为形而上学的局限性并不在于它对存在意义的误解,而在于它追问无意义的问题如存在意义的问题。因此,传统的标准价值失去了权威性,但并不能代之以实证主义而通过科学逻辑来讨论有意义的问题。在后期维特根斯坦那里,意义问题并不是通

---

[1] Maurizio Ferraris, *History of Hermeneutics*, p. 219.

过诉诸作为终极合理性标准的科学而加以阐明的。实际上维特根斯坦断定了语言游戏和生活形式之间的同构性，任何人类行为都和哲学家只能描述不能改变的语言游戏相对应。这种同构性可能也导致了语言—社会行为的实证主义结果，这种严格性和诠释学的主题相矛盾，并且任何补充关系都不可能。

因此，一方面，对于海德格尔传统来说，阿佩尔通过意识形态批判弱化了诠释学的本体论涵义，将存在的意义问题转变为对没有异化和真实的对话中的"应然性"的预见；另一方面，意识形态批判纠正了语言游戏理论的行为主义涵义：只有在规定了交往的必然性的先验语言游戏中单个的语言游戏才具有交往的作用。如果没有最初的交往条件，任何与个体生活形式相应的语言游戏都是不可能的。因此，与语言游戏和生活形式的同构性相比，先验的语言游戏发挥了双重的作用：它既奠定了单个经验游戏可能性的基础，也旨在达到清晰的目标，从而语言游戏应该达到一种超越了意识形态和传统不明晰性的交往的明晰性。因此，先验语言游戏建构了先验的人类学和普遍的历史。

如果说是海德格尔和维特根斯坦使分析哲学和诠释学这两种不同的哲学流派走到了一起，那么阿佩尔的先验语用学则试图从语言的维度将二者融合起来。他弱化了诠释学从本体论角度对语言的关注，强调了分析哲学中的客观主义、科学主义的语言分析路径对于诠释学方法的补充作用。正是由于语言本身的多维性，他的先验语用学结合了诠释学和分析哲学的两种风格，从语言的指称、语言的约定以及外在于语言的意图三个方面来理解语言的意义。因此，先验语用学意义上的语言具有一种哲学本体的地位，是对语言的本体化，它能够成为代替"实体"和"意识"的另一个哲学主题。因为符号或语言不再是一种工具和中介，它具有相对的自主性和本体性，可以从语言中寻求普遍知识的可能性条件，也就是说既不需要从先于语言的意识，也不需要从语言之外的世界和对象寻求知识的可能性条件。

语言哲学问题成为哲学研究的核心。20世纪诠释学和分析哲学的发展都体现了这个特点，只是在先验语用学中阿佩尔将其进一步彻底化。他通过先验语用学中的语用学转向，不仅从语言中可以寻求规范的基础，而且语言的意义批判代替了康德意义上的意识批判，从而赋予了语言以先验的特征，完成了语言转向。正是在这个意义上，阿佩尔认为："这两个哲学思潮的对立将导致在三个方面对分析哲学的历史性重构：逻辑原子论、逻辑实证主义和语言分析哲学。在第三个方面'分析'和'诠释学'哲学之间呈现出明显的融合（convergence）趋向。但同样明显的是，有必要超越这两个哲学流派，在语言的主体间'理解'和行为的客观'说明'之间进行辩证的中介。"①

（三）诠释学理解和说明路径之间的辩证中介

在阿佩尔看来，一方面，诠释学的发展需要引入分析哲学中的"科学逻辑"的方法，而在诠释学的发展中其方法论体现了一种对立特征，它既希望通过吸取自然科学的方法达到一种客观性、确定性的自然科学标准，同时又坚持社会生活的不可还原性，拒绝普遍性、预测性和可控制性。针对诠释学的这种状况，先验语用学试图以意识形态批判的形式进行一种辩证的中介。在阿佩尔看来，纯粹诠释学的问题是它没有研究解释传统本身的因果关联性或无意识的后果，也不能在传统的自我理解中研究系统的曲解。

诠释学理解自身不能摆脱它所属的传统去揭示外在的影响，不能处理超越个体或社会对行为的理解的因果关联性。例如，在精神分析和意识形态批判的领域，二者都试图克服理解的障碍，在此即使理解的对象是不能认识到自身的人或社会群体，理解也在起作用，正如对那些神经质患者和具有"错误意识"的社会群体的行为的理解。在这种情况下，个体不能充分说明自己及其行为界限，实际上，他们试图说明时使用的语词也是有问题的。因此，医生必须从病人说明的背后揭示隐藏着的因素，只有这样才能说明病态的行为和语言。而在揭示行为的"实际"意义时所要求的并不仅仅是解释，例如，对精神病患者的病态言语的研究就不能停留在对人的病态言语的表层意义的理解和解释上，而必须对它们作出言语以外的深层因果规律性的说明，找出它们的社会根源。

在阿佩尔看来，解释性的理解主要借助于对文本作者的意向性的理解来理解文本，可是在特殊情况下，如精神病患者，这种理解方式就会受到

---

① Karl-Otto Apel, *Analytic Philosophy of Language and The Geisteswissenschaften*, trans. by Harald Holstelilie, D. Reidel Publishing Company/Dordrecht-Holland, 1967.

妨碍，那么在此解释者的理解就要结合行为的原因来理解，因此，诠释学的理解也需要引进说明的方式。也就是说需要理解和说明的结合，因为在这种情况下不能只根据行为者的说明来理解行为，而必须结合对影响到行为和解释的无意识因素的说明。

社会层面的自我误解的例子是在自由资本主义的形态下公平交换的意识形态。这里的"意识形态批判"指的是，根据正义和平等原则超越社会自身的理解是必要的，揭示这些原则和实际的经济剥削实践之间的差异是必要的。这再次表明诠释学的探究是不充分的，因为要解释的问题影响着解释框架。因此，"意识形态批判"和精神分析不同于诠释学的研究，它们否定了个体、文化或传统的自我理解的充分性。而且，因为这种自我理解可能受到意识形态或病态的歪曲，所以有必要补充以对因果因素、关联性和后果的说明。当然，阿佩尔认为，这两种知识形式不同于演绎—规范性科学，因为揭示行为的因果因素并不是为了作出预测和实验控制，而是为了有助于个体、社会或传统进行自我反思，从而增进自我理解。正如哈贝马斯所言："这种科学的目标是消解'因果关系的命运'，将因果说明中的'主体—客体'从它们不能认识其原因的有效力量中解放出来。"[1] 阿佩尔也认为，"在此是要从内部深化人类行为的自我理解，也就是通过理解无理性的和不同的却是可说明的确定性来深化自我理解"[2]。

因此，阿佩尔认为"诠释学唯心主义"可以被补充以理论的说明，理论说明涉及那些外在于传统自身说明的因素。从诠释学的角度来看，以"说明"纠正"理解"的尝试也同样是对演绎—规范性科学的"客观主义幻相"的反思，可以认为说明方法的使用摆脱了诠释学传统本身的历史主义和主观主义的缺陷。因此，只要借助于说明了行为原因的说明框架就可以理解那些其动机不能被理解或充分理解的行为。于是，阿佩尔将研究自然过程的认识方法第一次引入了主体间交往和中介的诠释学领域，其目的是为了解放的旨趣，即反思使行为者能够明确认识的个体和社会过程的过程。

---

[1] Anthony C. Thiselton, *New Horizons in Hermeneutics*, p. 394.
[2] Anthony C. Thiselton, *New Horizons in Hermeneutics*, p. 395.

同时，阿佩尔也反对以亨普尔为代表的"统一科学"论者，后者认为因果说明是说明人类行为的"唯一"科学的方法。在阿佩尔看来，如果社会研究不包含理解，那么因果说明概念的先验基础本身是不稳固的；如果因果概念的可能性条件是"自由"的目的性行为的可能性，那么这些行为背后的目的或原因就理应是科学所关注的。以统计学为例，统计学通常被认为是以事实为基础的一种精确的观察和数学学科，但是一旦遇到"这些统计事实要说明什么样的问题？"这样的问题时，这种问题就不是一种纯粹科学、技术的问题，而是诠释学的问题。正如阿佩尔在"科学学、诠释学和意识形态批判"中所言：

> 任何一个自然科学家都不可能作为孤独的自我（solus ipse）仅仅作为他自己而力求说明某物。即便仅仅为了知道他应该说明"什么"，他也必须已经就这个"什么"与他人形成某种沟通。正如皮尔士所认为的，自然科学家的实验共同体总是表现为一个指号解释共同体。而这种主体间性层面上的沟通决不能由某种客观科学的方法程序来取代，原因就在于这种沟通是客观科学之可能性的条件。在这里我们碰到了任何一个客观说明性科学纲领都具有的绝对界限。关于我们意指的东西和我们所意愿的东西的语言性沟通，与客观科学构成了上面所界定的意义上的互补关系。①

因此，阿佩尔以先验语用学推进语言分析哲学和诠释学的融合，在分析哲学以"科学逻辑"为基础的方法和诠释学方法之间进行辩证的中介。在"互补性主题"中阿佩尔认为，在社会科学中有两种不同而有效的"知识旨趣"：一是根据因果关系说明事件的旨趣；二是根据文化规范和主体意向理解行为意义的旨趣。在他看来，必须将说明和解释模式结合起来。阿佩尔不同于那些力图避免任何折衷主义的互补思想的哲学家，他坚持一种辩证的综合，在保持各自的基本张力的情况下强调其相互关联性，两种方法的综合极富启发意义。因此，先验语用学对因果说明的可能性条件的反思，并不排除因果性地说明行为的可能性，同时结合了诠释学的理

---

① 阿佩尔：《哲学的改造》，第68页。

解在说明行为中的作用。

在这个意义上,对分析哲学和诠释学的整合从属于一种更基本的先验论和辩证法之间的中介。在某种程度上,意识形态批判也进行了分析哲学和诠释学的整合。阿佩尔认为,分析哲学和诠释学中介化的目标在于在历史—世界的视域中进行一种真正的转变,这种转变不仅具有修辞学的而且具有辩证的价值。语言分析哲学和诠释学(转变为语言诠释学)都描述了一些真实的语言游戏。然而,对真实条件的描述只有借助于理想条件才得以可能:没有假定皮尔士所谓的"不确定的研究者共同体",而对语言和人进行分析是无意义的,研究者共同体能够检验分析程序,确定研究视域,即使研究者是在进行纯粹独自的实践时亦复如是。真实的共同体是理想共同体的前提,理想共同体是社会透明性的乌托邦,它是研究的视域和目标。在这种转变中说明和理解才能融合,也就是在这种转变中达到了预期的蕴含在任何交往和经验—真实研究中的交往理想。阿佩尔总结道:

> 我相信,先天性思想的要点是它标志着唯心主义和唯物主义的辩证原则。任何参与论证的人都自觉地假定了两个方面:首先,一个真实的交往共同体,在社会化过程中研究者自己是其中的成员;其次,理想的交往共同体,它能够充分地理解论证的意义,以确定的方式判断论证的真理性。理想的共同体作为真实社会的真实可能性被预设甚至以与事实相反的方式被预见在真实的共同体中,尽管参与论证的人在多数情况下只意识到了包括自己的真实共同体远远不同于理想的共同体,但是理想共同体的先验论证不得不面对绝望和希望两种情况。[①]

在与科学主义的对话中,诠释学传统中的完美性前提(除非证明它没有意义,研究的文本有意义)被转变为理想的交往共同体的目的。分析哲学的说明和诠释学的理解在解放性的转变中融合起来了,通过这种转变交往共同体的理想的完美性前提在真实的交往共同体中不断实现。因

---

① Karl‑Otto Apel, *Selected Essays: Ethics and the Theory of Rationality.* p. 47.

此，交往的先天性是理想和现实之间的辩证的原则。

二 先验语用学的困境

先验语用学强调符号关系中的双重结构，即语言和事实的表征关系及语言和解释者之间的践言式关系。在这个意义上，阿佩尔认为："以符号为中介的知识既表现为以解释世界的形式出现的，在主客体之间中介化的知识，也表现为以语言解释形式出现的在人类主体之间进行中介化的知识。这两种以符号为中介的知识在其根源上是补充的，也就是说它们既相互补充又相互排斥。这也表现在作为'观察'和'说明'的客观性知识和自然科学家的'解释共同体'中的主体间'交往'的知识，后者是皮尔士含蓄地而罗伊斯明确地阐述过的。"①

就上述两种知识的有效性来说，阿佩尔认为，语义学革新（semantic innovation）绝不是先于语言的精神和外在的世界发生作用的结果，而是语言和交往的先验性的作用。他认为，或许也有先于语言的知觉证据导致了既定的观念或符号不能理解的真实的理论变革。这是阿佩尔所要面临的一个挑战，当然这在他看来只是个别的意外情况，而且他认为这种先于语言的证据本身并不是主体间公认的真理的载体。因为任何在有效的科学知识产生之初发挥作用的知觉证据，都一定是在符号三元关系的基础上以符号为中介的。当某物被认识为某物时我们一定给予了它一个名称。但这种命名行为就包含了对语言的使用。

因此，阿佩尔认为，科学家不可避免地处于一个互补性的符号解释过程当中。"皮尔士对图像、指示和符号三者之间的互动关系的分析也表明了现象学的明证性真理理论（phenomenological evidence-theory of truth）的局限性。因为直观的图像证据可以使谓词应用到既定的对象上，但必须借助于'指示性的表达'才能确定具体的对象，因此只有借助于普遍意义才能解释直观的图像证据，而普遍意义也是由约定的语义系统中的谓词传递给符号的。因此，我们的真理论断不能直接和明确地以直观证据为基础，因为所有的直觉性的知觉证据都是为符号所解释了的证据，换言之，

---

① Dieter Freundleib, "Peirce's Pragmatic Maxim and K.-O. Apel's Idea of a Complementary Hermeneutic Science", p. 420.

都是为语言解释的或理论解释了的证据。"①

真理或有效性知识是以符号或语言为中介的，而且是在符号三元关系中的一种认知活动，它不仅要受到对对象的客观性指称的影响，而且要受到符号解释者之间的互动的影响，这两个方面是相互渗透、相互补充的。这也就是主体间交往的诠释学和科学认知活动之间的关系问题。

阿佩尔认为，"为了用实验证实来兑换一个观念或假定的'现金价值'，我们必须首先通过解释来确定它在科学家共同体中的'名义价值'。换言之，人类与自然之间的知觉性认知交换是以人与人之间的解释性认知交换为前提的——后者也即一种通过翻译来实现的观念价值的交换。在我看来，罗伊斯和皮尔士不同，他首要地不是热衷于一种关于科学概念之阐明的元科学理论，而是致力于一种关于主体间性普遍沟通的社会哲学理论；在上述的经济学比喻中，他已经把认知的一个先验解释性前提突出出来了，而这是一个迄今为止未见思考的前提。我认为，罗伊斯清楚地揭示了自然科学和人文科学的联系和区别之处"②。

通过这一段长长的引文可见，阿佩尔通过对比罗伊斯和皮尔士的理论表明，正是罗伊斯正确地揭示了有效知识形成中的客观性维度和主体间维度之间的关系，而且这也揭示了自然科学和人文科学之间的关系，人文主义的解释性理解是自然科学中的客观性证实的前提，同时前者也需要引入后者从而以规范性避免相对主义。这正是先验语用学的互补性论题的核心所在，也正是从这个维度出发，他认为诠释学和分析哲学是互补的，不是也不应该是相互排斥的。而且在阿佩尔看来，语言交往的先验性是语言分析哲学的"科学逻辑"方法和诠释学方法之间进行辩证中介的基础。阿佩尔认为他有充足的理由证明："语言交往的先验性实际上是理解社会功能和人文主义方法论的充分的基础。"③ 因为从人文主义框架中的主体间交往对于科学逻辑中的客观性的补充作用来看，二者是补充的关系；以语言交往的先天性为基础的批判社会科学对纯粹诠释学方法的限制，是在自

---

① Dieter Freundlieb, "Peirce's Pragmatic Maxim and K. - O. Apel's Idea of a Complementary Hermeneutic Science", p. 422.

② 阿佩尔：《哲学的改造》，第132页。

③ Karl - Otto Apel, "The Apriori of Communication and the Foundation of the Humanities", p. 28.

然科学和人文主义方法之间的一种辩证中介。

阿佩尔在互补性论题中试图调和两种相互矛盾的思想。一方面,他认识到了如果科学家们置身于其中的语言系统在严格的康德意义上是先验的,那么自然科学的概念变化中的语义变革就是不可能的。因为只有在现象或知觉证据基础上的变革才能引发语义创新,而那些知觉证据并不是为既定的概念所确定的,也就是说语言之外的证据对于科学知识的进步具有必不可少的作用。另一方面,由于阿佩尔强调"语言转向"中包括"诠释学转向"和"语用学转向",那么他必然强调语言和符号解释对于认知的"建构作用"(constitutive role)。否则,就会从语言哲学走向心智哲学,而后者在阿佩尔看来是哲学发展的一种倒退。

因此,为了强调语言的建构作用,阿佩尔必须坚持一种语言决定论,这似乎可以从索绪尔的理论中找到渊源:如果没有语言产生的差异就没有思想。根据这种语言决定论,先于语言的知觉必须以既定的语言体系为中介,但是他在此似乎完全忽略了,所有可以应用到真实世界中的语言都是心灵和世界之间的认知性交往的产物,而不只是从主体间交往的维度强调语言在认知中的前提性、根本性。因此,阿佩尔没有指出互补性的符号解释过程在何种程度上能够促进概念变革,而只是从主体间符号解释的维度但不是从知觉对实在的直接作用中寻求语义变革的原因。阿佩尔在强调既定的语言系统和理论系统对于知识形成的渗透作用时,忽略了那些影响科学家的实验解释的理论术语本身,就是心灵和自然之间进行的经验交往的结果。

如果像阿佩尔所认为的那样,现存的语言、语词或概念约定必须在主体间的交往过程中才能得到解释,那么在何种意义上才能澄清它们的意义呢?也就是说,澄清这些语词或语言意义的标准到底是什么呢?当然,阿佩尔会回答是对实在的指称、主体的意向和既定的语言约定三者的结合,才能确定语言的意义,但问题是这三者结合的前提是主体间解释或交往对于这三个方面的渗透。因此,在这个意义上,阿佩尔似乎在强调知识构成中的主体间交往的前提性作用以及语言交往的先验性,而且这是知识的有效性的保障,是哲学的基础,在这个意义上,他提出了关于"理想的交往共同体"的规范性思想。

"理想的交往共同体"的规范性思想具有双重作用。首先,它是具有终极有效性权威的批判性概念；其次，它给出了一个理想的社会互动标准，根据这个标准在不同的情形下道德主体进行不同的定位。如果放弃理想的交往共同体的规范性思想，那么就不可能维护哲学的涵义，不能重构从柏拉图经过康德和皮尔士直至今日的哲学，不能在相对主义的时代捍卫哲学。在阿佩尔看来，理想的交往共同体并不是可以在我们的世界中得以实现的东西，因此没必要将它设想为实在的东西或为它创造一个图像。

阿佩尔承认，理解和交往是一个解释的过程，是在不同的情形下获得意义和应用概念的一个互动过程。但是，阿佩尔又认为，"理想的研究者共同体"是超越历史变化的一个静止性的存在，就此而言，它难免落入主观主义、相对主义的境地，因为先验语用学的基础是主体间概念，而这种概念并未充分解释公众的一致性习惯与主体经验和社会道德变革之间的辩证关系。由此可见，尽管阿佩尔在分析哲学的科学逻辑和诠释学的人文主义方法之间倡导一种互补性，然而他似乎更强调诠释学的主体间理解的前提性、决定性作用，而分析哲学的科学逻辑方法只是为了弥补前者的相对主义的不足。阿佩尔最终没有走出诠释学的相对主义，即伽达默尔的诠释学框架，尽管这是他极力避免的立场。

第八章　哲学语用学与对话伦理学

第一节　先验论与普遍论之争

阿佩尔是"二战"后最先致力于分析哲学和诠释学融合的德国哲学家之一，他那浓郁的欧陆哲学背景及其对欧陆哲学主题的关注并没有妨碍他探讨分析和后分析哲学的热情。阿佩尔通过语言分析揭示论证中隐而不显、绝对的、不可规避的（non-circumventible）语用学前提，探讨这些论证前提对于认识论、伦理学和政治学的意义。

哈贝马斯是"第二代"法兰克福学派的代表人物，在其早期代表作《知识与人类旨趣》中，他坚持反实证主义的立场，反对所有领域中的知识都要以自然科学为摹本。他认为这种科学主义导致了以纯粹技术旨趣为核心的还原主义的知识观。在他看来，历史—解释科学中的主导旨趣是通过社会互动在相互理解中形成的实践旨趣，因此，历史—解释科学构成了不同于自然科学的方法论。在哈贝马斯所倡导的批判社会科学中，以正义和自由为目标的解放旨趣构成了知识，这种解放的旨趣既是对"客观的"科学也是对诠释学"传统"的挑战。批判性反思揭示了，所有的知识都为某种认知旨趣所主导，这些旨趣包括技术旨趣、实践旨趣和解放旨趣，实证主义的客观性研究应该承认而不是拒斥这些科学技术旨趣之外的认知旨趣。在其后期交往行为理论中，哈贝马斯发展了阿佩尔的"交往的先天性"或"先验语用学"的思想。交往活动预设了终极一致基础的"可能性条件"，理想的实践对话的所有参与者都有权提出规范性论断，除非"更好的论证力"达成了新的理解和一致。在此，理想的言语状况是交往行为达成一致的必要条件，生活形式是交往行为的基础。

在德国，阿佩尔带有基础主义色彩的理论引起了广泛争论。在英语国家，人们更多是将其看作哈贝马斯的合作伙伴，因此导致了以下误解。一是没有正确地理解和评价阿佩尔和哈贝马斯反驳相对主义的论证（如关于践言式自身冲突的论证）；二是将哈贝马斯非基础主义的路径和阿佩尔具有基础主义倾向的路径混淆起来，将哈贝马斯的普遍主义和阿佩尔的先验主义混淆起来；三是忽略了二者之间的差别和阿佩尔哲学的特色。

在这里，我们将通过阐明阿佩尔和哈贝马斯的交往行为理论、语用学理论以及对话伦理学，来揭示二者哲学路径之间的异同。当然无论如何，他们在当代思想范式中开辟了极有希望的一种哲学路径，而且以此为基础批判性地研究了一些社会政治问题。通过对哈贝马斯和阿佩尔哲学路径的批判性比较，可以揭示语言学转向中的张力，正是这种张力展现了后形而上学哲学的普遍状况。

一 阿佩尔和哈贝马斯的共同点

20世纪以来哲学发展的一个令人注目的特征是对于传统哲学形态的转变、消解、解构和重构，认为哲学反思活动只限于主体和客体世界之间的关系这种哲学观不断被质疑。从弗洛伊德对绝对理性和统一主观世界的批判，到后期维特根斯坦对以逻辑形式为基础的哲学的批判和海德格尔对西方形而上学的反对，以及后结构主义对自主性主体的清算，这些批判的焦点都集中在西方哲学最根深蒂固的假设之一：通过人类意识的反思可以表征外部实在。

语言学转向以不同的形式促进了对意识哲学的批判，确立了语言在哲学研究中的地位。因此，语言学转向为重构以前主体中心主义的理性框架中的一系列问题提供了新的范式。在这样的背景下一些哲学家认为，语言学范式必然是对理性、正义、真理、主体自主性的否定，也就是对认识论和伦理学的否定。这种以科学形态自居的反人文主义的语言哲学理论导致了对知识和科学的消解，导致了道德怀疑论以及取消理性在社会生活各个方面的地位和作用。

因此，为了避免传统主体中心论的基础主义以及语言决定论所带来的相对主义困境，阿佩尔和哈贝马斯力图在语言哲学框架内寻求一种中介性的路径，建构作为论证前提的语言语用学，这既不是向基础主义的回归，也不是对相对主义的妥协，而是一种中介性的路径。

当然，他们对语言语用学前提的不同理解使得二者发生了一些争论。阿佩尔的理论沿着语言语用学的哲学路径关注基础、客观性、实在论和不可规避的语言结构，以不同的形式延续了传统哲学的主题。当然，这一点既遭到后现代主义者的批判，也受到了传统哲学的卫道士的谴责。但他自己认为，这种路径是在当代哲学的背景下重构第一哲学的最佳形态。

哈贝马斯则采取了一种反基础主义的路径。那些试图在当代哲学的背景下重提康德先验精神的人，认为阿佩尔的论证的终极语言基础的思想是开创性的，换言之，那些接受交往行为优先于目的行为并且试图为合理性证明寻求稳定基础的人，认为阿佩尔的辩护比哈贝马斯的更有说服力。那些后现代主义者以及认为弱证明足以证明交往行为优先于目标行为的人，则青睐哈贝马斯的哲学路径，以此摆脱对所谓确实可靠的哲学前提的依赖。

值得注意的是，哈贝马斯和阿佩尔的哲学都没有将超语言的实在而是将语言作为人类经验和知识的必要（immer schon）条件。在这个意义上，通常将哈贝马斯看作一位先验论和基础主义的理论家似乎不妥，而阿佩尔虽然保留和使用了这些语词，但他的理论与后结构主义思想家所反对的传统的、过时的笛卡尔主义的形而上学完全不同。因此，哈贝马斯和阿佩尔不仅不是近代哲学即笛卡尔式的、绝对主义的和专制的形而上学的捍卫者，而且正是在批判笛卡尔式的心理主义及其重构后形而上学的语境敏感式的、话语式的、宗派性的合理性概念时，他们两人走到了同一条战线上。对于他们来说，理想的语言状况体现了与事实相反的语言潜能，这不是某一个哲学家的规定，而是超越具体语言使用的约定。因此，真理、有效性和正义都是规范性思想，无论如何它们都不是先于人类语言互动的某种渊源的绝对体现。

大致来说，阿佩尔和哈贝马斯理论的一致性体现在：（1）关于人类旨趣的理论。根据这种理论，体现在解放中的知识构成旨趣显示了内在于合理性当中的批判性偏好。（2）对语言有效性论断（普遍或先验语用学）、语言习得和语言结构的探讨揭示了体现在语言中的理性，揭露了教条主义、意识形态和目的性这些都是被歪曲了的交往。（3）建立在规范的论证前提基础上的交往伦理学和政治学，以及形成对话式意志的可能性。受皮尔士的符号学、海德格尔对西方形而上学的批判、维特根斯坦对语言游戏的说明以及奥斯汀的言语行为理论和诠释学对实证主义的攻击的影响，阿佩尔和哈贝马斯开辟了从语言理论的角度对康德主义最重要的观念的重构，如绝对命令、理性的三重区分以及主体和政治样式的自主性观念。二者的共同点集中体现在他们所建构的语言语用学理论当中，而且语言语用学也是他们理论的基础。

语言语用学的出发点强调双重结构，即语言和事实的表征关系及语言和言说者之间的践言式关系。以逻辑经验主义为代表的分析哲学习惯将语言理解为语句与世界中的事态之间的一种表征和描述关系，以此为基础来建构意义和真理理论。通过后期维特根斯坦的意义理论及塞尔对践言式语句的研究，一种新的路径被开辟了，它超越了仅仅将语言解释为对象或事实世界的镜映这种看法。通过言语我们不仅指称了一系列事件，而且我们在承诺、要求、表达观点、解释等等。因此，内涵不仅仅是对指示和外延的补充，它是构成语言意义的必不可少的组成要素。在这种背景下，那些一直关注"诠释学和规范科学"的对立的哲学家看到了这样一种可能性，即通过语言哲学而不是认识论来反对实证主义。

不可否认，分析哲学的确提供了一种从意识哲学到语言哲学的转换方式，但是，分析哲学框架内的语言表达无法传达意识形态的内容也不能反思具体的权力关系。因此，这种语言分析从来不关心认识论、人类学、政治学的起源和意义这些"终极"问题。阿佩尔在《分析哲学和人文社会科学》中对后期维特根斯坦哲学的讨论，以及哈贝马斯在"什么是普遍语用学？"中，① 都区分了与世界的不同维度相关的语言功能，这些都是对以实证主义和形式语义学为基础的经验本体论的反对。根据传统的语言本体论，语言和世界之间有一种描述关系，无论语言是否指称了世界中的实体还是事实。因此，对于断言式语句来说，重要的是语句与外在于语言的存在是否真正符合。阿佩尔和哈贝马斯批判了这种经验本体论，因为这不能充分地说明我们与外部和内部世界之间关系的复杂性，也不能说明我

---

① Karl-Otto Apel, *Analytic Philosophy of Language and the Geisteswissenschaften*, D. Reidel Publishing Company, 1967. Jugen Habermas, *Communication and the Evolution of Society*, trans. by Thomas McCarthy, Beacon Press, 1976.

们作为使用语言的存在者对社会文化的不断建构。

当然，对经验本体论的反对并不意味着抛弃了客观主义和实在论，相反，阿佩尔在现实世界存在问题上的观点是实在论的。与哈贝马斯相比，阿佩尔更乐意将外在世界的存在看作哲学证明的可靠基础。当然，哈贝马斯并不否认研究客观世界的意义，他的顾虑是，如果向皮尔士式的实在论靠拢，就会使他的立场显得很矛盾。因此，尽管阿佩尔和哈贝马斯都避免一些后现代主义理论家的相对主义结论，只是他们在认可这个问题的重要性上发生了分歧，阿佩尔的评论阐明了这一点：

> 在《知识和人类旨趣》中，哈贝马斯在解释皮尔士时批判了关于实在世界存在的间接证据，以及在无限的探究过程中认识实在世界的意义—批判性假定。哈贝马斯认为这是一种窃取论题（petitiones principii），因为对前提和事实二者的相互应用就产生了皮尔士哲学中的先验框架，也只有在这个意义上它们才是无可质疑的。而我则持与此相反的观点，先验框架并不是任意的，它必然被预设在我们对实在的谈论中。在哈贝马斯试图以尼采的"透视和非理性的实在概念"质疑先验框架时也体现了我的这种看法，因为我们只能想象和一定立场相关的虚拟的实在。而我认为，我们不能拥有这样的实在概念。我们必须或者改变"实在"的意义以反驳我们的论点（正如在"任何东西都仅仅是我的梦呓"这句话中语句本身驳斥了自己）或者在使用"虚拟"这个概念时假定皮尔士的实在概念。①

无论如何，阿佩尔和哈贝马斯的语言语用学的目标在于为理解世界和语言之间的关系提供另一种路径，其动机在于为理论和实践提供一种中介。尽管对外在实在问题上的看法稍有分歧，但两个思想家都认为对世界的符号化解释并不优先于对世界的实在论解释。大多数分析哲学家只认识到了一种意义，即由于语词对世界的表征而形成的直接意义；阿佩尔和哈贝马斯在此基础上又提出了一种明显或不明显地蕴含在语言中

---

① Marianna Papastephanou, "Communicative Action and the Philosophical Foundations: Comments on the Apel – Habermas Debate", *Philosophy and Social Criticism*, vol. 23, No. 4, 1997, p. 45.

的"意向的"和"话语的"意义。他们不愿意自己的理论附和一种唯心主义的观点,即映射了世界的语言是一个逻辑的、自主的、内在的世界,也不愿附和一种庸俗的唯物主义,认为外在世界能够包含实际的存在的所有内容。

因此,当我们指称世界中的某物时我们自己就要和对象、规范、我们的内在本质所有这些要素发生关系,从而处于一种多重关系当中,因此可以从不同的视角对我们的论断进行检验,在此基础上提出真理性、正确性、真实性论断,其中每一个论断都是与实在的不同方面相对应的。因此,与世界的三个维度相对应,有效性也分为三个方面。由于有效性论断总是以语言表达的形式出现的,因此,"如果我们知道了接受言语行为的条件我们也就理解了言语行为"[1]。普遍语用学的这个基本假定意味着它和传统语义学的断裂,传统语义学旨在建立、分析意义和真理有效性之间的内在关系,而普遍语用学则关注理解和达到理解过程之间的内在联系,既包含了对意义的理解也体现了就有效性论断所达成的一致。

可见,普遍(哈贝马斯的)和先验(阿佩尔的)语用学的基本目标在于,"这种语言理论在考虑到了日常语言的语用—偶然维度的基础上,担负起了确定和重构理解的普遍条件的任务。它批判了有关语言和世界之间的关系是片面和一维的传统观点,颠覆了真理一致论的普遍性和权威性,以交往能力理论[2]补充了语言能力概念,揭示了语言的反省特征,从而避免了各种形式的元语言问题。通过强调反思的主体间先决条件,表明笛卡尔式的独白式的主体无法揭示思想的整体。这种语言语用学展示了合理性如何内在于语言当中,如何映射在与世界的各个维度相关的有效的言语行为当中。没有披着语言外衣的纯粹理性……理性就其本质而言,总是

---

[1] Marianna Papastephanou,"Communicative Action and the Philosophical Foundations". p. 46.
[2] 交往能力是普遍和先验语用学的重要特征,也是阿佩尔和哈贝马斯理论一致性的体现。在"交往能力理论"中,哈贝马斯谈道:"为了参与正常的对话说话者从一开始除了要具备语言能力,同时要具备基本的言说和符号互动的能力,我们把这种能力称为'交往能力'。"(*Inquiry* 13,1970,p. 367)在"评戴维森"中认为,"要解决这种普遍的问题需要劳动分工,也就是理解特定情景中的话语的意义问题,即使可以根据正常的或约定的方式来理解其意义,这种分工是在有关语言能力的语义理论和有关交往能力的普遍语用学理论之间进行区分。"(*Synthese* 59,1984,p. 24)

体现在交往行为的语境和生活世界的结构中"①。

因此,交往活动中形成理解和达成一致展示了一种可能的而不是乌托邦式理想的哲学景象。理想的言语情景或理想的交往共同体是规范性思想,但由于是理想的,所以它们总是被延误的,它们的意义从来不为我们所控制或最终实现。正如阿佩尔所说:"我们所说的规范性思想是实践理性的规范原则,在这样的意义上它约束着行为,即它限定了义务,为理想的长期、接近的实现提供了保障。然而,同时它们表达了这样的洞识,在时间中经历的任何东西都不能和理想相符合。"②

在伦理学方面,语言语用学为"道德观"提供了一种无需诉诸先于社会或先于反思的形而上学的证明。平等和责任是从我们开始进入与他人的实际对话我们就对他人承担的义务和作出的承诺。与目的性行为不同,交往行为的意义在于达成理解,向我们的同类展现自己。因此,除了理解共同说话者的旨趣之外,任何事先确定的旨趣或目标都不属于交往行为。

二 先验论和普遍论之争

在形式逻辑、践言式自身冲突、理性化过程和合法化危机、普遍主义和解放等这些方面都体现了阿佩尔和哈贝马斯理论上的一致性,二者最根本的分歧源于对语言语用学基础的基本观点。阿佩尔从语言哲学的角度对意识哲学的基本前提进行彻底改造的目的在于,通过清除意识哲学的传统形而上学特征、过时的隐喻来改造这些前提,从而奠定后形而上学的哲学基础。但哈贝马斯过分强调了语言哲学的交往维度,几乎忽视了语言的认知维度,因此他对阿佩尔所提倡的这种基础的思想感到顾虑重重,他的哲学是对传统哲学的一种后形而上学、后基础主义和非先验论的改造。这种差异明显地体现在二者在术语使用上的差异,阿佩尔称他的语言语用学为"先验的",而哈贝马斯的语用学则是"普遍的"。

从20世纪70年代早期阿佩尔和哈贝马斯的理论之间就出现了分歧,他们的争论开始于1981年哈贝马斯出版了《交往行为理论》之后。哈

---

① Marianna Papastephanou, "Communicative Action and Philosophical Foundations: Comments on the Apel – Habermas Debate", p. 47.

② Karl – Otto Apel, "The Hermeneutic Dimension of Social Science and its Normative Foundation".

贝马斯之所以对"普遍的"这个词情有独钟，是因为在接触了康德哲学之后他决定在基础主义和相对主义之间寻求一条中间道路。在《交往和社会演化》中，哈贝马斯认为："康德认为先验性就是确立和分析经验可能性的先天条件。因此，最基本思想就是：除了和经验对象相关的经验知识之外，还应该有一种先于经验而形成有关对象的先验的概念知识。"①

考虑到康德先验论中的主体性概念及其所带来的理性主义和二元论问题，哈贝马斯试图和康德的先验论划清界限。但是，如果放弃了先验论则有陷入新实用主义和语境论的危险。因此，哈贝马斯以"普遍的"理论，来摆脱这种两难处境："理解的条件是普遍的，这只是意味着这些条件是普遍且必然的。"② 当然，他认为这些条件也是无法回避的和绝对的，却不愿使用阿佩尔"先验的"术语来界定他自己的理论，因为这样就不能体现出和先验论的决裂。也就是说，对于哈贝马斯来说理解的条件是普遍和经验的，而对于阿佩尔来说，这些条件则是普遍的和先验的，二者的共同性在于它们在超越历史的意义上是普遍的。

因此，在关于理解前提的先验性或普遍性问题上，阿佩尔认为论证性话语的前提构成了交往的先天前提，是主体间性互动的前提，因为这种前提是语言的所以它摆脱了独断论和二元论的控制，同时由于它先于经验而是先验的。因此，只要一个人在假定这些前提时没有陷入践言式自身冲突，那么他就不能否定或拒斥这些论证的规范性前提，因此这些规范性前提就是先验的。这种论断对于哈贝马斯来说过于强硬。他认为，语用学规则的规范内容和先验条件之间的相似性足以表明，"我们在使用语言时不可为了达成理解不可避免地要设定一些普遍的前提"③。也就是说，有关语用学规则的规范内容思想已经表明，首先是我们需要理解的前提，其次是这种规范内容可以充当这样的前提，而无须先验的前提。因此，尽管语用学的交往规则类似于先验条件，但在严格意义上它们不是先验的，因为"我们也可以以一种非交往性方式行动；理想化假定的必然性并不意味着

---

① Habermas, *Communication and Evolution of Society*, p. 21.
② Habermas, *Communication and Evolution of Society*, p. 1.
③ Habermas, "A Reply", in A. Honneth and H. Joas eds. *Communicative Action*, The MIT Press, 1991, p. 228.

它们在实际中可以实现"①。

由此可见，阿佩尔和哈贝马斯之间的分歧决不仅仅是术语的使用问题。哈贝马斯认为有必要捍卫普遍主义，但不需要回溯到先验论的传统。在他看来，先验论不仅是难以捉摸和过时的，而且在终极证明或基础主义的问题上它会招致许多麻烦，而阿佩尔则表明在后形而上学的框架内通过对先验论的改造可以建构一种新的基础主义理论。

在哈贝马斯看来，如果要倡导一种后形而上学的终极的知识基础理论，就要面临所谓的"三难困境"，这是以阿尔伯特为代表的批判理性主义对基础主义的责难。如前所述，寻求终极基础会导致"三难困境"：一种无止境的后退；一种逻辑的循环，要被证明的东西在证明过程中被作为证据使用；简单化地认为所有事物的终极基础是显而易见的，从而摆脱终极基础问题上的无穷后退。然而，阿佩尔认为，阿尔伯特的责难只适用于那些通过演绎方式而达到的终极基础，也就是说，终极基础被限定为只是从其他某物中演绎出来。②

从皮尔士的三种演绎形式——演绎推理、外展推理和归纳推理——出发，阿佩尔认为传统的推演形式必然陷入循环、教条或无限的后退。他认为，哲学基础不以任何其他陈述所依赖的独立存在的陈述为前提，它只以这样的陈述为前提，如果取消这些陈述就会导致一种践言式自身冲突。用阿佩尔的话来说就是："我的方法就是将自身所依赖的东西看作基础，也就是说存在着这样的前提，如果它们没有导致践言式自身冲突就不能被反驳。它不是对世界进行本体论—宇宙论的说明，而是提供了论证性理性的自我辨明。"③

因此，如果说话者没有陷入践言式自身冲突论证的前提就不会引起争议，它就是话语的必不可少的条件。而且，践言式自身冲突具有一种特殊

---

① Habermas, "A Reply", in A. Honneth and H. Joas eds. *Communicative Action*, The MIT Press, 1991, p. 229.

② Karl‑Otto Apel, "The Problem of Philosophical Ultimate‑Justification in the Light of a Transcendental Pragmatic of Language (An Attempted Metacritique of 'Critical Rationalism')", pp. 240 – 241.

③ Karl‑Otto Apel, "Can an Ultimate Foundation of Knowledge Be Non‑Metaphysical?", *Journal of Speculative Philosophy*, 1993, p. 181.

的哲学意义，它不仅可以拒斥怀疑论，而且阿佩尔用它来拒斥无限制的可错论。

三 可错论和无限制的可错论之争

可错论是哈贝马斯和阿佩尔争论的另一个焦点。在可错论问题上，受皮尔士和波普尔的影响，阿佩尔承认可错论，但不是极端的可错论。他认为，如果不假定先天的前提，我们如何能够进行可错性检验，如果不从确定的前提出发，我们如何能够对假设进行考察、批判和证伪？因此，在阿佩尔看来，可错论要以某种确定性的前提为出发点，否则就会走向一种无限制的可错论，从而导致相对主义。正如阿佩尔所说："对科学理论的每一个具体质疑都要依赖于范式的确定性，这种确定性是语言游戏的一部分，使语言游戏成为可能的东西。"[①] 如果对这种范式的确定性是否确定感到怀疑，并且认为它们也是可错的，那么这是一种普遍可怀疑的观点。因此，对于阿佩尔来说，即使任何事物在原则上都是可错的，可错论本身也不能接受可错性检验。因此，为了使可错论有意义，我们必须假定：（1）存在不同于假陈述的真陈述。（2）存在一个话语或论证的共同体，这个共同体一开始就拥有所有成员共享的清楚的语言，共同体能够提出问题而且能够提供解决这些问题的途径。[②] 第二个假定是话语原则，这是可错论本身成为可能和可理解的条件。因此，保障了自由交往的话语原则是对哲学假设进行证伪和证实的终极基础。

在可错论问题上，哈贝马斯接受了无限制的可错论原则，相信可错论本身也是经验地可检验的。对他来说可错论只是一个语法问题。也就是说，尽管作为检验论证性话语的前提可错论是无法回避的，但作为语法语句它也要接受经验检验。哈贝马斯认为所有的陈述都不能构成元语言，因此，作为话语原则的可错论也不能成为元语言的原则或元规范。对他来说，"不存在任何先于论证的评价证据或标准，它无需在论证中得到证

[①] Karl-Otto Apel, "Can an Ultimate Foundation of Knowledge Be Non-Metaphysical?", *Journal of Speculative Philosophy*, 1993, p. 176.

[②] Karl-Otto Apel, "Can an Ultimate Foundation of Knowledge Be Non-Metaphysical?", *Journal of Speculative Philosophy*, 1993, p. 177.

明，无须在一定的论证前提下由话语交往中所形成的一致保障其有效性"①。因此，在哈贝马斯看来，可错论也就意味着不存在任何可以构成某种先天基础的可错性前提可以免于被质疑，即使语言性前提（阿佩尔的观点）也不例外。

但是，阿佩尔认为，如果认为可错论原则可以被经验地检验就会导致悖论，因为"我们既要能够证明所怀疑的前提是错误的，同时又要假定这个前提是有效的"②。这个论证似乎还是很有说服力的。但哈贝马斯认为，阿佩尔的理论似乎导致了这样的结果，只有哲学能够为可错论提供基础，其他研究都不能对可错论进行限制，这相当于承认哲学在知识的各学科中具有特殊地位。如果哲学具有提供不可错的前提这种特权，即使这种前提是语言的而不是形而上学—本体论的，那么这种阿基米德点就赋予了哲学康德曾经授之于的"科学之冠"的称号。

阿佩尔的先验论及其作为阿基米德点的论证前提概念的合理性在于它们本身都不是自我矛盾的："对于论证来说论证性话语的必然前提是绝对无法回避的，它不能为怀疑论者的论证所质疑或反驳，因为任何这样的论证实际上都要以它所要质疑的东西为前提。"③ 因此，阿佩尔不仅用践言冲突来拒斥怀疑论的论断，而且作为寻找阿基米德点的方法。即使每个命题的内容都可以被质疑，而质疑这种言语行为本身实际上以论证性话语的前提为前提，否则，就会导致践言式自身冲突。因此，即使所有的经验知识都是可以被反驳和证明是错的，但当我们反思论证性话语的必然前提时，可错论的应用达到了极限，陷入了自反式境地。

由此可见，当阿佩尔将论证的前提看作无法回避时，这些前提就是先验的，也就是先于经验的，它们构成了一个阿基米德点，作为语言结构中的一部分它们并不是先于语言的实在或起源，因为即使人们在内省和默默反思时刻他们也在使用语言，因此，这些前提是判定经验判断的有效性与

---

① Marianna Papastephanou, "Communicative Action and Philosophical Foundations: Comments on the Apel - Habermas Debate", p. 50.

② Karl - Otto Apel, "Can an Ultimate Foundation of Knowledge Be Non - Metaphysical?", p. 179.

③ Karl - Otto Apel, "The Hermeneutic Dimension of Social Science and its Normative Foundation", p. 253.

否的准绳和必然前提。在哈贝马斯看来，这是一种具有浓郁的形而上学色彩的可望而不可即的前提。因此，在可错论问题上，阿佩尔承认可错论，但只是有限的可错论，因为他坚持可错论的不可错的前提。而哈贝马斯则否定这样的前提存在，因为在他看来，这样的前提不能接受经验的检验，但阿佩尔认为这种理由是无意义的，因为当你对它进行经验的检验时实际上已经预设其为前提了。因此阿佩尔认为可错论原则本身有一个先验语用学的前提，这是一个不可动摇的基础，先验的基础。

第二节 对话伦理学：纯粹理性和实践理性的统一

对话伦理学体现了纯粹理性和实践理性的统一，因为这种伦理学以语言的终极证明为基础，避免了康德主义的物自体和现象界的二元论，人不再是"两个世界的公民"。因此，在对话伦理学中交往理性被看作话语理性，道德法则的有效性取决于对话伦理学的原则证明，在此理性找到了一种语言的、先验的统一。实际上，对话伦理学试图将交往理性融入实践理性而统一纯粹理性和实践理性，交往理性是伦理的理性，因此对话伦理学是一种需要终极证实的伦理学。

在这里，对话伦理学的倡导者阿佩尔和哈贝马斯似乎将交往行为和道德行为等同起来了，关注那些与伦理问题无直接关系的主题，讨论道德规则是否需要规范性限制的问题。他们将知识的终极证实基础的必要性和道德问题联系起来，终极基础回答了"我为什么合乎道德地行动？"这个问题。这种基础主义的回答足以消除相对主义的结论。"从没有终极证明的回答中能够得到什么样的安慰呢？除了将其本身相对化为有限和完全可修正的东西之外。"[①] 因此，面对"为什么我们不能非理性地或非道德地来行动呢？"这种怀疑论的问题，实用主义和常识性的回答都不充分，在此需要的是一个哲学的终极基础。哈贝马斯将这个问题看作伦理学—存在主义的问题而不是道德问题，他认为，哲学在于去蔽（disclose）而不是强迫，"去蔽"指的是哲学使人意识到了生活的

---

① Karl‐Otto Apel, "Can an Ultimate Foundation of Knowledge Be Non‐Metaphysical?", p. 174.

道德维度。阿佩尔通过将论证的前提看作终极基础,宣布道德要求一个阿基米德点,也就是说通过回答"为什么合乎道德地行动?"这个问题,阿佩尔认为实践理性优越于理性的其他方面,因此赋予理性以鲜明的伦理特征。因此,理性不再是中性的,而是具有积极的作用,它具有伦理意义,是规范的和说明性的。沿着这个思路,对话伦理学通过将认知和道德的情感要素看作人类本质的不可区分的不同方面,从而将二者协调起来了,在此,理性的也就是伦理的,关注他人也就包含了愿意参与他人的语言游戏。因此,阿佩尔和哈贝马斯的伦理学不同于传统西方伦理学的路径,他们的共同点在于摆脱了意识哲学而体现了语言转向的趋向,他们都认为价值、人类权利和道德行为以语言和交往为基础,而不是以任何一种神圣的、自然的或先于语言而建构的秩序为基础的,二者的最大分歧在于对规范性基础的看法不同。

因此,阿佩尔和哈贝马斯共同提出了对话伦理学,并且以语言和交往语用学作为伦理学的理论基础,由此展现了他们所主张的语言语用学的与事实相反的特征,展现了开启一种新范式的可能性。这些可能性包括:终极的哲学基础,一种强实在论,一种语言先验论,以及弱的基础或非基础主义的普遍论。

一 一种普遍伦理学

对话伦理学是一种认知的、普遍的伦理学,是形式的或程序的伦理学,因为它仅仅只给出了一个原则:所有规范具有同样被接受的可能性,实际的决定取决于话语参与者。也就是说,所有的规范都是同样有待被承认的有效性论断,而对话中的实际参与者具有承认的决定权。与康德的绝对命令式不同,在康德看来行为主体可以检验他人是否将其规范看作普遍法则,因此这种伦理学是独白式的。而对话伦理学原则提出了一种只有在实际的论证过程中才能进行的检验,所讨论的规范可以为所有相关的人接受。每个有效规范必须满足以下的条件:为了满足每一个人的旨趣所有相关者都要接受普遍规则所带来的结果和边际效果。在这个意义上,这种伦理学并不能告诉具体的个人在其社会环境中如何实现美好的生活,相反,对话伦理学是一种限制性的伦理学,它为不同的生活形式制定了限定性条件,这些限定条件不是实质性的,而是形式的和程序的。

阿佩尔将对话语伦理学的普遍性原则建立在终极证实的基础之上，"这些前提〔论证的前提，如所有参与者的共同责任和平等权利〕是必不可少的——也就是说，在没有陷入践言式的自我矛盾时它们不能被质疑——而且我认为，它们包含了对话伦理学的原则；这个原则可以被理解为在伦理学中对普遍性原则的后形而上学的转换——也就是对康德最先提出的绝对命令式的转换"[①]。因此，阿佩尔试图将伦理特征归于论证性话语的前提从而为伦理学提供一个终极基础。在他看来，通过语言语用学对先验哲学的改造可以表明：首先，无论在公共思想还是和经验上独立的思想方面，我们都可以把理想的论证话语的规范条件看作规范的有效性论断的唯一条件；其次，我们已经承认了对话伦理学的原则。

因此，当我们参与论证时自觉接受的前提是：我们是真实的交往共同体的一员，我们已经形成了一定的对世界的前理解，这是经验—语用学的前提。这一前提又引发了其他的伦理前提，即原则上的共同责任和平等权利。在某种意义这些论证前提是必然的，因为如果不陷入践言冲突，我们就不能反驳它们。由此阿佩尔认为，在论证中我们总是已经把交往理性看作话语理性，并且在对话伦理学的原则下认可道德法则的有效性。

这种普遍的、后传统的和弱基础主义的伦理学的优越性之一体现在，它是一种为未来负责的伦理学而不是具有传统特征的伦理学理论。个人主义伦理学中的道德主体只考虑到了他们自己，只为他们参与其中的行为负责。因此，方法论的唯我论不仅在认识论—语言学的层面上是不充分的，而且在道德方面的应用也是不完善的。传统的伦理学不能提供一种超越具体时间界限的普遍的责任伦理学，只有后传统的、普遍主义的伦理学才能满足责任伦理学的要求。而道德观向普遍化的转变在日前显得尤其必要，随着科学技术的发展信息的全球化，一方面对技术的迷恋成为时代的特征，另一方面我们又要为全人类、为未来负责，所以伦理学如果要研究社会中的这些复杂现象，那么它必须拓宽时空对它的

[①] Marianna Papastephanou, "Communicative Action and Philosophical Foundations: Comments on the Apel–Habermas Debate", p. 52.

限制。

在阿佩尔看来,传统伦理学即微观和内部伦理学的缺陷在于只关注"家庭宗派和国家的传统道德"问题。阿佩尔所提议的具有约束特性的伦理学强调一种批判:(1)对西方社会行为者不关心政治的行为的批判,在市民概念中这些人只是国家的消费者;(2)对政治的非道德化的批判,这是现代工业化国家的特征。[1] 因此,这是一种和规范性问题有关的伦理学,与美好的生活、既定的自我实现或目的性的决策问题无关的伦理学。

二 超越相对主义

在某种意义上,对话伦理学可以被看作一种后形而上学和后现代的伦理学,他与利奥塔、罗蒂等后现代主义者的理论出发点基本相同,都对近代哲学进行了批判,都是反笛卡尔主义者、反黑格尔主义者和反科学主义者。利奥塔提出了"异端政治学"和"异议伦理学",罗蒂建构了新实用主义的协同性伦理学,以及自由主义的、讥讽的、诗化的政治学(后现代的资产阶级自由主义)。这些后现代主义者的共同特征是,对工具理性的批判要诉诸一切人类认知和交往过程的语言化,对理性的批判只能通过语言批判来实施,而语言本身只能被看作偶然的、历史的,这样,它本身并不能为普遍性论断提供保障。的确,这是以罗蒂和利奥塔为代表的后现代主义者的主张,在"语言转向"的背景下可以达成以下共识,一方面,所有语言游戏代表和体现了一种先在的事实性,也就是说,我们总是偶然性的历史传统的产物,另一方面,我们能够跨越时间和文化的积淀通过语言互相谈话,而语言也并没有对对话的参与者产生任何强制作用。

以罗蒂、利奥塔为代表的后现代主义者能够达成以下共识:

(1)语言不可还原为其指示的、指称的功能,实际上语言揭示世界的功能似乎优先于其应对世界的功能,这表现在语言的指称—语义维度。而且,语言揭示世界的维度似乎与语言的多样性一脉相称,正是这种多样

---

[1] Marianna Papastephanou, "Communicative Action and Philosophical Foundations: Comments on the Apel – Habermas Debate", p. 54.

性与作为正义条件的基础性预设格格不入。

（2）自我及其动因都是偶然的历史产物，不能被解释为或还原为语言，虽然语言的不可还原性和自我的不可判定性之间具有某种相似性。

（3）共同体本身是偶然的产物，它是一个历史性的领域。

所有这些假定都可以归于以下的双重命题：由于无法将语言揭示世界的功能还原为语言处理世界的功能，由此可见语言的历史性。反之亦然，由于语言揭示世界的功能实际上解释了其处理世界的功能，由此可见，真理变成了尼采所说的"流动的隐喻集"。科学只是隐喻和转喻的问题，正如协同性只是对隐喻的说话方式进行重新描述和解释的问题。在罗蒂和利奥塔的哲学中，我们要用"说话者"和"习惯或语言实践"来代替"认识主体"和"真理"。然而，很显然利奥塔和罗蒂都的确预设了一种语言的概念，而且由此出发建构了关于自我、共同体、伦理学、正义和政治自由主义的信念。

阿佩尔和哈贝马斯与这些后现代主义者一样进行了20世纪哲学中的"语言学—诠释学—语用学—符号学"转向。但是，罗蒂和利奥塔的批判走向了相对主义，尽管二者都不愿承认这一点，这种批判往往最终转向了对整体理性的批判。而阿佩尔和哈贝马斯则认为需要一种普遍性，虽然这种普遍性是程序上的，而非实质的。对于罗蒂和利奥塔来讲，"语言转向"的结果宣告了基础的不可能和不必要，无论基础是本体的、历史的还是形而上学的，这些都包含了对普遍性的拒斥，他们只关注自我、共同体和语言的历史性。而阿佩尔则认为，语言转向使得没有基础的绝对普遍性成为可能。因为，只有通过探讨跨文化对话的可能性条件才能阐明使得跨文化可能的这种共同语言。这又涉及了对话规则的有效性问题，即有效性证明的问题。在讨论对话的可能性问题时我们要寻求一个关键点，这不是一个基础的问题，因为这不能通过演绎、归纳或外展（溯因）推理来获得，否则会导致所谓的三难困境。相反，我们只能通过自我反思来揭示这个关键点。很显然，阿佩尔和哈贝马斯既不想提供一个基础，也不想对相对主义的威胁保持沉默。这样，所面临的问题是，以同一种语言概念为出发点，是否存在不同于这种后现代结论的其他解决方式？他们为这个问题提供了一个答案。

后现代性代表了一种新的人类处境，其中，试图建构一种为全人类负责任的伦理学的一切努力都因对科学理性的推崇而瓦解。因此，后现代条件就是对所谓的科学理性的胜利的一种挑战，这包括以下几点：

（1）不能从事实中推导出普遍的规则；也就是说，如果我们不犯一种"自然主义的错误"，就不会从经验描述中获得规范性知识。阿佩尔称之为休谟原则。

（2）科学的唯一而重要的研究领域是事实的领域。这就必然导致一种"严格的"、伦理学的基础，或者规范性维度是不可能获得的。这是第一点的必然推论。

（3）客观性是由科学活动所产生的。客观性等同于主体间性，因为所谓的客观的世界是唯一我们能够达成一致的东西。

阿佩尔和哈贝马斯沿着维特根斯坦、海德格和皮尔士的路径得出了以下结论。从维特根斯坦那里得到的启示是，一个人不能单独地遵守规则，从海德格那里我们知道，自我总是存在于世界中，并且与他者共存。一个世界总是自我意识和普遍知识得以可能的一个条件。从皮尔士那里得出这样的洞识，无论是客观世界的知识，还是内省的即主观世界的知识，这二者都是以符号为中介的行为。因此，自我总是以主体间性为条件的，是源于主体间性的。

以此为基础，阿佩尔和哈贝马斯提出了共同体的概念，以此作为批判意识哲学以及方法论的唯我论的核心概念。后现代主义者和一些德国的新保守主义者认为，由于生活形式以及观念的多样性，建构一种对不同的生活形式进行中介化的普遍的伦理学不仅不可能而且是危险的。阿佩尔和哈贝马斯认为，对这个问题的解决在于要认识到历史共同体的先天性这样的事实，要承认存在着一个先验的、普遍预设的理想的交往共同体。具体生活形式的实现以及某种伦理内容的实现都要求预设一种能够包容差异和冲突的普遍的伦理标准。理想的交往共同体为建构任何具体伦理生活的最普遍的理想规范提供了保障。

三　以先验语用学为基础的对话伦理学

与理想的交往共同体相联系，阿佩尔在谈论伦理学的终极基础时，他强调，道德是有基础的，我们确实能够回答这样的问题，为什么是道德的？在世界里如何才能够道德？为什么是道德的？因为道德符合作为人的基本特征，符合使用语言去认识世界、他者和自身的生物的基本特征；而且，在语言对这三个世界进行中介时包含了一定的规范，否则语言自身不可能有意义。

以下几点是反对寻求伦理学的终极基础的可能性主要论点：

第一个和最主要的反对观点是关于基础或根基概念，这不仅涉及伦理学的理性基础，而且涉及任何类型的终极基础。根据 17 世纪以来的经典理性主义传统，理性基础就是从其他某物中推演出某物。因此，在严格意义上，其形式是从一些前提出发进行的演绎推理，因为其他形式的推理如归纳或外推推理都是可错的。那么，演绎推理中的基础在于有确定的前提，但这些前提也需要以其他的前提为基础，这明显会导致无限后退；而且如果一个推理的前提本身也需要寻求基础，那么这就构成了一个逻辑循环；如果假定这些推理的前提本身是清楚明白的，不再需要其他基础或前提，那么这就会导致一种宗教或形而上学的教条。

第二种观点质疑是否能够为伦理学寻求一种终极的理性基础，这体现了西方科学主义的特征。西方科学主义认为，科学理性只能为两种东西提供基础，一种是客观的有效性或关于事实的经验判断的真理，另一种是形式—逻辑推理的客观有效性，却不能为道德规范或价值的客观或主体间有效性提供基础。因为科学主义认为，如果道德规范的基础本身没有假定一种先在的规范有效性，那么就要通过科学理性从经验事实中推演出这种规范，但这是不可能的，正如休谟所质疑的"归纳问题"，或摩尔所说的，这是一种"自然主义的谬论"。

第三种观点也是西方科学主义的典型特征，他们将理性概念等同于价值中立的科学理性。这种等同不仅没有被质疑反而被工具理性概念所强调。根据这样的理论，人类行为的道德目标总是已经被预设了的，正是在这个意义上，这些关于理性选择的理论被认为是科学的。在将价值中立的科学理性概念绝对化的前提下，为伦理学寻求理性基础显然是不可能的。

面对这些反对为伦理学寻求理性基础的观点，阿佩尔做出了如下回应。首先，阿佩尔承认，如果承认这些反对意见，那么哲学中的终极基础概念不可能存在。以上论点核心在于：

（1）如果将基础概念看作从某物推出某物的推演或演绎，那么终极基础是不可能的。

(2) 道德规范也不可能只从经验事实中推演出。

(3) 通过价值中立的科学理性也不可能得到基础性的道德规范。因为在各种形式的因果、形式—目的理性中，道德目的只能被预设。

如果考虑到下面这两个前提，那么就可以找到伦理学的终极理性基础，这是西方科学主义没有考虑过的前提：

(1) 对那些不可置疑的思想前提进行先验反思（即存在一些不可置疑的思想前提）。

(2) 对这样的事实进行先验反思，即思想就是通过语言建构的论证，论证的交往合理性（communicative rationality of argumentation）预设了道德规范（即思想就是语言论证，而论证的交往合理性预设了道德的规范）。①

这两个前提分别对应于哲学中的两个历史阶段或范式：(1) 强调独立主体的古典先验哲学；(2) 对古典先验哲学进行改造的先验语言语用学。阿佩尔认为只有后者能够为对话伦理学提供一个终极的理性基础。因此，不能通过演绎推演来寻求终极基础，只能通过对一些不可置疑的思想前提进行先验反思来寻求终极基础，如果否弃这些基础就会出现践言式自身冲突。

这使我们关注对话伦理学中的语言问题，其中语言具有两重特性。通过语言我们能够做出一个独特且唯一的判断，而这个判断却具有一种一般的意义和普遍的有效性。阿佩尔对语言双重性的说明类似于语言的指称和践言的双重特性。也就是说，语言可以被用来指示事态，同时也建立了特定的主体间关系。然而语言并不总是以这种方式被理解的。大多西方哲学只关注描述—指称的语言模式，根据这种模式，语言只是被看做一种手段和工具，一种外在世界和主体精神中介的媒介。这种模式支配着从亚里士多德、到康德、胡塞尔、萨特甚至维特根斯坦的哲学传统。从海德格尔、卢曼、伽达默尔、罗塔克出发，阿佩尔和哈贝马斯发展了一种语言哲学，它同等地看待语言的命题—描述维度和践言的、语用的维度。最初，阿佩尔和哈贝马斯通过在语言揭示世界的功能和应对世界的功能之间进行中介来强调语言的这两个维度。后来，随着伦理学

---

① Karl – Otto Apel, *The Response of Discourse Ethics*, Peeters, 2001, p. 40.

的问题不断出现,通过在意义建构和有效性证明之间进行中介来发展他的语言哲学。如果只强调语言的一个维度,就不能可理解地、非还原地对语言进行分析。语言自然要涉及意义建构(语义)问题,但同时也会提出有效性问题。

以此为基础,阿佩尔从主体间维度出发认为语言交往共同体可以充当对话伦理学的不可置疑的前提,这可以通过践言式自身冲突这个原则来确定。避免践言式自身冲突这个原则不仅可以用于笛卡尔的"我思故我在",从而肯定孤独的思维主体"我"的存在,它也可被用于确定作为认识自我和世界的中介的语言的存在,同时也可确定自我对话共同体的交往共同体的存在。而且,由于论证的前提是思维主体间的自由合作,因此,很显然,论证也预设了基本的伦理规范。

这并不意味着通过对论证前提的先验反思哲学家就已经找到了具体使用中的规范或推演出这些规范的原则,但是我们的确能够揭示通过论证来协力解决问题的规范条件。一般来说,在论证话语的规范条件中也包含了对话伦理学的先验的,因而先天有效的原则。这些原则决定了通过对话参与者的实际对话认识和解决实际道德问题的程序。那么,通过先验语用学反思来揭示的对话伦理学的这些形式的和程序的原则是什么呢?

严格论证的这种目标使得以下的规范原则必须总是已经被认识到:

(1)一切可能的对话伙伴必须承认,每个人在通过论证表现自己的利益时具有同等的权利。

(2)在通过论证性的话语认识和解决生活世界中的问题时,一切可能的对话伙伴都应该承担同样的相互责任。对基本的相互责任的这种假定表明了,先验的论证性话语的推演不能被看作一种普通的语言游戏,它不是由自身确定目标,可以任意选择的一种语言游戏。相反,这种基本的论证话语规定了关于生活世界的严肃论证的可能性,因此它在哲学上是不可置疑的。一切认识和解决生活世界中的问题的对话伙伴的基本相互责任要求,生活世界中的道德问题如利益冲突问题如果要通过论证话语来处理,就只能以非暴力的方式被解决。当我们预先假定所有可能的对话伙伴都承认它们拥有平等的权利和负有同样的相互责任,那我们就认识了先天性。这两个前提构成了先验语用学反思所揭示的对话共同体的基本协同性。

（3）如果需要通过论证性话语解决道德问题，那么，如果可能的话，就要进行一种实际的对话，根据前面的两个基本规范和论证性对话要达成的普遍一致的原则，对话要遵循以下的规范性原则：这些具体的规范必须被建立，从而保障所有参与者既能够遵守这些规范，也能够被接受对话的结果。[1]

至此，阐明了对话伦理学的形式的、道德的原则，这也是无限制的理想交往共同体的规范性条件，所有参与论证性对话的人都普遍认识到了这一点。但需要补充的是，在具体的论证性对话中我们不仅预设和普遍预见了不确定的理想交往共同体的规范条件，同时，也认识到了真实的交往共同体中的历史决定的条件。

在每一个具体情况下，一种论证性对话都要预设一个具体的听众，而且，为了论证一个命题，无论是理论原则还是实际的动议，论证者都不能仅仅从他/她认为正确或正义的前提出发，而必须从已经为其他参与者也承认为真或正义的前提出发。这是诠释学现象学的"在世之在"的"前结构"理论中的一个重要的构成要素，也体现了生活世界中的"前理解"和"事实"的"真实的在先性"，因为个人总是已经归属于一个具体的共同体传统。因此，可以将对论证的基本前提的先验语用学反思归结为一种双重的先天性，既预设了理想的交往共同体的条件，也预设了真实的交往共同体的条件。

在阿佩尔看来，以先验语用学为基础的伦理学的规范内容体现在正义、协同性和共同责任的原则中。换句话说，有意义的论证（先验语用学）的论证结构揭示了关于正义、协同性和共同责任的规范性论断：作为互惠、公正和公平的正义；作为尊重和容忍具体实在的伦理原则的协同性；为受主体间普遍规范所影响的所有其他人负责任的共同责任。

四　对康德伦理学的改造

近代哲学的一个基本特征就是对主体的强调和走向形而上学唯我论。根据近代的先验意识哲学，单个人就是不可置疑的思想和认识主体，外在

---

[1] Karl-Otto Apel, *The Response Of Discourse Ethics*, Peeters, 2001, p.47.

世界的存在与否，包括其他主体是否存在，这些都被质疑（或悬置）。一个人可以独自思考某物作为某物的本质。根据这种哲学，只有孤独的思想中的主客体关系才是先验地不可置疑的。这种哲学并不考虑先验的主体间关系中的主体与主体间的关系。因此，自笛卡尔以来的先验哲学根据"方法论的"或"先验的唯我论"来建构先验的思想主体，在他们那里，先验主义就是在思想和认识的主客体关系中，在自然科学的认识—逻辑维度发挥作用的先验的理性前提，在这种认识论中语言并没有称为认识可能性的先验条件。这种哲学的基础并不是先验的主体间和交往概念，而且也没有探讨伦理学的先验终极基础问题，也不会诉诸先验的思想前提来解决道德问题。

现在，面对伦理学和诠释学的基础问题，先验的主体间和语言交往概念就不能被忽视了。而且，随着20世纪诠释学和语言分析哲学之间的融合，如海德格尔、维特根斯坦及其追随者越来越明显的发展趋向是，如果先验哲学要继续发展或复兴，那么先验的思想或理性主体的概念就要被彻底转变，也就是要考虑先验的主体间或语言共同体的概念。

在哲学中的语言语用学—语言诠释学转向之后一种新的另一个种形式的第一哲学范式开始称为理论哲学的基本形态。在本体论的形而上学和先验的主体或意识哲学之后，第一哲学的功能转向了先验语用学。作为以符号为中介解释世界的先验哲学，其主体不再是自主的意识，而是自由的符号解释和交往共同体。先验语用学能够以一种适当的方式回答康德首先提出的问题，即关于主体间有效知识的可能性条件问题。

因此，先验语用学为我们开启了通过先验语用学反思寻求伦理学的终极基础的思路。这种哲学能够为哲学提供终极基础，尽管它不是以古典理性主义的方式通过推演来寻求终极基础。这种新的探讨终极基础的方法被称作先验语用学的方式，它是对通过论证对不可置疑和不可反驳的前提进行先验的反思，论证自身与其不可置疑的前提不可分割。对话的参与者在反思论证话语时如果不陷入践言式自身冲突论证的这些前提就不能被否弃，以此证明这些前提是不可置疑的。

那么这种不可置疑的论证前提是什么呢？谈到哲学的基础问题我们要再回到笛卡尔的"我思故我在"，笛卡尔认为一切都是可以怀疑的，唯独"我在怀疑"本身不能怀疑，因此以"我思"作为哲学和认识的基础。但是在先验语用学的哲学范式中，主体间有效的论断不再是一种"方法论的"或"先验的唯我论"意义上的有效性，而是论证性话语中的论证是否有效的问题。这就要求，除了作为论证者的"思者"的存在之外，还要求前提一些不可置疑的前提，不仅"我"的存在而且作为对话伙伴的"他/她"、"你"的存在都必不可少。因此，一种语言和语言交往共同体也要被预设为不可置疑的。除此之外，外在的真实世界的存在也是论证中的真理论断必然要指称的。

康德与笛卡尔和胡塞尔一样并没有为伦理学提供一个真正的先验基础，因为他的先验哲学的前提也是方法论或先验唯我论意义上的单个思想主体。而对于以先验语用学为基础的对话伦理学来讲，与康德伦理学有很大不同。因为先验语用学的基础并不在于形而上学的假定，而是对论证前提的先验反思，如果不陷入践言式自身冲突就不能否认这些论证前提。在此，需要假定一种两重的先天性：一方面，我们假定了一个在社会化过程中参与其中的真实的交往共同体，为此我们必须总是将自己的论证和生活世界中的历史地给予的前理解结合起来。另一方面，因为论证中的普遍有效性论断，如命题中的真理论断，我们的确要假定一个理想的、自由的交往共同体，由此我们的有效性论断才能被一致地接受。

至此，可以将先验语用学路径的对话伦理学和康德的形而上学伦理学进行一个比较。显然，所有对话者一致接受的对话伦理学的基本原则等同于康德"绝对命令"的普遍原则。但二者之间的差异也很明显，可以归结为以下几点：

（1）对于康德来说并不要求有真实的对话，而一个行为的原则是否应该是一个普遍的法则，这是由每一个单独的行为者所进行的精神实验来决定的。

（2）这与康德对经验动机和社会历史惯例、传统和制度中的各种问题的严格抽象有关，这些都以单个个体所设想的行为原则为基础。因为，如果接受康德关于两个世界的形而上学，那么对行为的准则的普遍力的思想考察就是理智的我和他/她的自主意志的事情，单个个体能够从所认定的普遍法则中推演出具体原则的普遍性。

（3）由此可见，单个个人在许多方面被过多强调，如考察对于真实的、不同的人类旨趣来说一切人类的普遍法则是什么。在许多情况下，康德将这些旨趣和通常有先前的惯例和制度所假定的旨趣混为一谈。

（4）对话伦理学和康德伦理学之间的一个重要的差异在于，康德不能也没有真正关注具有善良意志的行为后果，而认为其具有自身的价值。相反，对话伦理学并不是一种善良意志或目的伦理学，因为实际对话中的程序的规范原则的目标在于，一切对话者就可预见的普遍规范的结果达成一致。①

阿佩尔认为对话伦理学的先验语用学基础体现在，通过对理性对话的先天性的不可置疑性的反思，使得在哲学史上第一次不是通过经验或形而上学事实的推演为道德规范提供了基础。为什么是第一次提供了这种基础？

在本体论形而上学时期，伦理学的终极基础是从存在中推演出应然，或从目的论的存在目的中推出来的应然。在康德那里，伦理学的基础是人类理性，但是，近代的主体或意识哲学很难为伦理学提供基础。康德以"绝对命令"作为伦理学的普遍原则，这是从理性主体的自由意志中推导出来的行为的最高原则。然而自由意志只能通过"实践理性"被认识，但实践理性的前提要求道德法则的有效性，而道德法则反过来又要以自由意志为基础。因此，康德陷入了一种逻辑循环，最终通过宣告"道德法则"是"一种理性事实"，一种我们意识为先天的和确定的事实，来代替了先验基础。

总之，任何严格的论证都必然要以理想的交往共同体的规范条件作为普遍预设，这就使得后形而上学伦理学的终极基础成为可能。阿佩尔认为在以下几方面先验语用学的伦理学基础体现了对康德伦理学的改造：

（1）以先验语用学为基础的对话伦理学并没有像康德的纯粹道义论那样抽取了历史，相反，对话伦理学从开始就试图通过强调真实和理想的交往共同体的双重先天性来在康德和黑格尔进行中介。

（2）即使作为一种道义论伦理学，对话伦理学也转变了绝对命令及其应用方式，使得它变成了一种程序原则，成为了对话参与者就实际规范达成一致的基础。

---

① Karl-Otto Apel, *The Response Of Discourse Ethics*, Peeters, 2001, p. 59.

(3) 以实际历史为出发点对话伦理学也是一种为未来负责的责任伦理学，因此区别于康德的善良意志或目的伦理学。①

为了寻求伦理学的基础，康德在《道德形而上学基础》中提出了理想的交往共同体的先天性这样的前提。因为他假定了一个纯粹理性的存在共同体，这与上帝一起构成了所谓的"目的王国"。因此，在康德的伦理学中一切都取决于善良意志的形式，而且道德形式并不取决于可预知的经验的行为结果。如果伦理学只通过上帝来评价目的行为，如我们的善良或恶的意志，那么这种观点是正确的。由此出发，不能建构一种责任伦理学，而只能建构一种目的伦理学。

---

① Karl–Otto Apel, *The Response of Discourse Ethics*, p. 62.

第九章 语言哲学中的"哥白尼式革命"

综观20世纪语言哲学的发展,语言哲学内部经历了从语形学、语义学到语用学的发展历程,而在整个哲学家族中,语言哲学也逐渐拓展了自己的研究领域,借以研究新、旧哲学问题的理论依据也从局限于语言哲学发展到基于跨语言与其他哲学领域的交叉理论。无论是语义学和语用学的结合,还是本体论、认识论和语言哲学的结合,都体现了哲学家们考察问题的多角度性。综上所述,20世纪后半期以来语言哲学发展的突出特点表现为:第一,语义学与语用学的交叉渗透得到深入研究。语义学自身的困难逐步凸现,而语用学的发展势头迅猛,逐渐渗透到语言哲学的各个领域。第二,语言哲学研究越来越重视早期分析哲学史,重新审视、反思其中的重要语言哲学问题,提出新的解读方式。第三,深入研究语义学、语用学中的前沿问题,传统的指称论、语义学、语境论和语用学仍然是哲学家们热烈讨论的主题,但研究视角更趋多样,研究语义学与语用学的边界与关联,提出各式各样的新观点、新方案,推进了语言哲学的整体研究。

第一节 布兰顿的推理主义语义学

美国学者斯坦利·罗森(Stanley Rosen)曾在总结20世纪语言哲学的发展之后,预测其中一些争论将在元层次(meta-level)上继续推进。[①] 而以塞拉斯、麦克道尔和布兰顿为代表的匹兹堡学派就代表了语言哲学的这一发展趋向。我们之所以把塞拉斯、布兰顿和麦克道尔称作

---

① Dermot M. ed., *The Routledge Companion to Twentieth Century Philosophy*, Routledge, 2008, p.428.

"匹兹堡学派",这不仅仅是因为他们都长期在匹兹堡大学哲学系任教,更重要的是因为他们有共同的关注点和观点。匹兹堡学派区别于其他哲学家(学派)的地方归纳起来有二:一是匹兹堡学派共同拒斥"所予神话",而且匹兹堡学派对"所予神话"的理解很广泛,只要满足认识上的独立性与有效性都可列入"所予神话"。二是对匹兹堡学派而言,规范,特别是推理的规范非常重要,而且他们认为规范不能以非规范术语来理解。"匹兹堡学派"的说法由梅尔(Chauncey Maher)[①] 提出,他认为,虽然塞拉斯、布兰顿与麦克道尔不是在所有问题上都持一样的看法,但是他们共同分享着一些独到的观点,即思考要求一种推理的能力,一种知道什么可以和什么不可以从一个想法推出来的能力。同样地,他们也共同拒斥这一观点,即意向性行动可以同化为影响事物的能力。意向性行动同样要求一种推理的能力,该能力反过来要求对恰当推理的规范或评估标准的敏感性。

一 何谓"匹兹堡学派"

匹兹堡学派的哲学家们提供了许多原创性思想,这些思想源于深厚的哲学史背景,对当今哲学界所讨论的问题极具借鉴意义。20 世纪西方哲学的主流之一是伴随着"语言转向"的所谓分析哲学思潮,分析哲学始于弗雷格,从批判德国唯心主义开始,渐渐与欧陆哲学分道扬镳,并最终与欧陆哲学双峰并峙。20 世纪的很长时间内,英美分析哲学与欧陆哲学互相对抗、敌视,而匹兹堡学派则摒弃两大哲学阵营的对峙和成见,从欧陆哲学那里汲取灵感和养料,采用分析哲学的概念分析方法与逻辑分析方法,使之清晰化,从而达到沟通两者的目的。匹兹堡学派借鉴最多的欧陆哲学家是康德与黑格尔,在这个过程中,匹兹堡学派力图打通德国古典哲学与分析哲学。比如布兰顿认为康德最重要的启示是其"规范转向",而分析哲学家们所讨论的语用问题,恰恰需要建立在实践中所隐含的规范之上。麦克道尔非常推崇康德的"概念无直观则空,直观无概念则盲",并以之为基础解决心灵与世界的关系。按照

[①] C. Maher, *The Pittsburgh School of Philosophy*: *Sellars*, *McDowell*, *Brandom*, Routledge, 2012.

罗蒂的说法，塞拉斯把分析哲学从休谟阶段推进到康德阶段，而布兰顿则拓展了塞拉斯的工作，将分析哲学从康德推进到黑格尔阶段。匹兹堡学派的哲学家们的思路和表述都极为繁复，除了文笔和表述方式的独特性之外，更重要的是，无论在方法、思路和风格上，他们都深受分析哲学和欧陆哲学的双重影响。

以布兰顿为例，在语言哲学上，布兰顿不满足于在既定范式中展开探讨，不想停留在解决"哲学难题"上，而是渴望全盘革新。他试图提出一种将语义学奠基于语用学的意义理论。这种意义理论基于两个主要思想：（1）意义是不可还原的规范性意义；（2）意义由用法确定和说明。在这两个基本思想的历史发展线索中，我们可以看到康德、黑格尔、弗雷格、维特根斯坦和塞拉斯等人的踪迹，但在布兰顿手中，它们发展为全面而有力的意义理论，可以取代现在广泛接受的自然主义的和因果论的意义解释。布兰顿的推理主义语义学理论体现了基于规范语用学基础上的语用学和语义学的结合，以理性主义反对经验主义和自然主义，以表达主义反对表征主义，以整体论反对形式主义和原子论，从而代表了分析哲学中的一种实用主义观点，体现了当代西方分析哲学和欧陆哲学之间的亲缘关系。

因此，通过对以塞拉斯、麦克道尔和布兰顿为代表的匹兹堡学派的研究，我们可以看到三个方面的特点。第一，20世纪语言转向的最终结果是将哲学范式奠基在以交往共同体的生活形式为平台的语言批判上，使哲学能够从意识哲学转型为语言哲学，转型为真正能够为知识和道德规范奠基的当代哲学，成为积极的、肯定性的理性建设的契机。第二，语言哲学如何成为第一哲学建构中的里程碑，也就是如何立足于语言交往共同体及其交往行为，基于理性主义和整体论的规范性分析，示范语言批判的澄清作用与治疗性作用，诉诸践言冲突方法解决确定性问题，使得哲学研究与哲学史研究进行良性互动。第三，以理论理性和实践理性相统一为基地的匹兹堡学派的哲学思想，作为沟通两大哲学传统的新平台，进一步推进了科学主义和人文主义之间的相互渗透和融合，克服了理性主义与非理性主义的对立和二分趋势。因此，我们认为匹兹堡学派的哲学思想构成了20世纪语言哲学中的"哥白尼式革命"。

二 布兰顿的推理主义语义学

1994年,布兰顿发表了正文厚达741页的代表作《清晰阐释》(*Making it Explicit*);2000年,哈贝马斯发表长篇评论"从康德到黑格尔:罗伯特·布兰顿的语用学语言哲学"①,高度评价了布兰顿的贡献,称这部著作为"理论哲学中的里程碑,正如《正义论》在20世纪70年代成为实践哲学的里程碑一样"。如今,布兰顿关于推论实践的推理主义观点(the inferentialist view of our discursive practice),常被誉为当代语言哲学中的哥白尼式革命。② 在人才济济的匹兹堡大学哲学系,这位"美髯公"与麦克道尔一道堪称最杰出的代表,而后者同样于1994年出版的《心灵与世界》,亦被誉为近几十年来最重要的哲学著作之一。

罗伯特·布兰顿(Robert Brandom)生于1950年。1977年在罗蒂的指导下,于普林斯顿大学获得哲学博士学位,论文题目是《实践与对象》(*Practice and Object*)。1976年之后,布兰顿一直任教于匹兹堡大学,从助理教授一直升至杰出教授(1998),其间曾担任哲学系主任(1993—1997),并于2000年当选美国人文艺术与科学院院士(Fellow of American Academy of Arts and Sciences)。此外,他还担任多家哲学杂志的编辑和审稿人,也是美国哲学协会东部分会执行委员会成员。2003年,布兰顿荣获梅隆杰出成就大奖,奖金150万美元,以表彰他"对人文学术的典范性贡献"。

布兰顿的第一部著作是与尼古拉·瑞彻合著的《矛盾的逻辑》(1980)③,但真正为他赢得声誉的还是14年后发表的《清晰阐释:推理、表象与推论性承诺》。就语言哲学而言,此书试图提出一种将语义学奠基于语用学的意义理论。这种意义理论基于两个主要思想:(1)意义是不可还原的规范性意义;(2)意义由用法确定和说明。在这两个基本思想的历史发展线索中,我们可以看到康德、黑格尔、弗雷格、维特根斯坦和

---

① Jürgen Habermas, *From Kant to Hegel: On Robert Brandom's Pragmatic Philosophy of Language*, pp. 322 - 355.

② Andjelkovi, Miroslava, "Articulating Reasons", *Philosophical Books* 45 (2), 2004, pp. 140 - 148.

③ Robert B. Brandom, *The Logic of Inconsistency*, with Nicholas Rescher, Basil Blackwell, 1980.

塞拉斯等人的踪迹，但在布兰顿手中，它们发展为全面而有力的意义理论，可以取代现在广泛接受的自然主义的和因果论的意义解释。

此后，他编辑了塞拉斯的《经验主义与心灵哲学》(1997)和著名文选《罗蒂及其批评者》(2000)①。也许是因为《清晰阐释》篇幅太大，内容过于艰涩，2000年他又将其改写为一部较为简明的《阐明理由：推理主义导论》②。但此书与其说是《清晰阐释》的导论，不如说是一部指南，集中而简明地阐发了他的几个重要论题。

布兰顿近期出版的著作是《晤对先哲：关于意向性的形而上学的哲学史论文集》③。该书收集了布兰顿自1977—2000年的论文，考察了斯宾诺莎、莱布尼茨、黑格尔、弗雷格、海德格尔和塞拉斯等"逝去的巨人"的著作中隐含的意向性概念。早在《清晰阐释》中，布兰顿就从"表象主义的"与"推理主义的"语言观出发，透视近代哲学的紧张关系，而这一紧张关系远比通常理解的经验主义和理性主义之间的纠葛更为基础。他试图表明，那些逝去的伟大哲学家都有一项共同的事业，这就是主要由推理主义所刻画的特定的哲学传统；这一传统中的哲学家都坚信，语言的表象性能力服从如下事实：语言是"以推理的方式而被清晰地说出的"。这部历史性散论可以视为他的推理主义构架在哲学史中的应用，因此也为《清晰阐释》所构造的框架提供了思想史的维度。

理解布兰顿的主要困难在于，除了文笔和表述方式的独特性之外，无论在方法、思路和风格上，他都深受分析哲学和欧陆哲学的双重影响。按照他的导师罗蒂的说法，塞拉斯把分析哲学从休谟阶段推进到康德阶段，而布兰顿则拓展了塞拉斯的工作，将分析哲学从康德推进到黑格尔阶段。倘若真是如此，倒像是近代哲学的一次轮回，不啻为分析哲学百年历史的一种反讽。④ 实际上，布兰顿的思想语境相当复杂：康德的批判哲学、黑

---

① Wilfrid Sellars, *Empiricism and the Philosophy of Mind*, Harvard University Press, 1997; *Rorty and His Critics*, ed., Robert B. Brandom, Blackwell, 2000.

② Robert B. Brandom, *Articulating Reasons: An Introduction to Inferentialism*, Harvard University Press, May 2000.

③ Robert B. Brandom, *Tales of the Mighty Dead: Historical Essays in the Metaphysics of Intentionality*, Harvard University Press, 2002.

④ Robert B. Brandom, *Articulating Reasons*, pp. 32 – 33.

格尔的历史主义概念论、维特根斯坦的语言游戏理论、塞拉斯的心灵哲学,甚至哈贝马斯的交往行动理论都构成了布兰顿的思想要素和对话者。按照布兰顿自己的说法,他的立场异于那些塑造和推动20世纪英美哲学的许多,甚至是绝大多数理论的、解释的和策略性的承诺。他赞同理性主义而反对经验主义和自然主义,赞同推理主义而反对表象主义,赞同整体论而反对语义学原子主义,赞同对逻辑的表达主义的解释而反对形式主义解释。而位于其思想核心的乃是推理主义,但推理主义与整体论密不可分,因为如果传递意义的是推理,那么具有特定的意义就预设了在特定推理构造中的特定位置;就此而言,这一整体论会导致功能主义;如果我们把实用主义理解为实践对理论具有优先性,那么,这又与实用主义密切联系起来,因为推理就是做事。这一思想与经验主义的核心主张背道而驰,就此而言,布兰顿又将其视为理性主义的当代形态。因此,有人把这些彼此相连的立场统称为"IHFPR 传统"(inferentialist- holist-functionalist-pragmatist-rationalist tradition)。[1]

基于以上立场,我们可以把布兰顿的基本主张概括为三个论题:(1)能思想的生物之所以区别于其他东西,是因为他们是推论性实践、因而也是语言实践的参与者(理性主义论题)。(2)因此,推论性实践,即塞拉斯所说的"给出和寻求理由的游戏",就提供了语境,使我们能够在其中理解语义学的和与意向性相关联的概念。状态、言说和表达都通过在一套实践活动中扮演特定的角色,才得以具有命题性内容,而这些实践活动就是给出和寻求理由的游戏(实用主义论题)。(3)赋予内容(content-conferring)的实际功能正是由发挥这些功能的各个对象的推理关系清晰地说出来的,因此命题性内容是由推理性功能构成的(推理主义论题)。[2]

布兰顿是一位不满足于在既定范式中展开探讨的哲学家,他不想停留在解决"哲学难题"上,而是渴望全盘革新。并且他也具有相当罕见的才能,能够在人及其语言和世界的关系上展现出大气磅礴的全新图景。因此,他的著作,特别是《清晰阐释》,乃是20世纪哲学中当之无愧的里

---

[1] Jaroslav Peregrin, "Tales of The Mighty Dead" (Book Review), *Erkenntnis* 59: 421 – 424, 2003.

[2] Peter Grönert, "Articulating Reasons" (Book Review), *Philosophical Investigations* 25 (4): 371–376, 2002.

程碑。

第二节 推理优先于表征

布兰顿的推理主义语义学主张从推理而不是表征阐明概念使用，确立语言的意义，在此，推理优先于表征。通过对表征词汇的推理性阐明，布兰顿解释了语义内容的表征维度，阐明了概念内容的客观性。布兰顿对推理实践优先性的强调，引发了以麦克道尔为代表的哲学家们的责难与批判，由此引发了是否"丧失世界"的哲学论争，本节力图表明，布兰顿如何为推理主义保留了一个"客观"的语义表征维度，从而避免"丧失世界"的指责。

传统语义学关注语言交流的指称或者表征维度，表征主义是分析哲学传统中语义学领域的主流范式，而布兰顿的推理主义语义学一反常规不再把表征看作基本的概念，其方法论的特征是从推理而不是表征开始阐明概念使用。在布兰顿的哲学中，discursive、inferential、reasoning 三个词都可以表示推理（推论）的，一般而言，布兰顿会在"推论承诺""推论实践""推论性存在"的用法中使用 discursive。在"推理阐明""推理主义""推理关系"的用法中使用 inferential。在强调人作为理性的存在，进行的是"给出理由和追问理由（予求理由）"的推理游戏时使用 reasoning。但是这种用法并不是绝对的，事实上，布兰顿并没有特别严格地区分它们。我们在这里试图阐明，沿着语言实用主义的路径，在推理主义、理性主义、表达主义、整体论的基础上布兰顿如何建构推理优先于表征的语义学，以及由此引发的哲学论争。

一 推理实践的优先性

沿着后期维特根斯坦的哲学路径，布兰顿拓展了语言用法决定其意义的思想，他认为"概念本质上是由推理阐明的"。[①] 因此只有知道了怎样推理，才能知道怎样使用语言。推理是一件我们所"做"的事情，通过推理，我们也就知道了语言的意义。在此，推理不是形式推理而是实质推

[①] Brandom R., *Making It Explicit*, p. 89.

理，也就是说，推理的正确与否，必然与推理的前提和结论中的概念内容相关。实施推理依赖对概念的把握，而不纯粹依赖逻辑能力。例如，我们可以从"苏格拉底是人"推出"苏格拉底终有一死"，此推理取决于我们对"人"与"死亡"概念的理解。沿着实质推理的理路，布兰顿进一步区分了保承诺的推理关系和保资格的推理关系，"前者是对义务的、演绎的推理关系的概括，以便将具有这种关系的非逻辑的、实质的推理情形纳入其中；后者是对放任的、归纳的推理关系的概括，以便将具有这种关系的非逻辑的、实质推理纳入其中。"① 例如，任何承诺一个平面长方形的人也承诺了一个多边形。但对于自然气象谚语"晚霞行万里，朝霞不出门"而言，如果有人看到了朝霞，那么他就有资格预测暴风雨有可能来临，但这种推理也只是可检验的，而非决定性的。朝霞提供了一个预测暴风雨的某种理由，但还没有决定这个事情。

在此基础上，布兰顿提出了推理决定语义的推理主义思想，其中有三种理解推理主义的方式：第一种是弱推理主义，推理阐明是概念内容的必要条件；第二种是强推理主义，广义上的推理阐明是解释概念内容的充分条件；第三种是超推理主义，狭义的推理阐明是解释概念内容的充分条件。布兰顿坚持强推理主义立场，即广义的推理阐明完全决定概念内容，其中，广义和狭义推理性阐明的区别在于是否考虑到了非推理性应用背景和应用后果，在此，推理的广义性体现在三个方面：（1）广义推理包括概念运用的非推理性的条件与结果。比如通过知觉（perception）得到的非推理的经验概念内容可以作为推理的条件，通过行动（action）得到的非推理的实践概念内容可以作为推理的结果，两者都属于广义推理的一部分。（2）广义推理包括断言之间的不相容性（incompatibility）关系。（3）广义推理包括替换（substitution）与回指（anaphora）。因为替换承诺（可以得到单称词和谓词）与回指承诺（可以得到指示词、指代词和代词）都可以通过推理承诺来定义。② 因此，广义的推论性阐明关注概念使用中所蕴含的推论性承诺，同时也关注非推论性背景及其应用的后果，也

---

① Brandom R., *Between Saying and Doing: Towards an Analytic Pragmatism*, Oxford University Press, 2008, p. 120.

② Brandom R., *Making It Explicit*, pp. 131–132.

就是从背景到应用后果的推理的适当性。

值得注意的是，布兰顿所说的推理，指的不是形式推理，而是实质推理。① 实质推理最初是塞拉斯的常用概念，布兰顿对这个术语的使用基本与塞拉斯的意义一致。它指的是，推理的正确与否，必然与推理的前提和结论的概念内容相关。掌握这些推理依赖于对概念的掌握，而不依赖于逻辑能力。我们可以直接根据"苏格拉底是人"推理出"苏格拉底终有一死"，这取决于我们对"人"与"死亡"的概念的理解，一旦我们掌握了这些概念，我们就能做出这种推理。当然，对这些概念的掌握，又必然需要掌握与它们相关的别的概念，由此得到的是一种语义整体论的解释。按照实质推理的理解，传统的逻辑三段论之所以有效，是因为它根据无数的实质推理的有效性定义出来的。也就是说，形式推理只能根据实质推理来解释，推理的形式恰当性是从推理的实质恰当性中推导出来的。

由此可见，推理主义语义学贯通了语言的使用维度与意义维度，并把后者建立在前者的基础之上，为后者提供了一个语言实用主义的解释。但是，推理如何保障意义的规范性？沿着塞拉斯的路径，推理实践的核心是给出和追问理由的游戏，而布兰顿进一步指出，语言推理实践的参与者都需要做出如下承诺："在交流中，断言的作用依赖于某种特有的权威，这种权威只有在断言者具有某种相应的责任的背景下才能得到理解，即断言者有责任证明自己对该话语行为所表达的承诺是有资格的。"② 在此，权威（authority）、责任（responsibility）、承诺（commitment）与资格（entitlement）既是规范性的概念，也是道义论上的概念。断言者做出一个断言，就有了一个对自己的断言所表达的东西的承诺。断言者要让自己所作断言具有某种权威性，就必须承担起某种相应的责任，即需要提供理由证明自己对断言所表达的东西是有某种资格的。在语言交流中，做出一个断言并承担某种责任，同时赋予自己和他人某种资格，这些都是规范性的行为，反映在语言的推理上，就使得语言的推理本身也受到了规范的辖制。

---

① 这与布兰顿对形式语义学与哲学语义学的区分、理想语言与日常语言的区分有相同的理由。因为形式推理、形式语义学、理想语言，它们最初的语义解释项与被解释项都是被设定、被规定好的，在此基础上，再根据一定的句法结构来解释别的解释项。但问题的关键是，这些原初解释项与被解释项、句法结构等等，它们的语义从何而来？

② Brandom R., *Making It Explicit*, p. xii.

这样，布兰顿所建立起来的语义体系是一张巨大的"规范之网"。

问题是，要把社会实践看成一种语言实践，需要有什么样的结构？布兰顿提出了道义计分模型，在此，"计分"是一种比喻性的说法。刘易斯《语言游戏中的计分》中，用棒球游戏作例子来说明语言中的计分活动。① 布兰顿从中得到启发，用来说明语言的推理实践。布兰顿认为，语言实践之所以可能，是因为我们在社会实践中在进行着推理的计分活动。在社会实践中，每个实践者都具有两种基本的道义地位，即承诺与资格。道义计分模型根据这两种道义地位来换算分数，由此就可以得到一个分数函数。它决定了在交流的每一阶段上，道义分数（由许多对话者的承诺与资格组成）是如何决定什么行为是合理的以及各种行为的结果是什么，这个结果反过来又会决定下一阶段的道义分数。"根据计分活动，语言行为的意义由语言行为与道义分数的交互作用的方式所构成：当前分数会如何影响当下语言行为的恰当性，反过来，做出这种语言行为又会如何影响当前分数。"② 因此，要理解或把握语言行为的意义，就需要在实践中掌握这种不断演变着的分数，并且能够根据这些分数，来判断在什么情况下，一种语言行为是恰当的（应用的条件），以及如果做出这种语言行为，它反过来又会如何改变分数（应用的结果），而这个改变了的分数又会成为下一阶段交流的标准，如此反复进行。在此基础上，所谓理性，指的是能够不断追踪这个分数，所谓谈话和思想，指的是在给出和追问理由的游戏中保持这个分数。

道义计分的语言实践活动解释了语义的来源问题，但问题是，在语言实践中，计分者的实际态度对分数来说十分重要，但这些态度本身也是规范的，即有正确与错误之分。那么，应该怎样解释计分者出错的情况呢？要回答这个问题，其实就是要对"规范性"本身做出说明，对布兰顿而言，也就是对语言的表征维度进行说明。

二 对表征维度的推理性阐明

在布兰顿看来，推理是我们的一种能力，是我们在实践中所做的事

---

① Lewis D., "Scorekeeping in a Language Game", *Journal of Philosophical Logic* 8 (3), 1979, pp. 339 – 359.

② Brandom R., *Making It Explicit*, p. 183.

情。正是凭借这种能力，才把我们与其他存在物区别开来。而观察能力，对于布兰顿来说，它也能体现在其他存在物上（比如鹦鹉）。布兰顿甚至认为其他存在物也会有像我们一样的信念，比如狗"知道"主人回来了，"知道"主人给它喂食等等。虽然狗不具备我们所拥有的概念，比如"主人""食物"等等，但是这并不能证明狗就没有相应的信念。因此，对于布兰顿来说，观察能力、拥有信念的能力等都不足以把我们与其他存在物区别开来。唯有我们的推理能力，因而是一种概念性能力、掌握规范性的能力才是我们所独有的。在此基础上，才会有这样的问题：推理维度（因而是命题性维度）与其他维度（表征维度，如观察维度），哪一个在解释上具有优先性？布兰顿给出的回答是：对于"智性存在"（sapience，如人类），后者需要根据前者来解释。①

推理主义语义学对表征维度的说明，不得预设表征词汇。因此，布兰顿就需要完全根据推理来说明，表征词汇是如何出现的？也即，我们如何使用语言才能被看作是在进行表征？进一步，我们在进行表征的时候又是在表达些什么呢？

对表征词汇的说明，首先需要对单称词和谓词进行说明。推理主义语义学遵循命题优先性原则，即把句子（判断、断言、命题）作为语言实践的最小单位，因为它是我们在某种意义上能够为之负责任的最小单位。布兰顿把这个洞见归于康德，"判断是责任的最小单位——能够表达承诺的最小语义单位"②。那么该如何说明词项（单称词与谓词）呢？布兰顿认为，在问这个问题之前，我们必须能够将词项从句子中识别出来，否则根本就不可能对一个句子中的词项的使用情况进行（恰当性）判断。根据弗雷格，这种识别就是把句子中的词项看作可替换的变量。这样，句子其实是词项的函数。词项有三种：替换的变量、被替换的变量和替换的框架。前两种就是我们所说的单称词，第三种是谓词。布兰顿认为，词项的替换推理，指的是推理的结论是前提的其中一个替换变量，词项的意义由词项的这种实质替换推理所组成。而实质替换推理有两种模式：对称的

---

① Brandom, Robert B., "Intentionality and Language", In: Enfield, N. J. et al., *The Cambridge Handbook of Linguistic Anthropology*, Cambridge: Cambridge University Press, 2014.

② Brandom R., *Reason in Philosophy*, The Belknap Press of Harvard University Press, 2009, p. 34.

(前提与结论可以互推)与非对称的(前提与结论不可互推)。因此，我们就得到了单称词和谓词的定义：前者指的是在句子中发挥对称的替换与被替换的推理作用的词项，后者指的是在句子中发挥非对称的替换框架的推理作用的词项。这样，词项就由它们在替换推理中所发挥的作用得到了说明。①

我们可以看到，布兰顿对词项的说明是一种先验的说明，也就是说，任何一种语言，只要它可以表达词项，就必然要有这种替换推理的结构。但是，仅仅说明我们对词项的识别还不够，布兰顿必须说明我们如何谈到词项的表征维度。在英语日常会话中，我们常常用关于(about)、属于(of)和指称(represent)等词汇来表达语义的表征维度(命题态度的从物归属)，但同时，我们也可以仅仅在字面的意义上使用它们(命题态度的从词归属)。也就是说，这两种命题态度的归属方式是比较模糊的。因此，在语言实践中，谈话者就需要能够识别它们。换句话说，要对表征维度进行说明，布兰顿需要回答的问题是，"为了要让一个表达式发挥出命题态度的从物归属的功能，这个表达式应该被如何使用？"② 或者说，命题态度的从物归属的表达作用是什么，我们应当怎么做才能实现这种表达作用？

根据布兰顿，做出一个断言就是承担或者承认一个承诺，而承担承诺就是在做某事，它使得他人在把这个承诺归派(attribute)给断言者的时候是恰当的。如果把归派的命题化称之为归属(ascribe)，那么归属(因为它本身是命题)就既包含一个承诺和一个对他人承诺的归派。比如，当检察官做出断言：辩方律师相信一个说谎成性者是可靠的目击证人③。这个断言包含检察官本人的一个承诺，即辩方律师相信的那个人是一个说谎成性者。同时，这个断言归派给辩方律师一个承诺，即那个人是一个可靠的目击证人。

布兰顿认为，我们可以通过命题态度的从物归属方式把以上例子中的责任划分清楚。"命题态度的从物归属的表达作用是使得以下东西清晰起

---

① Brandom R., *Making It Explicit*, pp. 368–369.

② Brandom R., *Making It Explicit*, p. 500; cf. Brandom R., *Articulating Reasons*, Harvard University Press, 2000, p. 169.

③ Brandom R., *Making It Explicit*, p. 505; cf. Brandom, R., *Articulating Reasons*, Harvard University Press, 2000, p. 176.

来:所作断言的哪个方面表达了被归派的替换承诺,哪个方面表达了所承担的替换承诺。"① 布兰顿通过将 S claims that φ(t) 改写成 S claims of t'that φ(t) 把这一点清晰地表达了出来:that 从句是从词归属的部分,指 S 会承认的他所承诺的东西的表达;"of t"是从物归属的部分,指断言者(上面例子中指的是检察官)的承诺,但并不必然是 S 的承诺,也即 S 并不一定会承诺 t 是自己表达式所表达的归属目标。

如果还有别的任何人对 S 所作的命题 φ(t) 做出自己的陈述,那么,这其实是再承认一个替换推理的承诺。我们由此可以看到,命题态度的从物归属与从词归属两种方式,在布兰顿那里就可以完全根据推理承诺与替换承诺进行说明。而且,由于从物归属方式具有一种社会性与视角性的特征,这种特征的结果就可以用来解释语义内容的表征性质,并使得对概念内容的客观性的解释成为可能。

这种客观性呈现的形式是对某种推论结构的详细说明。为了建立客观规范,社会计分实践必须要有这种推论结构。根据这种规范,对一个概念的正确性应用就能够回应该概念所应用的对象事实,这种回应以如下方式进行,即在语言共同体里的任何人对于概念的应用都有可能是错误的。

三 责难与回应

麦克道尔反对布兰顿从推理维度对语义进行解释的做法,认为表征维度与推理维度具有同等地位,表征直接性与推理连贯性是相互依赖的,只有把两者结合起来才能理解语言的意义。麦克道尔最早(1997)对布兰顿推理与表征的关系作了批评。麦克道尔认为,布兰顿所树立的推理主义的靶子表征主义只不过是个不堪一击的稻草人。布兰顿所说的表征主义的错误在于它"假设表征直接性的概念可以独立于推理关系而得到理解"。但是,修正这一点并不意味着必须采用布兰顿的策略。根据麦克道尔,表征直接性与推理连贯性是相互依赖的,我们只有把两者结合起来才能理解语义。八年后(2005)②,麦克道尔再次撰文谈到这个稻草人,并更为犀

---

① Brandom, R., *Making It Explicit*, p.505.
② 原文发表于 *Pragmatics and Cognition*, 13 (1), pp.121-140,后来被收录在 2008 年的 *The Pragmatics of Making It Explicit* 一书中。

利地指出，所谓的表征主义传统纯属布兰顿自己的虚构，布兰顿对维特根斯坦、康德、弗雷格的推理主义式解读全是错误的。我们并不能从布兰顿表征主义与推理主义的对比中得到多少启发。而且，布兰顿有什么理由相信推理与表征之间的关系非得是线性的呢？

麦克道尔认为，布兰顿推理主义真正的起点是承诺与资格的道义结构以及它们两者之间的理性关系。① 而由它们所构成的社会实践是推论实践的充分条件。麦克道尔对此进行反驳，他认为，布兰顿所说的道义结构的实践也有可能只是一个游戏罢了。在这个游戏中，任何一个行为都没有指向游戏外的世界，因此根本不涉及任何真的断言或推理，对事物是怎样的也并没有做出任何说明。麦克道尔引用达米特的一个例子来说明这一点。假设火星人交流信息的方式与我们完全不同，但是火星人会玩一种游戏，这种游戏与外界无关，而其中的行为仍由规则所辖制。火星人玩这种游戏只不过是为了取乐，乐趣有可能在于一种理智上的挑战，即需要在游戏中时刻追踪玩家当下所处的状态。再假设我们人类所发出的声音、所做的事情，在火星人看来就是这样一种游戏，因而在他们看来，并无什么意义。火星人会发现，人类实践包括从别的玩家那里获得资格，并遵从那些有责任证明其资格的人们。但是火星人并未从中看到它们与真实事物有何关系，他们看到的只不过是一个概念在游戏中是如何运作的。②

此外，克雷默（Michael Kremer）站在康德的角度，对布兰顿作了相似的批评，他认为布兰顿对表征维度的说明是失败的，因为推理主义没能给康德称之为"直观"的经验维度留下空间。③ 对康德来说，仅仅依靠推理所认识到的对象是一种理性的幻相。对于对象的认知，我们不仅需要判断和概念，而且也需要直观。克雷默认为，根据康德的观点，布兰顿推理主义的从上至下的语义策略犯了与表征主义从下至上的语义策略相同的错

---

① John McDowell (2005), "Motivating inferentialism: Comments on Making It Explicit", in Pirmin Stekeler‐Weithofer ed., *The Pragmatics of Making It Explicit*, John Benjamins Publishing Company, 2008, p. 114.

② John McDowell (2005), "Motivating inferentialism: Comments on Making It Explicit", in Pirmin Stekeler‐Weithofer ed., *The Pragmatics of Making It Explicit*, John Benjamins Publishing Company, 2008, p. 115.

③ M. Kremer, "Representation or Inference: Must We Choose? Should We?" in Bernhard Weiss, and Jeremy Wanderer, eds., *Reading Brandom: on Making it Explicit*, Routledge, 2010, p. 227.

误,布兰顿的反表征主义论证提醒我们表征无推理则盲,但我们忘记了同样重要的洞见推理无表征则空,换句话说,我们只有把推理与表征结合起来才能得到真知。

同样,福多(Jerry Fodor)和勒普尔(Ernest Lepore)认为"对推理主义的批评是老套又明显的,你不能够依赖推理的概念从意义理论中抽象出世界来。因为你不能够从推理的概念抽象出真的概念;真是好的推理所维护的领域,真是符号—世界之关系"①。他们还认为,即使布兰顿从推理方面对表征的解释是正确的,但是句子的意义仍然可能在存在论上依赖于词的意义,换句话说,要使布兰顿的说明策略具有意义,布兰顿还必须说明词的意义如何可能在存在论上依赖于句子的意义,他们认为对于这一点布兰顿是无法做到的。

针对不同的批评,布兰顿认为,麦克道尔的批评是个"真正严肃的批评","触及到了推理主义体系的核心"②。布兰顿对麦克道尔的回应是,把推理与表征结合起来,这当然是一条可行的路径,③但是,他要证明,"完全通过推理来解释表征的方法在多大程度上是成功的?"④ 其实,布兰顿并不是要坚持从推理开始的解释路径是唯一的,而是要表明这条解释路径是否行得通。因此,对布兰顿来说,真正的问题是当我们证明了承诺和资格是给出和追问理由的实践活动(从而也是断言实践)的必要条件,并在实践的道义计分模型中阐明了它们之后,其结果会表明,由承诺和资格两种道义结构所组成的人类实践活动,就是真正的推理实践的充分条件。

以"西红柿是红色的"这个观察报告为例,很明显,这种观察报告是非推理性的,即我们通过观察就非推理地知道了西红柿是红色的。不过,布兰顿会强调,虽然观察报告确实依赖于我们的观察,但是对观察报

---

① J. Fodor & Lepore E., "Brandom's Burdens: Compositionality and Inferentialism", *Philosophy and Phenomenological Research*, 63 (2), 2001, p. 480.

② Stekeler - Weithofer ed., *The Pragmatics of Making It Explicit*, John Benjamins Publishing Company, 2008, p. 218.

③ Stekeler - Weithofer ed., *The Pragmatics of Making It Explicit*, John Benjamins Publishing Company, 2008, p. 215; Brandom, R., "Replies", *Philosophy and Phenomenological Research*, 57 (1), 1997, p. 189.

④ Brandom R., "Replies", p. 190.

告的理解却不得不诉诸我们的推理能力。① 试想当把西红柿放在鹦鹉面前时，鹦鹉也能做出"西红柿是红色的"这项"观察报告"，但是鹦鹉并不具有对于这项观察报告的知识，因为鹦鹉并不具备人的概念能力和推理能力。布兰顿认为，这一事例充分表明了，重要的不是观察能力，而是推理能力。即使是非推理的报告，也只有被推理地阐明之后才能被人所理解和掌握。

针对此问题，麦克道尔进一步指出，观察报告源于我们自身的经验能力（如观察能力），这种能力不能化约为我们的概念能力（或推理能力）。② 在经验知识上，如观察到"西红柿是红色的"，从而拥有"西红柿是红色的"经验知识，这是因为我们拥有一种观察能力，这种观察能力使得我们可以通过观察直接获得知识。而根据布兰顿，观察知识的获得还必须通过人与人不同视角之间的碰撞之后（即社会性维度）才能最终确定下来，因而并不是因为我们拥有这种观察能力的缘故。也就是说，在布兰顿那里，经验维度作为一种知识，其权威性不是像麦克道尔所声称的来源于观察者自身的观察能力，而是来源于社会共同体中的其他观察者。为证明该观点，布兰顿还举了一个例子，当一个人在黑暗中看到他的前面有一枝点燃的蜡烛，他会做出观察报告"我的面前有一只点燃的蜡烛"，这时该观察报告尚不能被宣告为是一项知识，因为另一个人可能看到当事人所看到的只是镜子中的影像，那枝点燃的蜡烛其实是在那个人的背后。③ 对于这一点，麦克道尔则认为，在这种情况下，那个人确实是弄错了，他误以为他的前面有一只点燃的蜡烛，而事实上只不过是一面镜子，但是这并不能说明即使在他没有被误导的情况下，或者说在正常的情况下，那个人所做的观察报告仍然可能是错误的，或者说仍然不是一项知识。④ 当然，布兰顿可以反驳称，在正常情况下，

---

① 参见 R. Brandom, *Tales of the Mighty Dead*, pp. 349 – 353。

② 参见 McDowell J., "Brandom on Observation", in Bernhard Weiss, and Jeremy Wanderer, eds., *Reading Brandom: on Making it Explicit*, pp. 129 – 144。

③ R. Brandom, "Knowledge and the Social Articulation of the Space of Reasons", *Philosophy and Phenomenological Research*, 55 (4), 1995, p. 903.

④ J. McDowell, "Knowledge and the Internal Revisited", *Philosophy and Phenomenological Research*, 64 (1), 2002, p. 99.

那个人的观察报告之所以是一项知识，仍然是因为其他人在这种情况下也同意的缘故。

布兰顿对麦克道尔的回应是，把推理与表征结合起来，这当然是一条可行的路径（Stekeler – Weithofer, 2008, p. 215; 1997b, p. 189），但是，他自己的方法更大胆、更易被证伪。如果我们可以做到完全用一方来解释另一方的话，对于它们两者的关系就会有更深刻的理解。《清晰阐释》的目的不是要证明，从推理开始的解释路径是唯一的，而是想要表明这条解释路径是否行得通，通过这种解释，我们可以学到些什么。因此，对布兰顿来说，真正的问题是："完全通过推理来解释表征的方法在多大程度上是成功的？"（1997b, p. 190）

对于克雷默的批评，布兰顿认为他并未忽视康德的直观维度。克雷默像康德一样，把经验的对象视为对象的范例，故有此批评。但事实上，布兰顿所理解的对象是在弗雷格意义上的，它比康德所说的对象概念更加一般与抽象。弗雷格在研究数是否是对象的时候，他所使用的方法是看数能否作为单称词出现。弗雷格对对象的这种理解是先验的、纯粹形式化的。有了这种对象概念之后，我们再把它运用到经验世界中，这样做的一个好处是，我们就能够弄清楚，直观需要发挥什么样的作用才能把经验的对象给予我们？因此，在布兰顿这里，推理的概念是最基本的，对象的概念要通过推理的概念来理解。这样，直观在把对象给予我们的时候就必须要发挥某种作用。通过推理主义语义学，布兰顿可以将康德所说的"直观"概念清晰化。

综上所述，我们可以把这一类对于布兰顿的批评称之为"丧失世界"的批评，这一类批评的承诺是：存在一个真正的本体世界，所谓真指的是谈论这个本体世界本身，在麦克道尔看来，因为推理主义使得经验内容难以理解。而布兰顿回应的要点是：推理主义语义学有可能与这个本体世界无关，因此布兰顿声称："我不知道应该如何使用'在本体上依赖于'这样的词。"[①] 布兰顿力图为推理主义保留一个"客观"的语义表征维度。因为在布兰顿的推理体系中，经验维度始终作为该体系的"入口"发生着作用。也就是说，经验维度始终是推理体系中的一个前提，我们在经验

[①] Wanderer B. and Weiss J., *Reading Brandom: on Making it Explicit*, p. 332.

中观察到如此这般（用 P 表示），那么 P 就进入了推理体系，它可以作为体系中其他命题的前提起作用。我们当然可以想象没有这种经验维度的推理体系（如没有 P 的推理体系），可以称之为纯粹由理论性概念组成的推理体系。但是布兰顿明确表示，他绝不是仅仅在这种意义上使用推理的。这种推理布兰顿称之为超推理主义，而布兰顿的推理主义则是强推理主义。对于布兰顿来说，重要的是，一个概念有可能只有推理性的用法（如纯粹的理论概念），但是它绝不可能仅仅只有非推理性的用法。非推理的概念内容本身必然处于一个推理网络之中，它的意义是由这个推理网络决定的。

因为布兰顿推理主义语义学的策略是先用规范性词汇阐明社会实践，然后说明社会实践必须满足道义计分模型（承诺与资格的计分模型）才能成为给出和追问理由的语言推论实践，即断言实践，这种实践的特征是命题性内容的"生产或消费"，而命题性内容是由推理进行阐明的。布兰顿由此说明，当我们证明了由承诺与资格组成的道义计分模型是语言推论实践的必要条件之后，结果会表明，它也是语言推论实践的充分条件。① 此外，布兰顿认为，由于最初的规范性社会实践必然已经隐含地包括了语义的表征维度，因此符合道义计分模型的语言推论实践必然也已经隐含地包括了语义的表征维度。由此，万德勒把布兰顿的推理主义语义学解释成由三个步骤组成：第一步是对推论实践的解释，第二步扩展到对语义内容的解释，第三步才是对语义内容的表征维度的解释。万德勒认为第一步已经隐含地包括了世界的维度，因此不能把推理主义语义学看成是丧失世界的。② 在此，推理阐明的作用不是创造表征维度，而只是通过它使得原本隐含着的表征维度能够被清晰化。在布兰顿推理主义语义学中，"隐含"概念其实是根据"清晰"概念得到界定的。尽管布兰顿试图区分出不同层次的"隐含"概念，但是它们无一例外都需要通过"清晰"概念才能得到理解。比如观察报告"西红柿是红色的"作为一个清晰的断言，一方面，它是对一个隐含的非推理事实（即西红柿是红色的事实）的报告；

---

① Brandom, R., 2005, "Responses", in Pirmin Stekeler – Weithofer, ed., *The Pragmatics of Making It Explicit*, p. 219.

② Wanderer, J., *Robert Brandom*, McGill – Queen's University Press, 2008, Chapter 8.

另一方面，它也是对其他隐含的推理结论（如西红柿是有颜色的）的报告。此时，虽然这两种"隐含"处于不同层次，但是它们都是通过"清晰"的观察报告得到理解的。因此，"清晰"指的是具有命题性形式，因而能够发挥推理的作用，所以归根到底，布兰顿仍然是从推理意义上来理解"隐含"概念的，因为"这些隐含性的概念是清晰性的基本推理模型的直接产物"。①

第三节 分析哲学中的"黑格尔转向"

本节首先梳理分析哲学与黑格尔哲学之间的纠葛，从20世纪之交分析哲学创立之初对唯心主义的拒斥到20世纪后半期黑格尔哲学的回归，从而揭示分析哲学中的"黑格尔转向"。其次，以布兰顿的推理主义语义学为个案，分析黑格尔哲学中的哪些要素激发了分析哲学研究的新路径，拓宽了分析哲学研究的理论疆域。

一 分析哲学中的"黑格尔转向"：从拒斥到回归

通常认为，分析哲学是在对19世纪英国新黑格尔主义的反叛中成长起来的，在某种程度上这种说法不失为正确，分析哲学的奠基者罗素和摩尔就是在反对唯心主义观点中提出了分析哲学的基本论题。1865年斯特灵（James H. Stirling）出版了《黑格尔的秘密》②一书，之后唯心主义逐渐成为当时英国占主流的哲学思潮，其时最具代表性、影响最大的英国唯心主义的代表人物是格林（T. H. Green）、布拉德雷（F. H. Bradley）和麦克塔加特（John McTaggart）。在英国新黑格尔主义的影响下，学生时代的罗素和摩尔也成为了唯心主义者，罗素曾经说："那时我是一个彻头彻尾的黑格尔主义者，我的目的在于建构一种全面的科学辩证法……"③ 自1898年始，罗素和摩尔都开始反对唯心主义，并且迅速发展了一种实在论的观点。从1900年到1914年，罗素和摩尔开始阐明一种对此后分析哲

---

① Brandom, R., *Articulating Reasons*, Harvard University Press, 2000, p. 19.
② James Hutchison Stirling, *The Secret of Hegel: Being the Hegelian System in Origin Principle, Form and Matter*, Longman, 1865.
③ Bertrand Russel, *My Philosophical Development*, Simon and Schuster, 1959, p. 42.

学的发展具有重要意义的论题，将数理逻辑作为一种工具应用于哲学，从而使得数学奠基于逻辑，使得经验知识都可以还原为感觉知识和抽象实体，这种哲学关注命题和意义，将命题分析视为一种明晰的哲学方法。[1]

因此，从创立之初，分析哲学家所崇尚的是使用科学逻辑符号的精确性来确保语言表述的清晰性，在这个意义上，黑格尔哲学被认为典型地代表着一种分析哲学一直以来避而远之的哲学风格，黑格尔的著作被看作是拐弯抹角、形而上学的典型代表。[2] 因此，当分析哲学阵营中的一些成员开始以肯定的姿态谈论黑格尔，试图将分析哲学的新近发展和黑格尔联系起来时，分析哲学家们会觉得不可思议。然而，20世纪70年代以来英美哲学界对黑格尔的研究表明了分析哲学与哲学史，尤其是与19世纪唯心主义传统之间的千丝万缕的复杂联系。20世纪70年代英美分析哲学对黑格尔的兴趣肇始于查尔斯·泰勒对黑格尔的研究，他认为黑格尔与当代哲学之间有许多值得推敲的、有趣的联系，只是泰勒依然在形而上学的维度透视黑格尔哲学。[3] 此后，皮平（Robert Pippin）开启了英美哲学界对于黑格尔哲学的系统的和权威的研究路径，他认为黑格尔继续了康德对于传统形而上学的批判，并且扩展和深化了康德式的反经验主义、反自然主义及其反理性主义的策略。[4] 无独有偶，皮平对于黑格尔的后康德式解读呼应了德国哲学家哈特曼（Klaus Hartmann）对于黑格尔哲学的正名，他认为黑格尔的逻辑可以被解释为无须形而上学承诺的"范畴理论"。[5]

1994年，相继出版了两部分析哲学研究中举足轻重的著作，即麦克道尔的《心灵与世界》和布兰顿的《清晰阐释》，由此掀起了分析哲学中

---

[1] Peter Hylton, "Hegel and analytic philosophy", in *The Cambridge Companion to Hegel*, edited by Frederick C. Beiser, Cambridge University Press, 1993, p. 449.

[2] Paul Redding, "The Analytic Neo-Hegelianism of John McDowell & Robert Brandom", in Stephen Houlgate and Michael Baur (eds.), *The Blackwell Companion to Hegel*, Oxford: Blackwell, 2011, p. 576.

[3] Charles Taylor, *Hegel*, Cambridge: Cambridge University Press, 1975.

[4] Robert Pippin, *Hegel's Idealism: The Satisfactions of Self-Consciousness*, Cambridge: Cambridge University Press, 1989.

[5] Klaus Hartmann, "Hegel: A Non-Metaphysical View," in A. MacIntyre (ed.), *Hegel: A Collection of Critical Essays*, Anchor Books, 1972; reprinted in Klaus Hartmann, *Studies in Foundational Philosophy*, Rodopi, 1988.

的"黑格尔转向"。其中,布兰顿提出了推理主义语义学,麦克道尔诉诸"最低限度经验论",他们被称为分析的新黑格尔主义者,其哲学路径分别代表了新黑格尔主义的"左""右"两派。同年,品卡德(Terry Pinkard)在其著作《黑格尔的现象学:理性的社会化》中将分析哲学中的新黑格尔主义追溯到塞拉斯的思想。[1] 他认为,在分析哲学的传统中,正是塞拉斯的工作激发了麦克道尔和布兰顿的黑格尔转向,或许可以认为分析哲学进入了"黑格尔阶段",黑格尔哲学具有一种"分析的形式"。因此,由塞拉斯出发,布兰顿和麦克道尔分别对黑格尔做出了"理性主义"和"浪漫主义"的诠释。[2] 换句话说,正是塞拉斯种下了一颗种子,后来成长为一颗硕果累累的新黑格尔主义大树。

哲学家们无疑都属于某个研究共同体,更不要说分析哲学的典型特点就是学院化和专门化,要想对分析哲学中的这种黑格尔转向避而远之显然是不可能的。因此,分析哲学的创立者究竟反对的是黑格尔哲学中的哪些成分,20世纪后半期黑格尔哲学在何种意义上回归到了分析哲学领域。下文就试图通过布兰顿的推理主义语义学来透视分析分析哲学的最新发展路径与黑格尔哲学之间的关联。

二 推理主义语义学:从表征之维到"理由之网"

追溯20世纪70年代以来分析哲学阵营中的新黑格尔主义者,布兰顿对于复兴黑格尔的唯心主义显得雄心勃勃和胸有成竹。[3]布兰顿通过建立一个共同的领地将黑格尔与弗雷格—维特根斯坦的逻辑传统糅合起来,在此这两种貌似迥异的不同哲学相互交叉,布兰顿将此领域称为推理主义的语义理论。因此,布兰顿被看作分析哲学中新黑格尔主义的重要代表,他

---

[1] Terry P. Pinkard, *Hegel's Phenomenology: The Sociality of Reason*, Cambridge University Press, 1994.

[2] Paul Redding, "The Possibility of German Idealism after Analytic Philosophy: McDowell, Brandom and Beyond", in James Chase, Edwin Mares, Jack Reynolds and James Williams (eds.), *On the Futures of Philosophy: Post-Analytic and Meta-Continental Thinking*, London: Continuum, 2010, pp. 10–11.

[3] Paul Redding, *Analytic Philosophy and The Return of Hegelian Thought*, Cambridge University Press, 1997, p. 15.

的工作"试图将分析哲学从康德阶段推进到黑格尔阶段"。①

布兰顿推理主义语义学的理论前提是,意义的最小单位是语句,意义既不可还原为世界中的事实、事态,也不可还原为对话者的意向性。那么,语句的意义是如何确定的呢?布兰顿在《清晰阐释》中称自己的哲学路径为后塞拉斯式的推理主义,不同于表征主义的范式。推理主义语义学吸取了知识论中的"可靠论"(reliabilism)思想。可靠论者接受了塞拉斯对"所与神话"的批判,认为知觉知识的真取决于可靠地产生的真信念,这不同于传统的证明论观点,即知识就是"被证明的真信念",相反,可靠论者强调形成信念的机制和途径的可靠性。② 因此,一个真信念"that p"被看作知识(比如"天在下雨"),一方面语句 p 是真的(天的确在下雨),另一方面这个信念必须通过一个可靠的形成信念的机制被产生出来。由此,可靠论者认为在信念的产生与其成真条件之间具有一种类似法则(law-like)的关系,因此,真信念成为知识的两个必要条件是:产生信念的机制和信念成真的条件,前者是由推理关系决定的,后者是由语义指称维度的世界中事物或者事态来决定的。可靠论者就试图寻找这两个维度之间的类似法则的关系是什么。

在此,布兰顿把塞拉斯提出的这种"可靠论"路径继续向前推进。沿着塞拉斯的路径,布兰顿进一步追问,如果知觉报告者被赋予一定的能力,那么报告者是否能够被看作认识权威(authority)的一个来源。一个有能力的说话者做出经验判断的能力,与仅仅对刺激做出可靠反应的机制,这二者之间如何进行区分?例如,一个"狂热的红色报告者"和一个连接到磁带录音机的分光光度计之间的区别,假定前者是一个不会错过报告任何其所看到的红色的人,后者在适当频率的光辐射下会发出"那是红色"的声音,或者一个经过训练的鹦鹉看到红色时发出的叫声。在某种意义上,这三者都对周围环境中出现的红色刺激通过可靠的方式做出了不同的反应。将报告者的行为区别于鹦鹉和机器的是,人的报告包含了某种理解:"报告者的反应是有意义的,不仅对他人而且对做出反应的报告者个人具有意义,当然,光谱仪器和鹦鹉的报告对他人也是有意义

---

① Robert Brandom, *Articulating Reason*, p. 32.
② Paul Redding, *Analytic Philosophy and The Return of Hegelian Thought*, p. 74.

的。"①也就是说，分光光度计和鹦鹉并没有理解他们的反应，这对于他们自身来说没有任何意义，尽管对于我们来说是有意义的。因此，报告者理解了他或者她所做出的反应，赋予了其某种鹦鹉和仪器视而不见的意义。

当然，通常会对布兰顿的观点做出如下的回应：说报告者而不是鹦鹉或者机器能够"理解"也就是以另外一种方式说报告者有一个心灵。但是，布兰顿显然不会止步于这种心灵哲学的路径。"这里的挑战在于去说明理解究竟包含了什么样的实践能力，并且没有陷入意向内容、概念使用这些语义概念的循环，同时区别于表征主义的理解。"②

在此，布兰顿又回到了塞拉斯，使用语言就是将论断放置在"理由的逻辑空间，证明的逻辑空间，从而能够证明一个人所说的话。"③ 所谓"能够证明一个人所说的话"就是能够用另外一个论断来证明前面的论断，能够将第一个论断与其他论断之间建立一种推理关系，而这是鹦鹉或者分光光度计不能做到的。鹦鹉不会认为"这是红色的"是与"这是绿色的"相矛盾的，同样也不会认为这是从"这是猩红色的"推理出来的，以及可以推论出"这是有颜色的"，但这正是作为论断者的人类能够进行的推理。因此，说话者是否是语言游戏的参与者，这决定一个说话者的反应是否是一个真正认知的因而规范的关系，其中语言游戏包含了实际推理的空间，也就是"理由的空间"。

因此，推理主义语义学的基础在于，一个语句的语义内容完全取决于由被断定的语句所构成的整个"实质的"推理。一个"实质的推理"也就是其有效性不取决于逻辑形式的推理，比如："秦皇岛在北京的东北部"，由此可以推出"北京在秦皇岛的西南部"。由此，沿着语境原则，一个语句的所有从句的语义学都取决于这个语句本身的语义内容，而语句的意义反过来又在推理中得到阐释。这种路径不同于原子主义的指称理论，表征主义的观点在此被瓦解了。由此可见，推理主义语义学是从弗雷格和维特根斯坦的语境原则出发，指称不再是意义的基本单位，一个语词

---

① Robert Brandom, *Making It Explicit*, p. 88.
② Robert Brandom, *Making It Explicit*, p. 89.
③ Wilfrid Sellars, *Empiricism and The Philosophy of Mind*, Harvard University Press, p. 76.

只有在语句的联结中才具有意义,语句本身只有在更宽泛的对话背景中才有意义,在相互联系的语句整体中各个语句与论断 S 处于一种推理主义的关系中。这样,语词与对象及其特性之间不再是一对一或者一对多的关系,语句与"事实"或者"事态"之间也不再是一对一或者一对多的关系。正是由于包含语词的语句之间的推理关系,赋予意义的关系网将语词联结起来,由此形成了推论中的"理由之网"。

三 分析的新黑格尔主义者:从"相互承认"到"道义计分"

推理主义语义学强调推论的实践(discursive practice),就是在给出和追问理由的语言游戏中对论断进行证明,这种实践是区分自然生物与社会性生物的标准,后者体现了一种理性的维度。在此布兰顿在实践的层面继续了黑格尔的理性主义传统,但不是在精神维度,而是在语言维度。在布兰顿看来,黑格尔对于当代哲学最具启发性的三个维度是:第一,黑格尔将精神(Geistig)理解为通过相互承认而社会性地综合而成。第二,黑格尔通过其独特的实质性的推理阐明来确定概念,也就是根据其在推理中的作用来理解概念。第三,黑格尔将概念规范看作在判断和行为中我们使用概念的现实实践的历史产物,根据概念使用的现实语境和结果来理解概念规范。①

根据推理主义语义学,语句的意义不仅要诉诸表征的维度,更要以推理关系为基地,那么意义确定性的根据何在?也就是说,推理关系中的规范性如何得到保障?在此,布兰顿推进了塞拉斯对推理中逻辑规范的论述。塞拉斯指出,必须区分两种行为,一种是由于一个规则而发生的行为,规则在某种意义上内在于此行为,另一种行为仅仅符合一个规则,比如一个受过良好训练的狗的行为。如果主人成功地教会了狗当主人打响指时它就坐起来,它的行为就是符合规则的,但是我们不能说动物根据规则而行动。通过区分两种行为,一种仅仅是遵循规则的行为,另一种是真正由规则所支配的行为。塞拉斯称这类遵守规则的行为是"被约束的行为"(tied-behavior),因为它被约束到(仅仅是因果反应)了某个环境,与

---

① Robert Brandom, "Hegelian Pragmatism and Social Emancipation: An Interview with Robert Brandom", by Italo Testa, *Constellations*, Volume 10, No 4, Blackwell, 2003.

此相对的是具有"自由的"特征的受规则支配的行为。因此,"我们区分了两种行为,一种行为仅仅符合一个规则,一种行为是由于一个规则而发生,并且指出,就仅仅符合规则的行为而言,一个规则仅仅是一个总结而不是一个规则。"①基于这样的区分,塞拉斯认为,实质推理不能归约为如下两种形式中的任何一种:第一,推理被看作是一种简化了的三段论,在此,推理的规则是被预设的形式规则,如肯定前件的假言推理。第二,推理被看作是仅仅是一种习惯性的联想,如狗的"被约束的行为"。在此,第一种情形将推理规范理性化了,第二种情形将推理规范自然主义化了,只是将推理归约为一种经验的规范。布兰顿沿着塞拉斯的路径试图在这二者的张力中寻找一条中间道路。

究竟如何理解推理的规范呢?布兰顿强调,蕴含在人类行为中的规范只有在被其他人承认时,这种规范才能变得明晰化,这就回到了黑格尔的著名思想:"自我意识是自在自为的,这由于、并且也就因为它是为另一个自在自为的自我意识而存在的;这就是说,它所以存在只是由于被对方承认"。②这就暗示了一条联结布兰顿与黑格尔的秘密通道。在此布兰顿将其推理主义思想与黑格尔的"承认"(Anerkennung, recognition)概念联系起来。

黑格尔在《精神现象学》中"主人—奴隶"那一节中讨论了相互承认(reciprocal recognition)问题。在此,黑格尔考察了双重自我意识之间关系的本质,这是一种相互"承认"或者认可的关系。承认就其本质而言是一个相互间的事情,但这并没有明确体现在主奴关系中。因此,主人仅仅将其奴隶看作其意志的体现,是一种类似物的工具,与主人的独立性特征不同,奴隶具有一种依赖性。然而,主人实际上也是依赖其奴隶的,为了成为自在的精神性存在主人需要一种"自由"的承认。主人和奴隶二者最终都须明白,主人的独立性同样依赖于其在奴隶那里认识到的那种被动的物的客观实在性。奴隶的客观实在性实际上也孕育了一种其在主人那里看到的那种积极的、独立的主体性。

---

① Wilfrid Sellars, "Language, Rules and Behavior", in Sidney Hook (ed.), *John Dewey: Philosopher of Science and Freedom*. Dial Press, 1950. reprinted in Wilfrid Sellars, *Pure Pragmatics and Possible Worlds: The Early Essays of Wilfrid Sellars*, ed. J. F. Sicha. Ridgeview, 1980, p. 139.

② 黑格尔:《精神现象学》,贺麟、王玖兴译,商务印书馆1983年版,第122页。

由此出发,黑格尔进一步引申到意向性问题。简而言之,黑格尔试图表明,如果我所认识的一切都是我自己的设想,那么我设想什么就不能仅仅取决于我自己。如果我们认为设想一个对象相当于签署一个有关经验的法令或者规则,那么主体就必须在接下来的行为中能够使得自己遵守那个法令或者规则。也就是说,一个有意识的主体与其设想对象之间的关系必须被看作是主体与其自身的规范关系的内在体现,一种使得自身与其规则也就是自我意识之间建立关系的一种实践能力。那么,自身与一个规则之间的这种关系只能被看作是主体间的最高级的关系。如果我从属于一个行动共同体,并且共同体成员也能够承认这个规则且将我与那个规则联系起来,那么我才能保证我自己遵守一个具体的规则,从而承认我是一个遵守规则的主体。因此,将人类与自然界的其他生物区别开来,把人看作一种"精神的"存在的是其"相互承认"的能力。① 在此,黑格尔的现象学摈弃了笛卡尔的意识和自我意识理论,形成了一种"精神"现象学,也就是说,这种现象学描绘这种"相互承认"的具体系统的动力学,其中相互承认是以社会关系为中介的。

在此,布兰顿对语义规范性问题的解决效仿了黑格尔对意识问题的解决,只是将其置于语言使用的语用学领域。遵循后期维特根斯坦的"遵守规则"概念,布兰顿否认任何独立的个体建构概念的可能性,概念内容并不取决于语词与世界之间的指称关系,谈话者处于"相互承认"的平等关系中。虽然没有任何来自世界的"给予"对我们论断的语义内容进行限定,然而在实质性的推理中我们也要遵循社会规范将语词结合在一起形成语句,这种规范是一种社会的规范,这正是相互承认关系的核心所在。② 对于布兰顿而言,做出一个论断就是对另一个人进行一个许诺,也就是致力于向对话者给出使其相信的理由。这就突出了实质推理中的关系的优先性,给出一个理由就是提供一个进一步的论断,原来的那个论断能够从这个论断中推理出来。而且,推理关系中尤为重要的是,做出一个论

---

① Paul Redding, "The Possibility of German Idealism after Analytic Philosophy: McDowell, Brandom and Beyond", in James Chase, Edwin Mares, Jack Reynolds and James Williams (eds.), *On the Futures of Philosophy: Post-Analytic and Meta-Continental Thinking*, London: Continuum, 2010, p. 9.

② Paul Redding, "The Analytic Neo-Hegelianism of John McDowell & Robert Brandom", pp. 591–592.

断不仅是对那个语句本身的"真"做出承诺,而且蕴含了可以从这个推理中推论出来的另外一个语句。例如,如果一个说话者发出的声音(vocal)"那是红色的"被看作一个论断,那么说话者也必须对此论断所蕴含的其他断言做出承诺,比如要承诺进一步的论断"这是有颜色的"。因此,对话就是一种交换,在这个过程中我们对相互之间的推理承诺和资格进行"计分"。只有根据对话者所承认的说话者的承诺和资格的变化,才能理解一个话语的语义内容。语言游戏需要计分者(score-keepers)了解说话者时时刻刻的道义承诺和资格,当然,不存在孤立的裁判员或者计分者,我们相互之间对具体承诺和资格进行计分。这种关系的核心就是黑格尔的"相互承认"的观点。

也就是说,在推理主义模式下,我们做出断言时,我们并没有就世界究竟是什么做出回答,而是相互之间做出承诺,每一个对话的参与者都有责任去遵守相同的规则,这些规则内在于我们的社会实践当中,并且能够被清晰阐明。因此,语词联结在一起的方式,以及语词所构成的语句并不像常规理解的那样对事物或者事实负责。在我的谈话中我只对我的对话者负责,对方也是社会规范的承担着,我们在谈话过程中共同建构了这样的社会规范。例如,当我说"苏格拉底是丑陋的"时,这句话并没有触及任何决定其真值的世界中的独立实在的"事实"。相反,如果它触及了某种具体的东西,那就是某种与之相反的论断,例如,"苏格拉底是漂亮的!"这样的断言会挑战我此前说那句话的"资格"(entitlement),因而激发我寻找做出如此论断的理由。例如,我会说:"苏格拉底有一个难看的狮子鼻",这个断言和我先前的论断之间有一个合理的推论关系。因此,只有从"苏格拉底有一个狮子鼻"到"苏格拉底是丑陋的"推理符合"实质推理"的合法性模式。在布兰顿看来,正是社会规范掌控着我们的推理实践,如何使得这些规范明晰化,这正是哲学的任务所在。

至此,"匹兹堡的新黑格尔主义"思潮以麦克道尔和布兰顿为主要代表,源自塞拉斯对"所与神话"的批判,形成了分析哲学中的新黑格尔主义。如果说,黑格尔对于麦克道尔的启示是,经验内容完全是概念化的,布兰顿则完全回避了知觉经验,他不是像麦克道尔那样回归到"最低限度经验论",而是向前推进黑格尔在《精神现象学》中对自我意识的讨论。因此,布兰顿诉求于这种主体间的语用学的基地来建构心灵能够言说世界的基础,更多地关注判断的语义内容如何来自其在"理由空间"中的推理关系,布兰顿认为"理由空间"奠基于历史变化中的社会实践,即做出论断、进行质疑和给出理由的实践,在此布兰顿根据"社会语用学"演绎了黑格尔的"承认"和"精神"这些关键概念。因此,个人在一个共享的、受制于规则的"社会空间"中占有一席之地,"在一个'社会空间'中个体之间对于不同的事物相互做出论断,并且给出在他们看来是这些论断的理由,人们基于共同的社会规范把一定的理由归于这些论断,这些社会规范建构他们的'社会空间'。"[1]因此,一切给出理由的各种行为本身都是社会实践的形式,在社会实践中我们相互评价各自的行为,我们拥有了做出承诺的资质和权利,我们每个人都承担了一定的认知的和伦理的责任。

---

[1] Terry Pinkard, *Hegel's Phenomenology: The Sociality of Reason*, Cambridge: Cambridge University Press, 1994, pp. 7–8.

附录 分析哲学与欧陆哲学的对话：迈克尔·达米特、约翰·希尔访谈录

2006年9—10月，我们在英国进行学术访问，与多位英国哲学家讨论相关问题，并专门拜访了牛津和剑桥的两位哲学家：迈克尔·达米特爵士（1925—2011，Michael Dummett）和珍·希尔（Jane Heal）教授。作为英国分析哲学的领军人物，达米特引领了20世纪七八十年代英国分析哲学的发展，在弗雷格哲学研究、语言哲学、数学哲学、逻辑哲学、形而上学、投票理论等领域成就卓著，并于1999年被授予爵位。退休后，晚年的达米特仍然笔耕不辍，发表了《真理与过去》（2004）、《思想与实在》（2006）等著作。希尔是剑桥大学哲学教授，曾任圣约翰（St. John）学院院长，1997年当选为英国社会科学院（British Academy）院士，主要研究领域是心灵哲学和维特根斯坦哲学。从年龄结构、学术地位、研究领域来看，他们在一定程度上分别代表了英国老一代和中年的分析哲学家。

一 从分析哲学到后分析哲学

访问者：您在20世纪80年代后期的《分析哲学的起源》中给分析哲学下了一个简洁而著名的定义：分析哲学认为，通过对语言的哲学考察能够实现对思想的哲学考察，而且只能以这种方式实现全面的考察。20年过去了，现在您如何看待这个定义呢？

达米特：我仍然认为这个定义适用于直到最近的分析哲学，因为语言哲学是分析思想和通过语言表达的意义的最佳方式。弗雷格、逻辑实证主义和牛津的日常语言学派、前后期维特根斯坦也都坚持这一观点。在这个意义上，如果说弗雷格是分析哲学之父，摩尔是叔父，那么，考虑到维特根斯坦的前期思想的确影响了分析哲学，但由于他的后期思想，我们可以

称之为分析哲学的继父。但是，现在一些属于分析哲学传统的人却拒绝接受我所提出的分析哲学的基本原则，即语言分析先于思想分析，而坚持直接分析思想或独立于其表达方式而分析思想的可能性。因此，按照我的定义，这些人就不属于分析哲学家了。我也非常愿意接受这种直接分析思想的方法，但我不会使用它。这些哲学家属于分析哲学传统，他们研究分析哲学或者现代哲学，比如弗雷格、罗素、蒯因的哲学，而并不或者主要不研究欧陆哲学家，例如我的学生埃文斯就是我最早的反对者之一。他们深受分析哲学传统的意义理论或者语义理论的影响，但力图将这些理论直接运用于思想而不是语句。我想说的是，尽管他们在分析哲学传统内，但已不属于我所谓的分析哲学家了。我仍然坚持我对分析哲学的定义。有人不同意我的观点，他们可能喜欢更复杂的定义，我不在乎这些，我仍然认为我的定义概括了分析哲学的核心特征。当然，几乎所有的分析哲学家，包括弗雷格和维特根斯坦，也都试图告诫这种危险，即过于直接或过于自然地依赖自然语言中的许多表达，他们都谈到了被貌似相同但实际上具有不同语义结构的语句所误导的问题。这的确是个问题。然而，他们并不愿意直接关注独立于语言的思想结构或者思想本身，他们认识到形式化的语言表达方式所面临的危险，但他们认为可以避免这样的危险。这也是我的想法。

访问者：希尔教授，您如何界定分析哲学的特征呢？

希尔：我的一个同事最近写了一篇关于分析哲学起源的论文，我们也讨论了"分析哲学"的特征究竟是什么，但发现很难清楚明白地总结出来。在20世纪初期，人们在思考和谈论时将"分析哲学"视为一种独具特色的哲学类型，一些哲学家被看作"分析哲学家"，他们有一些独具特色的学说，并形成了他们所赞成的论证风格。摩尔、罗素及其同时代的其他人所倡导的这些学说，都和将概念"分析"为更简单的概念的可能性有关，与此相关的思想是，寻求陈述的真正的逻辑形式，因为这些形式隐藏在令人误解的外在形式下。这些思想在20世纪的后半期遭到了质疑，与早期分析哲学相伴随的经验主义和原子主义在重重压力下寻求发展。现在英国的哲学家很少有人会说他们正在做的研究是"概念分析"。那么，将"分析哲学家"维系在一起的是什么呢？什么使得他们成为"分析哲学家"了呢？可能主要是一种思考方式，一种强调清晰性和严格性的思考方式，怀疑宏大的哲学图景，对修辞化的哲学表示不满，而认为以逻辑概念为工具有助于澄清思想，并且这种思维方式可以处理任何主题的问题。以前分析哲学家所青睐的那种哲学观念被极大地改变了。一位哲学家可以是整体论者或者是原子主义者，经验主义者或者是理性主义者，二元论者或者物理主义者，伦理学的客观主义者或者主观主义者等等。实际情况可能比这个更分散，将"分析哲学家"联结在一起的就是他们具有相似的教育经历，阅读同样的经典作家（笛卡尔、休谟、康德、蒯因、克里普克等），而且经过同样模式的写作实践和论辩训练。他们中的许多人现在正在借鉴欧陆哲学家的思想以拓展视野，因为英美的心灵哲学家越来越觉得，欧陆哲学家提出了同样的而且是重要的问题。

访问者： 达米特教授，心灵哲学在20世纪90年代突然成为显学，一时间似乎所有的英美哲学系都成了心灵哲学的天下。例如您的学生麦克道尔去了美国，并成为心灵哲学领域的领军人物。有人认为心灵哲学的兴起在一定意义上源于对您的语言哲学纲领的反动，您如何看待这种说法？如何看待心灵哲学与语言哲学之间的关系？

达米特： 我认为语言哲学是第一哲学，可以为其他种类的哲学奠基，而心灵哲学不是。我坚持认为，传统分析哲学分析思想的方法是通过语言哲学，通过分析思想的表达方式来认识思想的结构，而有一些人如我的学生皮科克（Christofer Peacoke）反对这种思路，寻求独立于思想的表达来描述思想的结构，他们也借用了关注语言分析的语义理论，只是颠倒了语言分析和思想分析的顺序。如果试图独立于语言进行思想分析，就必须描述构成思想的概念是什么。皮科克等人不关注通过语言来实施的交流，仍然坚持非常个体化的解释，这样一来，他们必须解释个体如何根据其思想意识把握概念，而不是根据其如何与他人交流把握概念，但这是非常危险的思路，容易滑向心理主义。我自己并不赞同这种哲学路向，我坚持分析思想的正确道路是通过语言分析。而他们仍然拘泥于弗雷格所设定的框架，试图以弗雷格分析语句的方式去直接分析思想，这可能就会导致取消分析哲学。实际上，这种思想哲学路向的危险在于存在私人性的思想。假定单个人具有思想，那么这种思想如何被共享呢？弗雷格认为思想应该是可交流的，而不是私人的，但这种路径忽略了交流的重要性，可能这种思路的根本错误就在这里。他们通常会通过关注行为来避免这种倾向，然而，这完全消除了与他人互动的社会联系，我认为这十分错误。当然，我也不认为与其他人的互动完全是通过语言进行的，但我认为这是最重要的方式。

现在来谈谈心灵哲学，我还是认为心灵哲学不是根本性的，当然，心灵哲学也关注许多重要的问题，但是，作为哲学的一个分支它不能为其他哲学奠基，它仅仅只是哲学的一个分支，而不是根本，它和（比如说）时间哲学一样都是哲学这棵大树上位居高端的分支。可能有些人认为心灵哲学可以提供另一种基础，如果你要回到心理主义，它的确能够提供一种基础，如果你认为通过描述心理学的精神活动可以解释概念，那么这就是心理主义。这样的话，你可以说心灵哲学是根本性的，但是我完全反对这种看法，我认为心灵哲学的热潮是一种糟糕的倒退。

访问者：达米特教授，您认为语言哲学是第一哲学，那么您如何看待逻辑哲学呢？

达米特：逻辑有许多分支，但基础逻辑是语义学和意义理论的必要组成部分，因此，也是语言哲学的一个部分。但我认为不必要学习现代逻辑理论，比如数理逻辑中的高阶逻辑，不需要掌握那些，这些并不是根本性的。尽管基础逻辑包括了一阶逻辑，也需要了解一些包含量词关系的二阶逻辑，因为我们在自然语言中遇到了这样的问题，所以需要对量词关系有一般的把握，但是不需要了解太多，只需要具备二阶逻辑的一般知识就够了，无须深入把握它。

访问者：您认为语言哲学是一种形而上学吗？

达米特：我先说两个问题，首先，逻辑实证主义对形而上学的拒斥是其纲领的核心主张，但这是一个错误。其次，形而上学似乎是非常基础性的，但我并不这么认为。通常认为，对实在的思考和追问引起了哲学问题，对这些哲学问题的研究可以被称作形而上学。正如心灵哲学是哲学的一个分支，我认为形而上学无疑也是哲学的一个分支，但我同时认为形而上学可以区分为不同的部分，即基础的和非基础的。基础部分的形而上学与意义理论密切关联，因为这一分支与真理概念相关，形而上学关注实在的结构，实在由事实所决定，事实是真命题，因此，在这个意义上，真理与意义理论相关联，从而涉及形而上学的基础性部分。所以我认为形而上学（当然不是全部形而上学）与意义理论或者语言哲学密切关联。在这个意义上，逻辑实证主义拒斥形而上学是完全错误的，因为他们从来没有将意义理论应用于哲学，却试图将意义理论应用于数学或逻辑。逻辑实证主义的强纲领是证实理论，他们自觉地坚持它。蒯因总是反对分析和综合的区分，但我根本不想反对这一区分，我考虑的是其应用范围的问题，也就是说，数学命题只能通过推理来获得，但是我们谈论和思考的大多事情既依赖于观察，也依赖于推理或者推论，因此这是一个适用范围的问题。任何证实都要包括演绎推理和归纳推理，实证主义的意义理论是通过证实来诠释的，但是，把握意义并不只是把握意义的表达是如何被证实的，还需要更多，例如，对一个真语句来说什么是好的论证呢？论证可能包含了一些你没有掌握的概念，但至少你应当知道那些只包含基本概念的论证会表明哪一个陈述是真的。因此，这是逻辑实证主义错误地拒斥形而上学的一个原因，他们在意义理论以及理解陈述方面的理论不够完善。

访问者：有人说20世纪70年代之后分析哲学衰落了，此后可以被称为后分析哲学，您怎么看待这种说法呢？

达米特：如果可以这样说的话，可能原因之一是这种哲学路向的转变，即从语言哲学转向了直接分析思想的哲学，对思想的分析不是通过语言分析进行的，但是也有一些哲学家仍然坚持语言哲学的路径，比如戴维森。我对这种说法找不到其他理由了。但是，我认为当今哲学，无论是分析哲学还是欧陆哲学都不是处在一个欣欣向荣的状态。当然，现在仍然有许多哲学家，或者比以前更多，做了许多课题，发表很多论文，整个状态还是活跃的，但好长时间以来没有出现非常重要的思想了。不过，我还不认为现在处于分析哲学糟糕或者衰落的状态。

访问者：或许另外的原因是因为逻辑经验主义提出的一些核心原则被弱化了，比如科学主义和经验主义的原则？

达米特：这就要提到蒯因了，实际上是他推翻了逻辑经验主义。通常会将维特根斯坦和蒯因进行比较，尤其是他们关于哲学本质的看法，蒯因的哲学是自然主义的延续，而维特根斯坦则将哲学看作一种活动。我认为二者没有什么可比性，维也纳学派无疑是经验主义，但我不认为分析哲学也是经验主义，弗雷格就不是经验主义者。我认为分析哲学不包括任何经验主义的成分。我认为任何哲学流派都有不同的发展阶段，就分析哲学而言，它是一个富有生机的流派，当然在其发展中有许多变化和新的思想，会抛弃一些学说，但问题是分析哲学的核心究竟是什么呢？形式化的数理逻辑真的那么重要吗？我认为最重要的并不是数理逻辑。在分析哲学早期，数理逻辑是分析哲学的基础，这是一个鲜明的特征，数理逻辑对于分析哲学家很重要，他们都要接受这样的训练。我曾经问法国的朋友，你学习哲学时学习数理逻辑吗？他回答，是的，但是学生们只是学学教科书而已，并不认为这和哲学有什么关系。

访问者：希尔教授，我们可以用"后分析哲学"这样的术语吗？

希尔：我想是可以的。分析哲学、语言哲学非常强调语言和逻辑，但是从20世纪中期，尤其是60年代以来，分析哲学的疆域正在变得越来越宽泛。比如，政治哲学领域关注现实世界中的许多问题，像民族主义、社群主义、普遍正义、财富分配原则等主题非常活跃，政治哲学已成为非常有生机的发展领域。

二　分析哲学与欧陆哲学的对话

访问者：达米特教授，在《分析哲学的起源》中您谈到了分析哲学和欧陆哲学的沟通问题，我们能将胡塞尔划归分析哲学传统吗？

达米特：我的确从胡塞尔和弗雷格二者的相似性开始论述的，但胡塞尔显然更受布伦坦诺的影响，因此，如果讨论分析哲学的起源，我们也要谈论现象学的起源。但是，我认为没有人会说布伦坦诺和胡塞尔是分析哲学家，我要强调的是，在那个时期很难把胡塞尔哲学的主要特征和弗雷格的哲学区分开来，分析哲学和现象学的分野是后来的事情了。当时的情况是，胡塞尔写作《逻辑研究》时，几乎没有人认为他和弗雷格属于两个十分不同的学派，他们在许多问题上都持一致的观点，弗雷格是反心理主义者，胡塞尔也因他而变成了反心理主义者，因此问题是，为什么后来这两个传统分歧如此大呢？我写那本书时的意图是思考这样的问题：如果回到这个裂痕出现之前，我们会如何重新思考这两个学派呢？但是我不敢确定这是正确的或不可置疑的方式。

访问者：您认为分析哲学和欧陆哲学之间是一种学说方面还是风格上的差异呢？如何看待最近这两个传统之间的互动？

达米特：实际上它们之间的分野并不是流派的问题，因为流派更多地和学说有关，不同的流派有不同的学说，而这两个传统几乎都是有关风格的差异，也就是做哲学的方式。关注的问题是什么，提供何种答案，要到这里寻找分析哲学不同于欧陆哲学的地方。据我了解，二者更多的是风格上的差异，而不是学说上的不同。最近20年这二者之间的对话越来越多了，这是好事情，但仍然还不够。这两个传统之间形成了一个鸿沟，这是很大的遗憾。的确，我愿意看到分析哲学家研究比如说胡塞尔，但我并不认为他们研究海德格尔是一件好事，我对海德格尔没有任何好感，人们认为他是20世纪的一位伟大的哲学家，而在我看来他是一场灾难。但是，胡塞尔不是灾难，他是非常有趣的哲学家。历史地看，这两个传统之间的割裂开始于第一次世界大战之后。在那之前，英国哲学家读许多德国哲学的著作，而在此之后就大不一样了。你要问牛津任何一个本科生和研究生是否阅读洛采的书，他们肯定回答说没有，如果真有一个，那我会感到奇怪。但是在19世纪牛津有许多人都读洛采。我们知道，19世纪黑格尔在英国非常流行，但在罗素和摩尔之后情况就不同了，黑格尔主义是他们所反对的。罗素尤其对弗雷格和迈农感兴趣，他们都是反观念论的。不仅如此，罗素对牛津哲学家也很有偏见，他曾经说："牛津有人懂逻辑吗？"罗素对斯特劳森的哲学非常不认同。因此，我认为英国哲学家阅读德语哲学著作的习惯在"一战"之后就消失了，在20世纪早期是由于种族主义反对犹太人，使得德国哲学失去了英国的读者。现在本科生和研究生阅读弗雷格，但当我最初开始阅读和写作弗雷格的著作时可不是这样的情况，那时每人都知道弗雷格是一位伟大的人物，但没有人阅读他的任何东西。

访问者：正是您的工作第一次使哲学界真正发现了弗雷格。

达米特：是的，我的确在那个方面非常有影响。不过，阅读德语文献在第一次世界大战之后就不流行了。就维特根斯坦而言，你既可以阅读其英语著作，也可以读德语，维也纳学派的逻辑实证主义者既用德语也用英语写作，魏斯曼就在牛津举行英语讲座。无论如何，如果我没有开始研究弗雷格，可能就不会有弗雷格的英语译著。我关于弗雷格的书出版之后，的确是将弗雷格推进了哲学圈。

访问者：现在这两个传统正在缩小横亘在它们之间的鸿沟，你为此感到欣慰吗？

达米特：是的，的确是，他们比以前能够相互理解了，问题是他们究竟如何相互理解对方。在欧陆也有一些重要的分析哲学家开始对胡塞尔感兴趣，我相信这种互动的速度正在加快，他们可以相互讨论和交流。当然，欧陆哲学和英美哲学之间仍然存在着裂隙，如果你想推进他们之间的相互交流，分析哲学的范畴会有用，但无疑他们仍然是不同的学派，还有很长的路要走。在意大利有分析哲学的学会，也有许多分析哲学家，而且也召开分析哲学的会议，实际的情况是仍然有分析哲学和非分析哲学的区分。

访问者：希尔教授，您如何看待分析哲学与欧陆哲学之间的对话？

希尔：分析哲学与欧陆哲学之间的分野确实不像20年或30年以前那么重要了，那时，法国、德国、西班牙等欧陆国家做哲学的风格非常不同于英美。我明显感到，在过去的20年或者10年间，受英美分析传统训练而对欧陆哲学家非常感兴趣的人数正在急剧增加，他们对胡塞尔、梅洛—庞蒂和海德格尔等等感兴趣。因此，分析哲学中，比如在我的研究领域（心灵哲学）中，哲学家和经验心理学家的互动越来越多，大量研究集中在成长中的儿童、大脑损伤、神经生理，以及大脑如何与行为相关联这样的主题。哲学家对心灵的具身化（embodiment）问题非常感兴趣，也非常关注心灵如何实际存在于真实的生命体中，尤其是如何促成感觉、反应、思考等，所以心灵哲学的这些研究路向是非常先验化的方式，但为什么说它和欧陆哲学相关呢？因为欧陆哲学家，尤其是梅洛—庞蒂、胡塞尔、后期海德格尔，他们的哲学都关注这些问题，他们的著作推进了这种风格的哲学研究。例如，梅洛—庞蒂研究具身化问题、自我的问题、自我与肉体的关系等问题。此外，一些政治哲学家也与欧陆哲学有一些联系。分析哲学背景的学者读英文的欧陆哲学著作，比如海德格尔的作品，而且这些著作正在影响着他们的哲学研究。我不确定欧陆传统中的哲学家是否阅读分析哲学的著作。但是我认为，在英国现在非常活跃的20—40岁之间的学者们，他们中的许多人都不愿意将自己明确划分为分析或者欧陆哲学的阵营，他们更倾向于说自己受到了分析哲学的训练，重视这样的一些特征，关注分析的传统，我认为他们并不愿意将自己与所有的欧陆哲学家完全划界，这很好。反倒是科学主义与反科学主义的分野仍然非常明显。

访问者：您认为这两个传统之间互动的原因是什么呢？

希尔：为什么会发生二者的互动呢？我想分析哲学需要找到解决这些批评的办法，分析哲学被指责正在变得非常狭窄、枯燥和无意义。可能这不是哲学问题本身的转变，而是由于某种专业原因或者社会原因而发生的变化。我想专业原因或许是正确的，学者如何能够被资助，或者可以得到何种基金的研究项目，这些都会影响到这个问题。例如，在过去的20年或者30年间政府资助的项目大幅度地倾向于鼓励各学科间的交流工作，比如认知科学和哲学交叉。政府不仅鼓励每个学科在自己的专业领域发展，而且希望各个领域相互对话，在各门学科的互动中才能产生新的思想，不仅对科学研究者如此，哲学家也要表明已经在与其他学科交叉。如果你想要得到升职，进行一个独特的研究项目非常重要，它应该既体现自己的创造性思想，又不能太离谱，也不能是大家耳熟能详的内容，这些课题就是代表欧陆哲学风格的伦理学和关于人的问题的研究。

访问者：1992年，剑桥大学要授予德里达荣誉博士学位，当时引起了轩然大波。您如何看待这个问题？

希尔：那时德里达在文学界非常有影响，一些英语系的学者提议授予其学位，剑桥的哲学家没有参与提名的事情。而当德里达被提名时，分歧很大，一些人联合起来坚决反对。如果今天再次提议，是否会遭到如此大规模的抗议，我表示怀疑。一些当年反对德里达的人还在剑桥，但他们中的许多人都已经退休了，他们的那个时代已经过去了。其实，弗雷格、维特根斯坦都是欧洲大陆的，但也是分析哲学家。欧陆哲学和分析哲学之间的分野实际上开始于"二战"之后，因为一些哲学家们移民到了美国和英国。所以，或许这种分裂的原因是政治原因。战后欧洲大陆的哲学家重建秩序，在德国、法国、西班牙这些国家的大学之间更多地联系，他们形成了欧陆风格。另外，英国和美国通过分析哲学联系在一起形成了分析的风格，建立了自己的学术惯例，为推进英美之间的联系做了许多努力，比如许多奖学金和基金都是用于英美学者之间的相互交流的。

参考文献

参考文献分为 A、B、C 三个部分，A 为阿佩尔本人的著作和文章；B 为关于阿佩尔的研究和评论性的作品；C 为论文写作中所引用和参考的其他文献。

A 阿佩尔的作品

英文部分

Ⅰ 著作

Karl‐Otto Apel. *Selected Essays: Towards a Transcendental Semiotics*. vol. 1. ed. and introduced by Eduardo Mandietta. New Jersey: Humanities Press, 1994.【简称 TTS】

Karl‐Otto Apel, *Selected Essays: Ethics and the Theory of Rationality*, vol. 2. ed. by Eduardo Mendieta. New Jersey: Humanities Press, 1996.

Karl‐Otto Apel, *From a Transcendental‐Semiotic Point of View*, ed. by Marianna Papastephanou, Mancheter University Press, 1998.【简称 FTS】

Karl‐Otto Apel, *Understand and Explanation*, trans. by Georgia Warnke, The MIT Press, 1984.

Karl‐Otto Apel, *Charles S. Peirce: From Pragmatism to Pragmaticism*, trans. by John Michael Krois. University of Massachusetts Press, 1981.

Karl‐Otto Apel, *Towards a Transformation of Philosophy*, Routledge and Kegan Paul, 1980.

Karl‐Otto Apel, *Analytic Philosophy of Language and The Geisteswissenschaften*, trans. by Harald Holstelilie, D. Reidel Publishing Company, 1967.

Karl – Otto Apel, *The Response of Discourse Ethics*, Peeters, 2001.

II 文章

Karl – Otto Apel, "Normatively Grounding 'critical theory' through recourse to the lifeworld? A transcendental – pragmatic attempt to think with Habermas against Habermas", in *Philosophical Interventions in the Unfinished Project of Enlightenment*, ed. by Axel Honneth, Thomas McCarthy, Claus Offe, and Albrecht Wellmer, translated. by William Rebg, the MIT Press, Cambridge, Massachusetts, and London, England, 1992.

Karl – Otto Apel, "The Hermeneutic Dimension of Social Science and its Normative Foundation", in *Epistemology and History: Humanities as a Philosophical Problem and Jerzy Kmita's Approach to it*, ed. by Anna Zeidler – Janiszewska, Amsterdam Atlanta, GA1996, also in *Man & World*, 25, 1992: 247 – 270.

Karl – Otto Apel, "For a Transcendental Semiotics: Linguistic Meaning and Intentionality", in *Criticlal and Dialectical Phenomenology*, ed. by Donn Welton and Hugh J. Silverman, State University of New York Press, 1987.

Karl – Otto Apel, "Dilthey's Distinction Between 'Explanation' and 'Understanding' and the Possibility of its 'Mediation'", in *Journal of the History of Philosophy*, vol. 25, Nr. 1 (Jan, 1987).

Karl – Otto Apel, "Transcendental Semiotics and the Paradigms of First Philosophy", 1998 年 10 月香港演讲.

Karl – Otto Apel, "The Transcendental – Pragmatic Foundation of Discourse Ethics", 1998 年 10 月香港演讲.

Karl – Otto Apel, "Transcendental Semiotics and Hypothetical Metaphysics of Evolution: A Peircean or Quasi – Peircean Answer to a Recurrent Problem of Post – Kantian Philosophy", in *Peirce and Contemporary Thought: Philosophical Inquiries*, ed. by Kenneth Laine Ketner, Fordham University Press, New York, 1995.

Karl – Otto Apel, "The Cartesian Paradigm of First Philosophy: A Critical Appreciation from the Perspective of Another (the Next?) Paradigm", In *International Journal of Philosophical Studies* 6 (1), pp. 1 – 16. doi: 10.

1080/096725598342163.

Karl – Otto Apel, "My Intellectual Biography in the Context of Contemporary Philosophy". 阿佩尔发给本书作者的学术自传。

Karl – Otto Apel, "The Problem of Philosophical Ultimate – Justification in the Light of a Transcendental Pragmatic of Language (An Attempted Metacritique of 'Critical Rationalism')", in *Ajatus*, 36, 1976.

Karl – Otto Apel, "The Apriori of Communication and the Foundation of the Humanities", in *Man and World*, vol. 5, no. 1, 1972.

Karl – Otto Apel, "The Problem of Philosophical Fundamental Grounding in Light of a Transcendental Pragmatic of Language", in *Man and World*, vol. 8, No. 3 (1975), 239 – 275.

Karl – Otto Apel, "Causal Explanation, Motivational Explanation, and Hermeneutic Understanding. Remarks on the Recent Stage of the Explanation – Understanding Controversy", in *Ajatus* 38 (1980), 72 – 123.

Karl – Otto Apel, "Comments on Donald Davidson: 'Language and Communication'" (Institute International de Philosophie, Entretiens de Oslo, 3 – 6 Sept., 1979), in *Synthese* 59 (1984).

Karl – Otto Apel, "Hermeneutic Philosophy of Understanding as a Heuristic Horizon for Displaying the Problem – Dimensions of Analytic Philosophy of Meaning", in *Philosophy and Social Criticism* 3/4 (1980), 243 – 259.

Karl – Otto Apel, "Three Dimensions of Understanding Meaning in Analytic Philosophy: Linguistic Conventions, Intentions, and Reference to Things", in *Philosophy and Social Criticism* 1/2 (1981), 118 – 142.

Karl – Otto Apel, "Linguistic Meaning and Intentionality. The Relationship of the Apriori of Language and the Apriori of Consciousness in Light of a Transcendental Semiotic or a Linguistic Pragmatic", in H. A. Durfee and D. F. T. Rodier eds., *Phenomenology and Beyond: The Self and its Language*, Amsterdam: Kluwer, 1989, pp. 102 – 118.

Karl – Otto Apel, "The Rationality of Human Communication: On the Relationship between Consensual, Strategic, and Systems Rationality", in *Graduate Faculty Philosophy Journal*, vol. 18, No. 1, 1995.

Karl – Otto Apel, "Normatively Grounding 'Critical Theory' through Recourse to the Lifeworid? A Transcendental – Pragmatic Attempt to Think with Habermas against Habermas", trans. by William Rehg, in *Philosophical Interventions in the Unfinished Project of Enlightenment*, edited. by Axel Honneth, Thomas McCarthy, Claus Offe, and Alberlt Wellmer, translations by William Rehg, The MIT Press, 1992.

Karl – Otto Apel, "Linguistic Meaning and Intentionality", in *Critical and Dialectical Phenomenology*, ed. by Donn Welton and Hugh J. Silverman, State University of New York Press, 1987.

德文部分
I 著作

Karl – Otto Apel, *Transformation der Philosophie*, Band 2, Suhrkamp Verlag Frankfurt am Main, 1973.

Karl – Otto Apel, *Diskurs und Verantwortung*, Suhrkamp Verlag Frankfurt am Main, 1988.

Karl – Otto Apel, *Sprachpragmatik und Philosophie*, Suhrkamp Verlag Frankfurt am Main, 1976.

II 文章

Karl – Otto Apel, "Die hermeneutische Dimension von Sozialwissenschaft und ihre normative Grundlage", im *Mythos Wertfreiheit? – Neue Beitrage zur Objektivitat in den Human – und Kulturwissenschaften*, Herausgegeben von Karl – Otto Apel und Matthias Kettner.

Karl – Otto Apel, "Szientistik, Hermeneutik, Ideologiekritik," in Apel, *Transformation der Philosophie* (Frankfurt, 1973); English translation in Towards a Transformation of Philosophy, trans. G. Adey and D. Frisby (London, 1980).

Steffen Schluter (Berlin), "Deutscher Realismus und Amerikanischer Pragmatismus", im DZPhil, Berlin 47 (1999).

中文部分

阿佩尔：《哲学的改造》，孙周兴、陆兴华译，上海译文出版社 1997

年版。

阿佩尔:《社会科学的解释性向度及其规范基础》(上、下),杨中兴译,《国外社会科学信息》1993年第7、8期。

B 研究及评论文献

英文部分

I 著作

Rudiger Bubner, *Modern German Philosophy*, Cambridge University Press, 1981, Published by Bookman Books, Ltd.

Cristina Lafont, *The Linguistic Turn in Hermeneutic Philosophy*, trans. by Jose Medina, The MIT Press, 1999.

Sander Griffioen ed., *What Right does Ethics Have? Public Philosophy in a Pluralistic Culture*, Amsterdam: VU University Press, 1990.

II 文章

Marianna Papastephanou, "Communicative Action and Philosophical Foundations: Comments on the Apel – Habermas Debate", *Philosophy and Social Criticism*, vol. 23, No. 4, 1997, pp. 41 – 69.

Franklin L. Gamwell, "Habermas and Apel on Communicative Ethics: Their Difference and the Difference it Makes", in *Philosophy and Social Criticism*, vol. 23, No. 2, 1997, p. 21 – 45.

Ludwig Nagl, "The Ambivalent Status of Reality in Karl – Otto Apel's Transcendental – Pragmatic Reconstruction of Peirce's Semiotic", in *From Time and Chance to Consciousness: Studies in the Metaphysics of Charles Peirce*. ed. by Edwark C. Moore and Richard S. Robin, Berg Publichers, Ltd., 1994.

Dieter Freundleib, "Peirce's Pragmatic Maxim and K. – O. Apel's Idea of a Complementary Hermeneutic Science", in *Peirce's Doctrine of Signs: Theory, Application, and Connections*, ed. by Vincent M. Colapietro, Thomas M. Olshewsky de Gruyter, 1996.

Maurizio Ferraris, "Hermeneutics, Scientism, and Critique of Ideology – Karl – Otto Apel's Meditation", in *History of Hermeneutics*, trans. by Laca

Somigli, New Jersey: Humanities Press, 1996.

Rodolphe Gasche, "In the Separation of the Crisis: A Post – Modern Hermeneutics?", in *Philosophy Today*, Spring 2000.

Micha H. Werner, "Pragmatism: without Regulative Ideas?", Report of the Symposium in Essen on June 13th and 14th, 1997.

Joseph Margolis, "Transcendental Philosophy and Praxis", in *Transcendental Philosophy and Everyday Experience*, ed. by Tom Rockmore and Vladimir Zeman, New Jersey: Humanities Press, 1997.

中文部分

盛晓明:《话语规则与知识基础》,学林出版社 2000 年版。

[日] 宫原勇:《交往的普遍原则》,张小简译,《哲学译丛》1999 年第 3 期。

C 相关研究文献

外文部分

I 著作

Robert Brandom, *Tales of the Mighty Dead: Historical Essays in the Metaphysics of Intentionality*. Harvard University Press, 2002.

Robert Brandom, *Reason in Philosophy*, The Belknap Press of Harvard University Press, 2009.

Stekeler – Weithofer ed. *The Pragmatics of Making It Explicit*, John Benjamins Publishing Company, 2008.

Robert B. Brandom ed., *Rorty and His Critics*, Blackwell Publishers, 2000.

Richard Rorty, *Philosophy and the Mirror of Nature*, Princeton University Press, 1979.

Richard Rorty, *Essays on Heidegger and Others*, vol. 2, Cambridge University Press, 1991.

Richard Rorty, *Hope in Place of Knowledge: The Pragmatics Tradition in*

Philosophy, Academia Sinica, 1999.

Michael Dummett, *Thought and Reality*, Oxford University Press, 2006.

Gareth Evans, *The Varieties of Reference*, Oxford University Press, 1982.

Peter M. S. Hacker. *Wittgenstein's Place in 20th Century Analytic Philosophy*, Oxford: Blackwell, 1996.

John Rajchman and Cornel West eds. , *Post – Analytic Philosophy*, New York: Columbia University Press, 1985.

Timothy Williamson, *Vagueness*, Routledge, 1994.

Rosanna Keefe, *Theories of Vagueness*, Cambridge University Press, 2000.

H. Feigl and W. Sellers ed. , *Readings in Philosophical Analysis*, Appleton Century Crofts, 1949.

Scott Soames, *Philosophical Analysis in the Twentieth Century*, 2 vols, Princeton University Press, 2003.

M. Friedman, *A Parting of the Ways: Carnap, Cassirer, and Heidegger*, hicago: Open Court, 2000.

Richard M. Hare, *The Language of Morals*, London: Oxford University Press, 1964.

Hilary Putnam, *Realism and Reason: Philosophical Papers* vol. 3, Cambridge University Press, 1983.

Hans – Georg Gadamer, *Philosophical Hermeneutics*, Berkeley: University of California Press, 1976.

C. W. Morris, *Foundation of the Theory of Signs*, University of Chicago Press, 1938.

Vincent M. Colapietro and Thomas M. Olshewsky eds. , *Peirce's Doctrine of Signs: Theory, Applications, and Connections*, De Gruyter, 1996.

Sander Griffioen ed. , *What Right Does Ethics Have? Public Philosophy in a Pluralistic Culture*, VU University Press, Amsterdam, 1990.

Joel C. Weinsheimer, *Gadamer's Hermeneutics. A Reading of 'Truth and Method'*, New Haven: Yale University Press, 1985.

Frank Stack, *The Experience of a Poem: Jung and Wallace Stevens*, Guild of Pastoral Psychology, 1987.

Scheibler Ingrid, *Gadamer: Between Heidegger and Habermas*, Rowman & Littlefield Publishers, 2000.

M. Dermot ed., *The Routledge Companion to Twentieth Century Philosophy*, Routledge, 2008.

Wilfrid Sellars, *Empiricism and the Philosophy of Mind*, Harvard University Press, 1997.

Bertrand Russel, *My Philosophical Development*, New York: Simon and Schuster, 1959.

Robert Pippin, *Hegel's Idealism: The Satisfactions of Self – Consciousness*, Cambridge University Press, 1989.

Paul Redding, *Analytic Philosophy and The Return of Hegelian Thought*, Cambridge University Press, 1997.

John R. Searle, *Speech Acts*, Cambridge University Press, 1969.

Jean Grondin, *Introduction to Philosophical Hermeneutics*, Foreword by Hans – Georg Gadamer, trans. by Joel Weinsheimer, Yale University Press, 1994.

D. S. Clarke, "The Origin and the Development of the Analytic Philosophy", in *Philosophy's Second Revolution: Early and Recent Analytic Philosophy*, Open Court, 1997.

Michael Inwood, *Heidegger*, Oxford University Press, 1997.

H. O. Mounce, *Wittgenstein's Tractatus: An Introduction*, The University of Chicago Press, 1981.

Gerald L. Bruns, *Hermeneutics Ancient and Modern*, Yale University Press, 1992.

Konstantin Kolenda, *Rorty's Humanistic Pragmatism*, University of South Florida Press, 1990.

Nicholas H. Smith, *Strong Hermeneutics: Contingency and Moral Identity*, Routledge, 1997.

Evan Simpson ed., *Anti – foundationalism and Practical Reasoning: Conversations among Hermeneutics and Analysis*, Academic Publishing, 1987.

Marta Feher, *Hermeneutics and Science*, Kluwer Academic Publishers, 1999.

P. Bieri, R. P. Horstmann and L. Kruger ed., *Transcendental Arguments and Science*, D. Reidel Publishing Company, 1997.

David E. Klemm ed., *Hermeneutical Inquiry* I, Scholars Press, 1986.

Karl Bühler, *Sprachtheorie*, Jena: G. Fischer, 1934.

William Charlton, *The Analytic Ambition: An Introduction to Philosophy*, Blackwell, 1991.

Richard Kearney and Mara Rainwater ed., *The Continental Philosophy Reader*, Routledge, 1996.

Roger Lundin, Clarence Walhout, and Anthony C. Thiselton, *The Promise of Hermeneutics*, William B. Eerdmans Publishing Company, 1999.

Josef Bleicher, *Contemporary Hermeneutics: Hermeneutics as Method, Philosophy, and Critique*, Routledge & Kegan Paul, 1980.

Hans-Georg Gadamer, *Truth and Method*, trans. by Joel Weinsheimer and Donald G. Marshall, The Continuum Publishing Company, 1994.

David L. Hall, *Richard Rorty: Prophet and Poet of the New Pragmatism*, State University of New York Press, 1994.

Jurgen Habermas, *Communication and the Evolution of Society*, trans. by Thomas McCarthy, Beacon Press, 1979.

Charles B. Guignon, *Heidegger and the Problem of Knowledge*, Hackett Publishing Company, 1983.

Habermas, Rorty, and Kolakowski, *Debating the State of Philosophy*, The Institute of Philosophy and Sociology of the Polish Academy of Sciences, 1996.

Simon Critchleyand William R. Schroedereds., *A Companion to Continental Philosophy*, Blackwell Publishers, 1998.

C. S. Peirce, *Collected Papers*, ed. C. Hartshorne and P. Weiss, Harvard University Press, 1931—1935, vol. 2.

Maurizio Ferraris, *History of Hermeneutics*, trans. by Luca Somigli, Humanities Press, New Jersey, 1996.

Terry P. Pinkard, *Hegel's Phenomenology: The Sociality of Reason*, Cambridge University Press, 1994.

Charles Taylor, *Hegel*, Cambridge: Cambridge University Press, 1975.

James Hutchison Stirling, *The Secret of Hegel: Being the Hegelian System in Origin Principle, Form and Matter*, Longman, 1865.

C. Maher, *The Pittsburgh School of Philosophy: Sellars, McDowell, Brandom*, Routledge, 2012.

J. Baggini and J. Stangroom eds. *New British Philosophy*, Routledge, 2002.

Robert J. Dostal, *The Cambridge Companion to Gadamer*, Cambridge University Press, 2002.

Richard J. Bernstein, *Beyond Objectivism and Relativism: Science, Hermeneutics and Praxis*, Oxford: Blackwell, 1983.

Paul Ricoeur, *Hermeneutics and the Human Sciences*, Cambridge University Press, 1981.

Ludwig Wittgenstein, *On Certainty*. trans. by G. E. M. Anscombe, and G. H. von Wright. Oxford: Blackwell, 1969.

Edward C. Moore and Richard S. Robin eds. , *From Time and Chance to Consciousness: Studies in the Metaphysics of Charles Peirce*, Berg Publishers, Ltd. , 1994.

Gristina Lafont, *The Linguistic Turn in Hermeneutic Philosophy*, trans. by Jose Medina, The MIT Press, 1999.

Anthony C. Thiselton, *New Horizons in Hermeneutics*, Harper Collins Publishers, 1992.

Hilary Putnam, *Mind, Language, and Reality, Philosophical Papers*, vol. 2, Cambridge: Cambridge University Press, 1975.

Richard H. Popkin ed. , *The Columbia History of Western Philosophy*, Columbia University Press, 1998.

C. P. Ragland and Sarah Heidt eds. , *What Is Philosophy?*, Yale University Press, 2001.

Juliet Floydand Sanford Shieh, *Future Pasts: The Analytic Tradition in Twentieth–Century Philosophy*, Oxtord University Press, 2001.

Michael J. Loux, *Metaphysics: A Contemporary Introduction*, Routledge, 1998.

Rosanna Keefe & Peter Smith eds., *Vagueness: A Reader*, The MIT Press, 1996.

M. J. Loux and D. W. Zimmerman eds., *The Oxford Handbook of Metaphysics*, Oxford: Oxford University Press, 2003.

H. D. Lewis ed., *Clarity is not Enough*, London: George Allen & Unwin LTD., 1963.

Nicholas Rescher, *American Philosophy Today and Other Philosophical Studies*. Rowman and Littlefield Pub. Inc., 1994.

Michael Dummett, *Origins of Analytical Philosophy*, London: Duckworth, 1993.

Michael Dummett, *Truth and the Past*, New York: Columbia University Press, 2004.

Richard Rorty, *Truth and Progress: Philosophical Papers*, vol. 3, Cambridge University Press, 1998.

Richard Rorty, *Consequences of Pragmatism*, University of Minnesota Press, 1982.

Richard Rorty, *The Linguistic Turn*, The University of Chicago Press, 1967.

J. Wanderer, *Robert Brandom*, McGill-Queen's University Press, 2008.

Bernhard Weiss, and Jeremy Wanderer eds., *Reading Brandom: on Making it Explicit*, Routledge, 2010.

Robert Brandom, *Between Saying and Doing: Towards an Analytic Pragmatism*, Oxford University Press, 2008.

Robert B. Brandom, *Articulating Reasons: An Introduction to Inferentialism*, Harvard University Press, 2000.

Robert B. Brandom, *Making It Explicit: Reasoning, Representing, and Discursive Commitment*, Harvard University Press, 1994.

II 文章

William P. Alston, "Reasons in a World of Practices: A Reconstruction of

Fredeerick L. Will's Theory of Normative Governance", in *Pragmatism, Reason, and Norms: A Realistic Assessment*, ed. by Kenneth R. Westphal, Fordham University Press, New York, 1998.

Kenneth R. Westphal, "Transcendental Reflections on Pragmatic Realism", in *Pragmatism, Reason, and Norms: A Realistic Assessment*, ed. by Kenneth R. Westphal, Fordham University Press, New York, 1998.

Gianni Vattimo, "The Truth of Hermeneutics", in *Beyond Interpretation: the Meaning of Hermeneutics for Philosophy*, trans. by David Webb, Polity Press, 1997.

Jurgen Habermas, "The Unity of reason in the Diversity of its voices", in *What is Enlightenment? - Eighteenth Century Answers and Twentieth Century Question*, ed. by James Schmidt, University of California Press, 1996.

Charles Travis, "Pragmatics", in *A Companion to the Philosophy of Language*, ed. by Bob Hale and Crispin Wright, Blackwell Publish, 1997.

Thelma Z. Lavine, "Peirce, Pragmatism, and Interpretation Theory", in *Peirce's Doctrine of Signs: Theory, Application, and Connections*, ed. by Vincent M. Colapietro, Thomas M. Olshewsky, de Gruyter, 1996.

David West, "Introduction: What is continental philosophy?", in David West ed., *An Introduction to Continental Philosophy*, Polity Press, 1996.

Peter Dews, "The Historicization of Analytical Philosophy", in *The Limits of Disenchantment: Essays on Contemporary European Philosophy*, Verso, 1995.

Roger Frie, "Subjectivity and Intersubjectivity", in Roger Frie, *Subjectivity and Intersubjectivity in Modern Philosophy and Psychoanalysis: A Study of Sartre, Binswanger, Lacan, and Habermas*, Rowinan and Littlefield Publishers, 1997.

JürgenHabermas, "Communication and the Discourse Ethics" & "The theory of Communicative Action", in *A Critical Introduction William Outhwaite*, Stanford University Press, 1994.

SimonCritchley and Axel Honneth, "Philosophy in Germany", in *Radical Philosophy*, May/June, 1998

Terry Pinkard, "Analytics, Continentals, and Modern Skepticism", in *The Monist*, No. 2, 1999.

Pascal Engel, "Analytic Philosophy and Cognitive Norms", in *The Monist*, No. 2, 1999.

Ralph Humphries, "Analytic and Continental: The Division in Philosophy", in *The Monist*, No. 2, 1999.

Mark A. Wrathall, "The conditions of Truth in Heidegger and Davidson", in *The Monist*, No. 2, 1999.

Ray Monk, "What is Analytical Philosophy?", in Louis Greenspan, "*The History of Western Philosophy Fifty Years Later*", in *Bertrand Russell and the Origins of Analytical Philosophy*, ed. and intro. by Ray Monk and Anthony Palmer, University of Southampton, Thoemmes Press, 1996.

Bruce Wilshire, "Pragmatism, Neopragmatism, and Phenomenology: the Richard Rorty Phenomenon", in *Human Studies*, 20, 1997.

Martin Eger, "Achievements of the Hermeneutics – Phenomenological Approach to Natural Science", in *Man and World*, 30, 1997.

Robert P. Crease, "Hermeneutics and the Natural Sciences: Introduction", in *Man and World*, 30, 1997.

David Ingram, "Explanantion and Understanding Revisited: Bohman and the new Philosophy of Social Science", in *Human Studies*, 20: 1997.

Anthony J. Steinbock, "The Origins and Crisis of Continental Philosophy", in *Man and World*, 30: 1997, 199 – 215.

Susan Petrilli, "About and Beyond Peirce", *Semiotica*, 124 (3/4), 1999, pp. 299 – 376.

J. N. Mohanty, "Transcendental Philosophy and Life – World", in *Transcendental philosophy and Everyday experience*, ed. by Tom Rockmore and Vladimir Zeman, Humanities Press, 1997.

Kai Nielsen, "Taking Rorty Seriously", in *Dialogue*, 38: 503 – 518, 1999.

Bruce Wilshire, "Pragmatism, Neopragmatism, and Phenomenology: The Richard Rorty Phenomena", in *Human Studies*, 20: 95 – 108, 1997.

Rachel Haliburton, "Richard Rorty and the Problem of Cruelty", in *Philosophy & Social Criticism*, vol. 23 no. 1, p. 49 – 69.

Charles S. Peirce, "On a New List of Categories", *Proceedings of the American Academy of Arts and Sciences* 7: 287 – 298, 1868.

Paul Grice, "Utterer's Meaning and Intentions", *The Philosophical Review* 78, 1969.

Brendan J. Lalor, "The classification of Peirce's interpretations", *Semiotica*, vol. 114, 1/2: 31 – 40, 1997.

Jeanne Peijnenburg, "Identity and Difference: A Hundred Years of Analytic Philosophy", *Metaphilosophy*, vol. 31 (4): 366 – 381, 2000.

Gilbert Ryle, "Theory of Meaning", in Caton, Charles E. ed., *Philosophy and Ordinary Language*. University of Illinois Press, 1963.

Miroslava Andjelkovi, "Articulating Reasons", *Philosophical Books*, 45 (2), 2004.

Jürgen Habermas, "From Kant to Hegel: On Robert Brandom's Pragmatic Philosophy of Language", *European Journal of Philosophy*, 8 (3), 2000.

Todd May, "On the Very Idea of Continental (or for that Matter Anglo – American) Philosophy", *Metaphilosophy*, vol. 33 (4), 2002.

Richard Campbell, "The Covert Metaphysicsof the Clash Between 'Analytic' and 'Continental' Philosophy", *British Journal for the History of Philosophy*, 9 (2), 2001.

Stephen Buckle, "Analytic Philosophy and Continental Philosophy: The Campbell Thesis Revised", *British Journal for the History of Philosophy*, 12 (1), 2004.

Anat Biletzki, "Bridging the Analytic – Continental Divide", *International Journal of Philosophical Studies*, vol. 9 (3), 2001.

Peter Simons, "Whose Fault? The Origins and Evitability of the Analytic – Continental Rift", *International Journal of Philosophical Studies*. vol. 9 (3), 2001.

Jaroslav Peregrin. Tales of The Mighty Dead. (Book Review), *Erkenntnis*, 59, 2003.

D. Lewis, "Scorekeeping in a Language Game", *Journal of Philosophical Logic*, 8 (3), 1979.

Paul Redding, "The Possibility of German Idealism after Analytic Philosophy: McDowell, Brandom and Beyond", in James Chase, Edwin Mares, Jack Reynolds and James Williams (eds.), *On the Futures of Philosophy: Post – Analytic and Meta – Continental Thinking*, Continuum, 2010.

中文部分

Ⅰ 著作

保罗·利科：《哲学主要趋向》，商务印书馆1988年版。

伯恩斯坦·R.：超越客观主义与相对主义》，郭小平等译，光明日报出版社1992年版。

车铭洲编：《现代西方语言哲学》，李连江译，南开大学出版社1989年版。

陈波主编：《分析哲学——回顾与反思》，四川教育出版社2001年版。

伽达默尔：《哲学诠释学》，夏镇平、宋建平译，上海译文出版社1994年版。

伽达默尔：《真理与方法》（上、下），洪汉鼎译，上海译文出版社1999年版。

郭贵春：《后现代科学实在论》，知识出版社1995年版。

郭贵春：《后现代科学哲学》，湖南教育出版社1998年版。

哈贝马斯：《后形而上学思想》，曹卫东、付德根译，译林出版社2001年版。

哈贝马斯：《交往行动理论》，第1、2卷，洪佩郁、蔺青译，重庆出版社1994年版。

哈贝马斯：《认识与旨趣》，郭官义、李黎译，学林出版社1999年版。

韩林合：《分析的形而上学》，商务印书馆2003年版。

赫西俄德：《工作的时日·神谱》，商务印书馆1991年版。

黑格尔：《精神现象学》，贺麟、王玖兴译，商务印书馆1983年版。

洪堡特：《洪堡特语言哲学文集》，姚小平译，湖南教育出版社 2001 年版。

洪汉鼎编：《理解与解释——诠释学经典文选》，东方出版社 2001 年版。

洪汉鼎：《理解的真理》，山东人民出版社 2001 年版。

洪汉鼎：《诠释学——它的历史和当代发展》，人民出版社 2001 年版。

胡塞尔：《现象学与哲学的危机》，吕祥译，国际文化出版公司 1988 年版。

黄颂杰编：《20 世纪哲学经典文本》，复旦大学出版社 1999 年版。

江怡主编：《走向新世纪的西方哲学》，中国社会科学出版社 1998 年版。

靳希平：《海德格尔早期思想研究》，上海人民出版社 1995 年版。

卡弘：《哲学的终结》，冯克利译，江苏人民出版社 2001 年版。

科恩：《理性的对话：分析哲学的分析》，社会科学文献出版社 1998 年版。

克里普克：《命名与必然性》，梅文译，上海译文出版社 2001 年版。

李幼蒸：《理论符号学导论》，中国社会科学出版社 1993 年版。

马蒂尼奇，A. P.：《语言哲学》，牟博、杨音莱、韩林合等译，商务印书馆 1998 年版。

莫里斯：《指号，语言和行为》，罗兰、周易译，上海人民出版社 1989 年版。

钱锺书：《管锥编》，中华书局 1986 年版。

施太格缪勒：《当代哲学主流》（上、下），王炳文、燕宏远、张金言等译，商务印书馆 1989、1992 年版。

涂纪亮编：《当代西方著名哲学家评传》，第 1 卷：语言哲学，山东人民出版社 1996 年版。

涂纪亮：《分析哲学及其在美国的发展》（上、下），中国社会科学出版社 1987 年版。

王路：《世纪转折处的哲学巨匠：弗雷格》，社会科学文献出版社 1998 年版。

王路:《走进分析哲学》,生活·读书·新知三联书店1999年版。

王岳川编:《现象学与诠释学文论》,山东教育出版社2001年版。

维特根斯坦:《论确实性》,张金言译,广西师范大学出版社2002年版。

维特根斯坦:《逻辑哲学论》,贺绍甲译,商务印书馆1996年版。

维特根斯坦:《哲学研究》,李步楼译,商务印书馆1996年版。

徐友渔等著:《语言与哲学》,生活·读书·新知三联书店1996年版。

殷鼎:《理解的命运》,生活·读书·新知三联书店1988年版。

约翰·巴斯摩尔:《哲学百年·新近哲学家》,商务印书馆1996年版。

张国清:《无根基时代的精神状况—罗蒂哲学思想研究》,上海三联书店1999年版。

张庆熊:《自我、主体际性与文化交往》,上海人民出版社1999年版。

张汝伦:《思考与批判》,上海三联书店1999年版。

赵敦华:《当代英美哲学举要》,当代中国出版社1992年版。

II 论文

程炼:《先验论证》,《哲学研究》1998年第10期。

郭贵春:《欧洲大陆和英美哲学传统之间的区别、关联与融合——记与德国哲学家沃尔夫冈·诺义萨教授的谈话》,《哲学动态》2005年第1期。

郭贵春:《语用分析方法的意义》,《哲学研究》1999年第5期。

哈贝马斯:《康德之后的形而上学》,曹卫东译,《哲学译丛》1998年第2期。

韩东晖:《后分析哲学时代与英美—欧陆的哲学对话》,《中国人民大学学报》2006年第4期。

罗蒂:《当代分析哲学中的一种实用主义观点》,《世界哲学》2003年第3期。

罗蒂:《分析的哲学与对话的哲学》,《世界哲学》2003年第3期。

庞学铨:《德国哲学二十年(上)》,《哲学动态》2000年第4期。普特南:《美国半个世纪的哲学》,姚申海译,《现代外国哲学社会科学文摘》1998年第2期。

普特南:《亲历美国哲学50年》,王义军译,《哲学译丛》2001年第2期。

普特南:《亲历美国哲学50年》,王义军译,《哲学译丛》2001年第2期。

塞尔:《当代美国哲学》,崔树义译,《哲学译丛》2001年第2期。

后 记

本书是在笔者博士论文的基础上改写而成的。它是以阿佩尔的哲学思想为个案，研究当代西方分析哲学和诠释学之间的沟通和融合趋向。由于国内对阿佩尔的研究比较薄弱，而他的哲学思想又对研究者的理论视野、哲学素养、学术功底要求较高，所以本书尽管数易其稿，但仍有不少缺点和遗憾，请各位方家批评指正。

书稿的完成、出版得到很多良师益友的帮助。在此，我首先要感谢山西大学校长郭贵春教授，他始终关心着我的成长，对我硕士、博士、博士后期间的学习、生活给予了无微不至的关怀和支持，他做人、做学问的精神时刻鞭策着我。中国人民大学哲学系李毓章教授严谨的治学态度，高尚的人格情操深深地引导着我。中国社会科学院哲学所的叶秀山先生、李鹏程研究员、姚介厚先生和江怡研究员为我的博士后研究提供了大量的支持和帮助。台湾"中研院"的方万全研究员不但在收集资料方面给予我大力帮助，而且对我的书稿写作提出了许多宝贵的意见。同时我要感谢评阅和参加我的博士论文答辩的先生们，正是他们的鼓励和宝贵的意见促成本书的面世。

当然，我还要向本书的研究对象、当代德国著名哲学家阿佩尔教授表示深深的谢意。他不但为我们提供了丰富的思想，而且为我提供了大量材料和具体指导，使本书得以顺利完成。

本书是笔者在中国社会科学院哲学所的博士后研究项目成果，同时也是教育部"十五"社科规划青年项目成果。

感谢中国社会科学出版社的冯春凤老师为本书出版付出的辛苦劳动。

2002年3月11日

修订版说明

此书第一版由中国社会科学出版社于 2002 年出版，收入"中国社会科学博士论文文库"。此修订版基本保持了 2002 年版本的内容，增加和修改了一些章节，将分析哲学与诠释学的融合置于当代西方哲学发展的语境之中，最后一章对当代美国分析哲学家布兰顿的哲学思想做了介绍。本书并未将阿佩尔的哲学思想与布兰顿的哲学思想进行比较研究，这是笔者目前正在从事的研究课题。

引言部分和第一章、第八章的第三节、第九章为新增加的内容，第二章和第八章的第一、二节在 2002 年版本的基础上做了修改。其他各章节的基本内容保持不变。具体修订章节如下：

引言中的部分内容发表于《中国社会科学报》2017 年 6 月 13 日，原文题目"阿佩尔：20 世纪西方哲学范式转换的先行者"。

第一章部分内容由韩东晖教授撰写，原载于《中国人民大学学报》，2006 年第 4 期，原文题目："后分析哲学时代与英美—欧陆的哲学对话"。

第二章第二节"分析哲学与诠释学的融合：方法论维度"曾发表于《科学技术哲学研究》2004 年第 2 期。

第二章第三节"分析哲学和诠释学的融合：罗蒂和阿佩尔的哲学融合模式"曾发表于《自然辩证法研究》2001 年第 6 期。

第八章第二节"对话伦理学：纯粹理性和实践理性的统一"曾发表于《中国人民大学学报》2006 年第 6 期。

第九章第一节"布兰顿的推理主义语义学"曾发表于《世界哲学》2004 年第 6 期。

第九章第二节"推理优先于表征"曾发表于《自然辩证法研究》2015 年第 6 期。

第九章第三节"分析哲学中的黑格尔转向"发表于《哲学动态》2013 年第 2 期。

2002 年此书出版时的题目为:"当代西方分析哲学与诠释学的融合:阿佩尔先验符号学研究",修订版书名为"分析哲学与诠释学的融合:阿佩尔先验语用学研究"。更正书名的原因有二:一是第一版书稿的草稿写成于 2000 年,距今已经过去了 20 年,当年可以成为"当代"的分析哲学与诠释学现在已经不再具有当代性;二是二十年前国内基本没有学者研究阿佩尔,近年来国内学界对阿佩尔哲学的关注度日益增加。尽管先验符号学和先验语用学在阿佩尔哲学中基本可以互换使用,考虑到国内学界的使用惯例,修订版使用"先验语用学"这一名称。

感谢北京师范大学哲学学院将此书修订版纳入"京师哲学"系列丛书。感谢中国社会科学出版社冯春凤老师为修订版出版付出的努力!

李　红

2020 年 3 月 11 日